Hartmut Schatte
Unter Schock und über Stein
Abenteuerliche Reise-Geschichten

Hartmut Schatte

Unter Schock und über Stein

Abenteuerliche Reise-Geschichten

WESTKREUZ-VERLAG GMBH BERLIN/BONN

Titelbild: Klaus Janck

Bibliografische Information Der Deutschen Bibliothek

Die Deutsche Bibliothek verzeichnet diese Publikation in der Deutschen Nationalbibliografie; detaillierte bibliografische Daten sind im Internet über http://dnb.ddb.de abrufbar.

ISBN 978-3-943755-11-4

© 2013 Westkreuz-Verlag GmbH Berlin/Bonn
Herstellung: Westkreuz-Druckerei Ahrens KG Berlin/Bonn
12309 Berlin

Ich behaupte, daß es eine von den größten Glückseligkeiten ist,
die in dieser Welt einem Menschen widerfährt,
wenn er bei guter Gelegenheit Reisen in ferne Länder tun,
die Welt durchwandern, fremde Länder und Leute sehen und
ihre Eigenart erkunden und betrachten kann.

Adam Oleareus

Inhalt

Das vereitelte Attentat (1966)	*9*
Offene Rechnung (1972)	*14*
Am Rande des Abgrunds (1973)	*20*
Zehn Tage, die unsere Welt erschüttern (1987)	*29*
Französische Aufklärung (1990)	*35*
Ausgebrochen (1991)	*40*
Durchgeknallt (1992)	*45*
Bundesadler schützt Pleitegeier (1993)	*49*
Falsch Zeugnis (1994)	*52*
Mucha suerte (1995)	*55*
Im Schweinsgalopp (1996)	*59*
Kein unmoralisches Angebot (1996)	*65*
Eine fast geglückte Himmelfahrt (1998)	*67*
Aus dem Weg, Pack (2000)	*72*
Kriminalistischer Scharfsinn (2006)	*74*
Bärenhatz (2006)	*83*
Krölle Bölle (2007)	*103*
Der west-östliche Iwan (2008)	*114*
Horror in Bayern (2009)	*160*
Götterspeise (2009)	*172*
Schreckschüsse (2010)	*195*
Wenig ritterlich (2011)	*206*
Es ist nicht alles Schein was trügt (2011)	*209*
Reisetheater – Theaterreise (2001)	*217*
Maskulines Reisefazit (2012)	*220*

Das vereitelte Attentat

Soeben fährt unser Zug in Bad Schandau ein. Mein Herz klopft im Rhythmus eines Dreschflegels. Noch kann von unbeschwerten Urlaubstagen in der ČSSR keine Rede sein. Vor die Einreise ins befreundete sozialistische Nachbarland haben die Behörden zeitraubende Grenzkontrollen gesetzt. Wer misstraut wem? Obwohl wir weder etwas zu verbergen noch zu verzollen haben, unser Visum ist ebenfalls in Ordnung, sitzt uns der Respekt vor den gestrengen Uniformen in den Knochen. Mit uns meine ich meine Jugendfreunde Christian *Mischa* Dulitz, Gerd *Bobesch* Bisch und mich. Wir haben eine dreiwöchige Radtour durch den Westteil der Tschechoslowakei ausbaldowert. Etwa achthundert erwartungsschwere Kilometer liegen vor uns.

Der Volksmund spricht von Schikanen und Willkür, besonders durch weibliche Beamte. Ängstliche Ausschau nach den Kontrolleuren. Als die Waggontür aufgerissen wird, erstarren wir zu Salzsäulen. Eine berockte Grenzerin steuert direkt auf uns zu. Im Schlepptau folgt eine gebügelte Hose mit hölzernem Bauchladen und Stempel. Wegen Überfüllung des Zuges und in Ermangelung einer Platzkarte verstopfen wir mit unserem Überseekoffer, dem Luftmatratzen- und Deckenbündel, der Zeltrolle sowie diversen Fahrradtaschen den schmalen Gang. Die Unmutsfalten auf dem Dienstgesicht vertiefen sich zu markanten Spurrinnen. Das Unheil nimmt seinen Lauf. Zu allem Unglück trage ich Jeans, mein ganzer Stolz. Oma Käthe hat dafür viele Blaubeeren und Pilze in den Gubener Wäldern gesammelt und schwarz in Westberlin verkauft. Da nach Auffassung der realsozialistischen Agitation und Propaganda in jeder Nietenhose eine Niete steckt, schaut man uns verdächtigen Subjekten selbst unter die schmutzigen Fingernägel. Jede Zeltstange, jeder Hering, jedes Taschentuch wird eingehend visitiert. Der Gang gleicht in wenigen Minuten einem Schlachtfeld. Die beiden Uniformierten reagieren auf unseren Unmut bissig. Um unser Vorhaben nicht zu gefährden, schlucken wir den Groll jedoch mannhaft hinunter. Männer jammern nicht, Männer stöhnen in sich rein! Endlich prangen die heißersehnten Stempel in unseren Papieren. Der Weg ist frei – das Wagnis kann beginnen.

Unsere bescheidene Kavalierstour beginnt in Karlovy Vary. In dem wunderschönen Kurstädtchen hat Bobesch Bekannte. Er lebte mehrere Kinderjahre im Böhmischen und war erst vor Kurzem mit seinen Eltern in die DDR übergesiedelt. Seine perfekten Sprachkenntnisse sollen uns zukünftig sehr zupassekommen.

An aktuellen Maßstäben gemessen, lässt sich unsere Ausrüstung nur als abenteuerlich bezeichnen. Wahre Vehikel, *Eisenschweine* geschimpft, dienen unserer Fortbewegung. Mit Ausnahme von Mischa, der fährt ein Diamant-Sportrad. Im Gegensatz zu unseren strammen *Gäulen*, meiner gehört meinem Schwesterchen, spreizt sein leichtrahmiger Drahtesel allerdings unter dem Gewicht des Transportgutes täglich die Hufe. Während wir uns, Gerd und ich, nach der beschwerlichen Strampelei bergauf und bergab dem Müßiggang und Genuss tschechischen Bieres hingeben, *darf* Mischa nach jeder Etappe neue Speichen einziehen. Rein materialmäßig kein Problem, er hat sich vorausschauend einen respektablen Vorrat angelegt.

Unsere Reiseroute richtet sich nach der Streuung der Zeltplätze, die noch ziemlich rar und primitiv sind. Das stört uns aber nicht im Geringsten, denn luxuriöse Vergleiche fehlen. Und so radeln wir frohen Mutes bei herrlichstem Sommerwetter zunächst nach Plzeň und von dort nach Nepomuk. Hört sich irgendwie märchenhaft an und ist es auch. Auf uns wartet ein idyllischer Tümpel, in dem wir uns frischmachen können. Nicht jeder Zeltplatz verfügt über sanitäre Anlagen. Die Sonne brennt erbarmungslos vom Firmament. Ganz so zauberhaft schnell wie der kleine Muck kommen wir wegen der vielen Berganfahrten allerdings nicht nach Nepomuk. Zudem zieht sich der Zeltaufbau in die Länge. Uns fehlt eindeutig Übung. Nach getaner Arbeit hängen wir über den Eingang ein rotweißes Warnschild mit der Aufschrift: „Achtung fünf Meter Abstand, Gefahr einer Bodensenkung". Es handelt sich um ein Souvenir, das ich während eines Praktikums beim VEB Geophysik Leipzig, Außenstelle Stralsund, habe mitgehen lassen.

Die nächste Station heißt Strakonice, ein Zugeständnis meiner Freunde an mich, denn dort bin ich mit Vera verabredet, die ich zwei Jahre zuvor persönlich kennen und lieben gelernt hatte. Die heiße Jugendliebe fußte auf einem seit dem Pionieralter gepflegten Briefwechsel. Der Flächenbrand heiß lodernder Emotionen ist inzwischen zwar gelöscht, gelöscht durch die unstete Jugend, die beständige Entfernung und die abkühlende Wirkung der Zeit.

Die Begegnung verläuft zu meinem Entsetzen steif und förmlich. Vera, ein schwarzhaariges, glutäugiges hübsches Mädchen, mittlerweile bei der Staatsbahn beschäftigt, unterhält sich fast ausschließlich mit Bobesch und Mischa. Derart ignoriert, fühle ich mich äußerst unbehaglich in meiner Haut. Vera scheint mir meinen Sinneswandel zu warmherziger Freundschaft sehr zu verübeln. Wahrscheinlich hatte sie, trotz unserer Unreife, auf eine dauerhafte Liaison gehofft. Ich aber fühlte mich einfach noch zu jung und unfertig. Was hatte ich schon erlebt und von der Welt gesehen? Außerdem stieß eine grenzübergreifende Partnerschaft auf allerhand Schwierigkeiten. Wie die zwei Königskinder konnten wir zusammen nicht kommen, denn die *sozialistische Bruderliebe* schob viele Keuschheitsriegel davor. Der Abschied verläuft hastig und förmlich. Ein Abschied für immer.

Trotz des Desasters mit meiner einstigen Herzensdame profitiere ich von Vera. Ausgerüstet mit ihren Informationen kann ich in die Rolle eines Fremdenführers schlüpfen. Wir besuchen das Schloss Hluboká nad Vltava bei Česke Budějovice (Budweis), allgemein als Perle Südböhmens bezeichnet. Die strahlend weißen Mauern und Zinnen sind aber auch beeindruckend, heute leider nicht mehr von innen zu bestaunen. Privat!

Weiter campieren wir in Konopiste bei Benešov und Sobešin an der Sázava. Das internationale Zeltlager liegt zwar nicht direkt am Weg, unsere Sehnsucht nach diesem jugendfrischen Fleckchen Erde aber ist riesengroß. Ein Jahr zuvor feierten wir hier unser erfolgreiches Abitur und sagten der Penne Adieu. Den Zugang zum Jugendlager versperrt die Sázava, ein kleines, munteres Flüsschen. Ein Boot ist weit und breit nicht zu sehen. Also pumpen wir die Luftmatratzen auf und befördern unsere Sachen spektakulär ans andere Ufer. Ein Drahtseilakt, denn die Ladung droht auf der wackligen Unterlage mehrfach ins kühle Nass zu kippen.

Der Empfang verläuft freundlich, obwohl wir unorganisiert reisen. Wir erwerben Essenmarken und dürfen gar in einem Holzhäuschen übernachten. Einer Integration in die Gemeinschaft aber steht unser *Zigeunerleben* im Wege. Deshalb trennt man sich ohne bleibende Eindrücke. Ein Jammer, denn die Anzahl schöner Mädchen scheint ins Astronomische gestiegen zu sein.

Von Sobešin führt unser Ritt nach Kolin, mit dem mich ein unvergessliches Erlebnis verbindet. Die Tändelei mit dem Roma-Mädchen Anuschka endete in einer mittleren Katastrophe. Ohne Geld und gültige Papiere verpasste ich Zug und Gruppe. Diesmal richte ich meinen Blick starr auf die Hinterräder meiner Freunde. Nur den Kontakt nicht verlieren.

Über Poděbrady erreichen wir am frühen Abend Kosmonosy unweit von Mlada Boleslav, der Wiege der beliebten Škoda-Autos. Auf dem *Kosmonauten*-Zeltplatz gibt es die köstlichsten Hörnchen, die je ein Mensch zum Frühstück gegessen hat. Bevor wir die aber genießen können, seift uns ein Platzregen tüchtig ein. Kein Baum, kein Strauch, kein Wartehäuschen am Straßenrand bietet Schutz und so bleibt kein Faden an uns trocken.

Wo wir auch hinkommen, überall *hissen* wir unangefochten unser Warnschild und trinken ungestört nach Reinheitsgebot gebrauten Hopfenblütentee. Eine der Güte tschechischen Bieres gerecht werdende Beschreibung gibt es nicht. Um die Köstlichkeit gebührend würdigen zu können, muss man es trinken! Wortlos. In vielen, vielen kleinen Schlucken.

In Liběchov in der Nähe von Mělnik passiert Ungeheuerliches. Von uns unbemerkt, erregt unser Warnschild das Missfallen tschechischer Jugendlicher. Man hält uns für ausländerfeindliche, arrogante germanische Schnösel. Währenddessen Mischa und ich nach anstrengender Tagestour mit vielen abgespulten Kilometerchen völlig fertig *off die Reefen* sind und bereits den Schlaf der Gerechten schlafen, findet Bobesch an jenem Abend zum Glück keine Ruhe. Er lauscht dem Gesang und Streit der erbosten Tschechoslowaken. Plötzlich, gerüttelt und geschüttelt, fallen wir aus allen Blütenträumen. „Schnell, wacht auf. Man will uns verprügeln und fortjagen!"

Ehe wir im Ansatz begreifen, was los ist, schlüpft Bobesch aus dem Zelt und läuft auf eine Gruppe Jugendliche zu, die sich soeben von ihrem Lagerfeuer erhebt, um uns mit Fackeln und Grillspießen bewaffnet einzuheizen. Kein Zweifel, sie gedenken uns den roten Hahn aufs Zeltdach zu setzen. Bevor die Chaoten Schaden anrichten können, beruhigt unser *Tscheche* die Berserker mit himmlisch klingenden Engelszungen. Das Schild, das Schild, es ist nur Spaß!

Zum Glück hat der Alkohol den Irrläufern das Gehirn noch nicht vollends vernebelt. Die Glut des Hasses erlischt. Die miese Stimmung schlägt um – in Freundlichkeit. Man lädt uns zu gemeinsamer Feier ein. Wir herzen und umarmen uns, essen und trinken, schwatzen und singen bis in den frühen Morgen ausländische Weisen. Mit einer Silbe komme ich prima über die Runden: La, la, la! Da uns keine adäquaten deutschen Volkslieder zu Gebote stehen, schmettern wir mit Inbrunst „Es gibt kein Bier auf Hawaii…". In Liběchov gibt es zum Glück reichlich davon.

Die Völkerverständigung bringt unseren Zeitplan arg durcheinander. Unser Zelt dient als internationale Ausnüchterungszelle. Mit einem Tag Verspätung – die tschechoslowakischen Brüder und Schwestern wollten uns, nachdem wir öffentlich das Warnschild begraben haben, nicht ziehen lassen – erreichen wir ungeschoren Jesenice und von dort wieder unseren Ausgangspunkt: Karlovy Vary.

Offene Rechnung

Die Luft wird knapp. Mühevoll unterdrücke ich das Bedürfnis zu atmen. Ein Schwapp Salzwasser gelangt in meinen Mund. Würgender Brechreiz. Höchste Zeit, nach Luft zu schnappen. Mit letzter Kraft reiße ich eine Muschel vom Fels und stoße mich kräftig vom Meeresboden ab. Nehmen die fünf Meter denn überhaupt kein Ende? Angst vorm Ertrinken verwirrt die Orientierung. Mir wird dunkel vor Augen. Schwarzes Meer oder vorzeitiges Ende? Keines von beiden. Es ist unsere Luftmatratze, die einen langen Schatten wirft. Sie schwimmt genau über mir. Bis zum Strand von Albena sind es etwa zweihundert Meter. Mein ungestümes Emporschnellen bringt unser *Gummiboot* zum Kentern. Fünf darauf deponierte Muscheln versinken in den Fluten. *Ate*, mein Geschäftspartner, flucht. „Und was schenke ich jetzt meinen Eltern? Aus dir wird nie ein richtiger Perlentaucher!"

Auf die Idee, uns kostenlos mit Reiseandenken zu versehen, bringen uns bulgarische Feinschmecker. Mit erstaunlicher Effizienz hauen sie sich die *hartleibigen* Meerestiere geschickt auf die muskulösen Oberschenkel. Bei jedem Schlag fliegt der lebende Inhalt aus dem Gehäuse. Kurz abgespült, landen die glibbrigen Dinger auf einem verrußten Blech, unter dem ein Feuerchen knistert. Eine Delikatesse, wie man uns versichert. Erwarten Sie keine Bestätigung von mir, ich habe den *Radiergummi* nie gekostet. Die bizarren Gehäuse, auf sie konzentriert sich unser Verlangen, werden an Kinder verschenkt. Verschenkt?

Zwei Dumme, ein Gedanke. Was die können, können wir schon lange. Gründeln ist angesagt. Die bizarre Unterwasserwelt betört die Sinne. Die Sonne hat bei der geringen Tiefe keine Mühe, ihr strahlendes Lächeln bis zum Meeresgrund zu schicken. Pflanzen, Fische und Felslabyrinthe bieten ein unvergleichliches Panorama. Sicher kein Vergleich zu Korallenriffen, aber für einen *Süßwasserpolypen* ein fantastischer Anblick.

Indem uns die Jagdleidenschaft gefangen hält, werden Beate und Inge, unsere beiden Wassernixen, von schwarzhaarigen Schönlingen umgarnt. Bevor die Mädels an bulgarischen Angeln zappeln, ködern wir sie. Die christlich geteilte Muschelbeute reicht für alle lieben Menschen in der Heimat. Die Verwandtschaft ist beglückt. Inzwischen gehören die bulgarischen Meeresprodukte sogar zur Erbmasse.

Ganz zum Nulltarif sind die Souvenirs jedoch nicht zu haben. Wir zahlen mit wochenlangen Schmerzen und Blutergüssen einen hohen Preis. Ungeübt in der Trennung von *Fleisch und Knochen* malträtieren wir unsere Beine, bis sie rot anlaufen wie ein gebrühter Langustenschwanz. Keramikbecher mit dem typischen Pfauenaugenmotiv bekommt man in Kneipen deutlich leichter. Man darf sich nur nicht erwischen lassen. Unser diesbezüglicher Ertrag ist nicht der Rede wert. Sozialistische Persönlichkeiten stehlen nicht!

An mich, andenkenmäßig gesehen, dachte ich in jungen Jahren kaum. Altersweise hole ich dieses Versäumnis nach. Ich schreibe gespeicherte Erlebnisse auf und mache sie einer erlesenen Öffentlichkeit zugänglich. Meine Gattin schüttelt zumeist den Kopf, manchmal schüttet sie sich beim Korrekturlesen auch aus vor Lachen. Ganz schön geschönt, der schöne Urlaub. Na schön.

Unser Bulgarienurlaub zieht sich hin. Die Sonne des Südens ist ein glühender Feuerball. Bei Beate löst sich die Haut wie die Pelle eines Brathähnchens. Das Dösen und Rösten am Strand schreit nach Abwechslung und Abkühlung. Meine sporadischen Salti vorwärts eignen sich maximal zum Imponieren, nicht aber zum dauerhaften Erfrischen. Eine gemütliche Strandwanderung soll Abhilfe schaffen.

Die Bewegung im flachen Wasser tut gut. Nach wenigen Schritten stellt sich die geschlechtertypische Laufordnung ein. Wir Jungen beflügeln vorauseilend unsere Füße, Beate und Inge die mündliche Rede. Die Mädchen bleiben zurück. Ate, mein Begleiter, korrekt heißt er Jürgen, schwärmt: „Segeln müsste man jetzt können".

„Ich wäre schon mit Klavierspielen zufrieden", erwidere ich feixend. Für mich ist die Segelei ein Buch mit sieben Siegeln. Der Freund seufzt und schaut gedankenverloren aufs Meer.

Träume ich ebenfalls? Ein *Wüstenschiff* am Horizont? Fürwahr. Besteigen darf man das im Sandmeer schaukelnde Gefährt nicht.

Für einen Lewa aber gestattet der Besitzer, sich mit der tierischen Verwandtschaft fotografieren zu lassen. Wir warten geduldig auf die Mädchen. Besser man fragt sie zu Hause: Wer auf dem Bild ist denn nun das Kamel?

Entrüstet lehnen unsere Gefährtinnen die Ablichtung mit dem Schimpfworttier ab. Wie sie vorgeben, aus rein kommerziellen Erwägungen und nicht des Verdachts vergleichender Intelligenzstudien wegen. Bedenkt man die Tatsache, dass uns für zwei Wochen jugendtouristischen Aufenthalts im befreundeten Bruderland nur ganze fünfzehn Lewa pro Person zur Verfügung stehen, umgerechnet dreißig Mark der DDR, so kann man sich dem pekuniären Argument der Mädchen keineswegs völlig verschließen. Ein als Beduine verkleideter Bulgare denkt aber nicht einmal im Traum daran, seine Kundschaft ungeschoren ziehen zu lassen. Der Funke Unschlüssigkeit ist dem Gewieften nicht entgangen. Er vertritt Beate und Inge wild gestikulierend den Weg. Selbst wenn Standfestigkeit nicht zu den weiblichen Tugenden zählen sollte, den Lockrufen des Kamelhirten widerstehen sie steif und fest.

Glücklicherweise offenbaren noch andere Strandläufer Interesse an eitler Bespiegelung. Für den Bruchteil von Sekunden fühlen wir uns unbeobachtet. Die Gelegenheit zu einem kostenlosen Schnappschuss mit Kamel ist günstig. Blende acht, die Sonne lacht. Der *Wüstensohn* scheint auch hinten Augen zu haben. Zumindest sind sie so beweglich wie die eines Chamäleons. Er registriert den Frevel in seinem Rücken. Mit einem handfesten Knüttel bewaffnet und unablässig Verwünschungen ausstoßend, stürmt er los, um uns zu strafen.

Nahe dran aufzugeben, wir sind völlig außer Puste, lässt der wildgewordene Derwisch unerwartet von uns ab. Seine handgreifliche Abwesenheit ausnutzend, bedienen sich in der Ferne nämlich inzwischen Scharen von Touristen des jeder Dummheit spottenden Motivs. Schreiend und gestikulierend beendet der Geprellte die Schnäppchenjagd. Bald laufen andere um ihr Taschengeld.

Wir lassen uns auf dem Rand eines Bootes, das nur wenige Meter vom Wasser entfernt im feinkörnigen Sand liegt, schnaufend nieder. Mit ausreichend Luft in den Lungen kehren Unbeschwertheit und Fröhlichkeit zurück. Bei näherer Betrachtung erweist sich unsere Sitzgelegenheit als voll aufgetakeltes Segelboot. Das kleine Vorsegel knattert lustig im ablandigen Wind. Der Schatten, der sich alsbald über unsere Gesichter legt, stammt von einem athletischen, braungebrannten Südländertyp, Marke Mädchenaufreißer. Freundlich und handelsbereit gibt er sich als Bootsverleiher zu erkennen. Sein letztes Angebot: Eine Stunde Segeln für nur fünf Lewa, zu zahlen bei Rückkunft und unabhängig von der Personenzahl. Das will überlegt sein. Wer weiß, ob sich eine solche Gelegenheit noch einmal bietet?

Die Mädchen kneifen, sie trauen Ates nautischen Fähigkeiten wahrscheinlich nicht bis über die flache Bordwand, auf der wir sitzen. Mein Vertrauen in das seemännische Geschick des Kumpels wuchert gleichfalls nicht üppig. „Sei kein Frosch", lästert Ate.

„Von wegen Lurch", protestiere ich und lasse mich als Leichtmatrose anheuern. Der Bootsverleiher ist sichtlich zufrieden mit sich. Seine Augen strahlen. Liegt es allein am gerade verdienten Geld, oder weil wir unsere Damen unbeschützt zurücklassen?

Das zu erwartende Segelvergnügen erstickt alle Bedenken. Wir geben uns dem Spiel der Wellen und dem unbeschreiblichen Gefühl grenzenloser Freiheit hin. Und das mitten in einem sozialistischen Land! „O wie schön ist's, nichts zu tun und nach dem Nichtstun auszuruh'n."

Der Wind weht nur mäßig, treibt das Boot aber spürbar vor sich her. Wir lümmeln entspannt auf den lackierten Bootsplanken. Das Weiß der Segel sticht gegen das Azurblau der Atmosphäre. Unser geistiges Auge färbt das Schwarze Meer zu grünem Samt.

Jürgen beherrscht das Metier wider Erwarten nahezu perfekt. Er stellt die Leinwand auf offenen Seekurs. Das Boot gleitet ohne Schlingern im Strom der Luft dahin wie eine leichtflügige Möwe. Übermütig singe ich: „Nimm mich mit, Kapitän, auf die Reise, nimm mich mit in die weite Welt hinaus". Mit stahlharter Turnerhand halte ich das Ruder.

Das von einer Sekunde auf die andere erschlaffende Tuch reißt uns aus der Verzückung. Albenas Küste zerfließt vor erschrockenen Augen zu einem schwachen Lidstrich am Horizont. Nur fünfzehn Minuten währte das Vergnügen. Ate setzt jeden Zentimeter Gewebe, um die Kehrtwende zu vollziehen. Immer wieder muss ich unter dem Ausleger abtauchen. Das rossige Boot tänzelt zwar leicht auf den Wellen, nimmt aber die Sporen des Reiters nicht an. Wir haben doch tatsächlich den Gutenachtgruß des Windes verschlafen.

Mein Kumpel reagiert gefühllos: „Seemannslos ist das Grab".

Ich könnte ihn umbringen. „Anstatt dumme Sprüche vom Stapel zu lassen, solltest du lieber an der Schiffsschraube drehen", brumme ich den schlaffen Windbeutel barsch an.

Ate knurrt zurück. „Hör auf zu jammern und zu fluchen. Hier hilft nur Muskelkraft. Wedle mit der Pinne. Und nun volle Kraft voraus."

Trotz größter Anstrengung kommt unser träger Wellenreiter nur mäßig in Fahrt. Bei dem Tempo hätten wir ganz sicher nicht einmal ein Schneckenrennen gewonnen. Obzwar wir uns in kurzen Abständen abwechseln, schmerzen die Arme bald unerträglich. Aus den Augen tropfen Tränen. Vor Verzweiflung und wegen der zu erwartenden Gebührenerhöhung. Mehr als zwei Stunden treiben wir nun schon auf dem inzwischen pietätschwarzen Meer. Und noch immer wirken die Menschen am Strand ameisengroß.

Nach einer weiteren Stunde depressiven Schweigens und Rackerns steigt die Hoffnung, einen totalen Schiffbruch vermeiden zu können. Die Vorsehung korrigiert den Kurs. Wir driften eine Viertelseemeile neben dem Bootsverleih an Land. Auf der erhitzten Haut glitzern Salzkristalle wie funkelnder Diamantengrieß. Die Zunge liegt ausgedörrt im Mund und will nicht mehr gehorchen. Der Rachen brennt. Knapp vier Stunden dauerte unsere Odyssee. „Ein Taschengeld ist hin", klage ich.

„Hin ist hin und futsch ist futsch", erwidert Jürgen. Dann holt er wortlos die Segel ein. So intensiv ich spähe, der Bootsverleiher ist nicht zu sehen. Auch von unseren Gespielinnen keine Spur. Haben mich Salzwasser und Plackerei mit Blindheit geschlagen?

Nein, wir stehen wirklich allein zwischen Urlaubern, die kein gesteigertes Interesse an uns haben. Gewissen in Aufruhr. Dann die Entscheidung. Sie ist schäbig. Unglaublich aber wahr. Wir prellen die Zeche und flüchten nach Hasenart, immer wieder Haken schlagend, zu unserem weit entfernten Nest. Beate und Inge sind gerade dabei, unseren Verlust mental zu verarbeiten.

Erst nach Tagen lässt die Furcht vor Entdeckung merklich nach.

Unsere kleine Erbärmlichkeit wächst allmählich ins Heldenfach.
Mutig trennen wir uns von Sonnenbrillen und Dreitagebärten.
Meine bildhafte Erlebnisschilderung quittieren die Mädchen mehrdeutig: „Kerle kriegen nie genug!" Zumindest den körperlichen Bestätigungsnachweis bleiben wir an jenem Abend schuldig. Wir waren fix und fertig.

Am Rande des Abgrunds

Wie Hornissen brummen die vier Propeller unserer Iljuschin. Die Reisegeschwindigkeit beträgt annähernd sechshundert Kilometer in der Stunde, meldet knarrend der Bordfunk der Interflugmaschine. Mit der Postkutsche hätte man für die Bewältigung der Strecke Berlin-Sotschi mindestens drei Wochen oder länger auf staubiger Landstraße zugebracht.

Der Fensterplatz beschert mir auf meinem ersten Flug fantastische Bilder. Was sind dagegen die Märchen aus Tausendundeiner Nacht? Obwohl ein engmaschiges Wolkenkleid den Blick zur Erde verhindert, entschädigen die bizarren weißen Gebirge aus Wasserdampf vor dem sattblauen Vorhang der Unendlichkeit. Die Sonnenstrahlen schaffen unaufhörlich Berge und Täler von vollendeter Schönheit. Sie entstehen und vergehen. Nichts ist für die Ewigkeit gemacht. Alles fließt. Die Aluminiumhaut des Flugzeuges, eine ältere sowjetische Produktion, ist in gleißenden Feuerschein getaucht. Meine Verzückung ist grenzenlos, bis, ja bis der von Lichtstrahlen scheinbar mühelos getragene Flieger mit rasender Geschwindigkeit abrupt in Turbulenzen gerät. Wir stürzen ins Bodenlose. Kollektiver Aufschrei. Hört sich so ein Engelschor an? Ich falle in Schockstarre, unfähig, einen klaren Gedanken zu fassen. Meine Finger krallen sich ohne jede Schmerzempfindung in die Armlehnen. Bin ich schon tot? Nein, ich befinde mich erst im Vorhof der Hölle, denn kurz darauf schlagen wir auf. Hart und dumpf, geschätzte einhundert Meter über dem Erdboden. Gut, es können auch vier bis fünf Kilometer mehr gewesen sein. Jedenfalls vibriert der Rumpf und die Tragflächen heben und senken sich wie Adlerschwingen. „Wie in der Luftschaukel", kreischt ein kleines Mädchen vergnügt und klatscht begeistert in die Hände.

„Ist Ihnen nicht gut?", fragt mich eine nette Stewardess. „Sie sehen ja aus wie die Kreidefelsen von Kap Arkona. Unter Ihrem Sitz ist die Tüte."

Der Gedanke, dass die hübsche Flugbegleiterin in mir einen Feigling sehen könnte, ist mir sehr unangenehm. Deshalb wiegele ich mannhaft ab. „Ich arbeite unter Tage, da scheint die Sonne sehr selten."

Mitten hinein in ihre Antwort, dass ihr Papa auch Bergmann sei, meistens aber schwarz aus der Grube komme, schlägt meine Reisebegleiterin ihre bezaubernden Äugelein auf und schaut mich verliebt an. Glücklicherweise war mir wegen der schlagfertigen Stewardess da bereits wieder etwas Blut in den Kopf geschossen. „Ich hatte gerade einen wunderschönen Traum", flötet es in mein Ohr. „Stell dir vor, ich fiel vom Himmel direkt in unser kuschelweiches Ehebett."

„Das ist doch die Höhe", empöre ich mich mit gespieltem Unmut. „Eben haben wir mit Müh und Not einen Flugzeugabsturz überlebt und nun kommst du mit der nächsten Katastrophe. Ehe – Heirat."

„Wie bitte?" – Schmollmund und Sendepause.

Beim Landeanflug auf Adler, dem Flugplatz unweit von Sotschi, befreit sich meine mit dem Sicherheitsgurt mehr schlecht als recht unter Verschluss gehaltene Höhenangst endgültig. Während wir durch dichten Wasserdampf sinken, es stampft und schlingert, rüttelt und schüttelt, beutelt mich Panik mit ungezügelter Wucht. In der Maschine muss es weitere Leidensgenossen geben, denn nach gelungener Landung löst sich die Anspannung in Stoßseufzern und frenetischem Beifall.

Kaum sind die Unwägbarkeiten der Rückkehr zur Erde aus dem Bewusstsein, da trifft uns eine Hiobsbotschaft. Zwischen Sotschi und Suchumi ist eine Epidemie ausgebrochen; hinter vorgehaltener Hand werden wir streng vertraulich erfahren, dass es sich um die gefährliche Ruhr handelt. Für einen gelernten DDR-Bürger eine unfassbare Geschichte, völlig unvorstellbar im Land des unbefleckten reinen Kommunismus.

Als meine Freundin und ich später aber auf dem Wochenmarkt von Sotschi sehen, wie Myriaden von Fliegen die bei glühender Hitze offen aufgehängten Fleischstücke umschwirren und die Käufer jedes Stück in die Hand nehmen, prüfend betasten sowie mit Nadeln testend bepieksen, wundern wir uns eher darüber, dass nicht noch verheerendere Seuchen grassieren.

An ein frohes Jugendleben im gebuchten Touristenlager *Sputnik* ist unter diesen Umständen nicht zu denken. Menschenansammlungen sind zu vermeiden. Wie weiter? Zermürbend lange warten wir auf eine Entscheidung. War das stundenlange Anstehen nach den Reisepapieren umsonst gewesen? Müssen wir unerholt umkehren und sofort zurück in die Luftschaukel?

Endlich eine frohe Botschaft. Alea icta est. Ein *Natschalnik*, der etwas zu sagen hat und über den richtigen Stempel verfügt, hat sich entschieden. Für die fremden Jugendfreunde! Der Urlaub kann stattfinden. Die ehemals große Reisegesellschaft wird allerdings in kleine Grüppchen aufgeteilt. Auf uns warten die exklusiven Sanatorien der Stadt, ärztliche Betreuung eingeschlossen. „Sag ich doch, eine Traumreise", jubelt mein kleiner Spatz.

Bevor wir uns trennen dürfen, wählen wir flugs einen FDJ-Sekretär, Ordnung muss sein. Derartigen formalen Unsinn soll es in jener fernen Zeit bei allen organisierten Jugendtouristreisen gegeben haben. Der Gewählte, keiner kannte ihn, sollte dem Reiseleiter ideologisch und moralisch zur Hand gehen. Wer weiß, wozu sozialistische Jugendliche im sozialistischen Ausland alles fähig sind?!

Sotschi im Jahre siebzig. Auf dem Weg zum Strand werde ich von einheimischen Jugendlichen aufreizend gemustert und ein Stück des abschüssigen Weges, aber in gebührlichem Abstand, begleitet. Mir ist trotzdem nicht wohl in meiner Haut. Angst kann ich das ungute Gefühl aber nicht nennen. Vor *Freunden* fürchtet man sich nicht. Als ich allein bin, der uns zugewiesene Strandabschnitt ist nicht öffentlich, überprüfe ich mein Äußeres. Nichts Auffälliges zu entdecken. Die Diagnose beruhigt mich. Am Abend ist der Vorfall vergessen, ich habe schließlich anderes zu tun. Unsere getrennt stehenden Betten müssen wieder in eine große Spielwiese verwandelt werden. Wenn schon kein großer, weicher Strand, dann wenigstens ein großes, weiches Bett. Jugend denkt praktisch und lustorientiert. Die Kurverwaltung muss unsere Eigenmächtigkeit als einen Verstoß gegen Anstand und Sitte gewertet haben, denn nach jedem Zimmerservice finden wir das Betttuch wieder zerschnitten. Liebeskuren unerwünscht. Wir machen uns einen Jux daraus, und das Spiel beginnt von vorn. Jugend verachtet Autoritäten, sagen die Erwachsenen.

Tags darauf das gleiche Verfolgungsszenario auf dem Weg zum Strand. Die Anzahl meiner Anhänger aber scheint sprunghaft gestiegen. Meine Unsicherheit nimmt spürbar zu. Ich versuche das Interesse der jungen *Freunde* auf meine Geliebte zu lenken, demonstrativ schiebe ich sie vor mir her. Umsonst. Schlanke Mädchen sind im Schönheitsideal dieses gebirgigen Landstrichs nicht enthalten. Klein und knubbelig kommt besser an. Verwechselt man mich am Ende mit einer sowjetischen Berühmtheit? „Das kann ja heiter werden", flüstere ich Beate ins Ohr. In Gedanken bastele ich zügig an einer perfekten Tarnung.

Trotz Sonnenbrille und Dreitagebart werde ich erkannt. Die Verehrer – wieso ausschließlich Jungen? – werden mutiger und aufdringlicher. Bevor ich meinen spontan gefassten Fluchtplan realisieren kann, spricht mich ein Vorwitziger wild gestikulierend an. Einigen Wortfetzen kann ich mit meinen spärlichen Russischkenntnissen mühevoll einen deutschen Sinn geben. Da endlich fällt der Groschen. Die vermeintlichen Bewunderer wollen nichts weiter als meine Levisjeans! Das kommt freilich nicht in Betracht, ich habe zu sehr um sie gelitten.

Nach der kategorischen Ablehnung des Ansinnens verlieren meine *Fans* schlagartig das Interesse an mir. Für mich ein Segen, für Prominente sicher eine Katastrophe!

Der steinreiche Strand von Sotschi behagt uns nicht sonderlich, er schränkt den jugendlichen Bewegungsdrang zu sehr ein. Entweder balancieren wir über Lattenroste, oder wir mühen uns wie Volltrunkene torkelnd über das unebene Geläuf. Ausgelassen herumtollen kann man allenfalls im Wasser, das aber schon nach wenigen Metern grundlos wird. Um nicht ständig die salzige Brühe schlucken zu müssen, hält man lieber die Klappe und schwimmt diszipliniert. Viel besser schmeckt der Krimsekt, bereits für schlappe zwei Rubel zu haben. Von dem Bier genannten Getränk wären einem garantiert die Füße eingeschlafen, und das wollen wir kurz vor dem internationalen Tanzabend nicht riskieren. An jenem kulturellen Höhepunkt der Reise sind wir unheimlich benebelt, was aber nicht von geistigen Getränken herrührt, sondern von Knoblauchdämpfen, die uns die Musiker einer Blaskapelle entgegen schleudern.

Humba, humba, täterä! Ausweichen geht nicht, die Tanzfläche ist gerammelt voll.

Am Strand, auf dem Nachbarrost, schmort täglich ein gepflegter älterer Herr, der uns mit großer Anteilnahme und Freundlichkeit begleitet. Es bleibt nicht aus, wir kommen ins Gespräch. Er will alles über uns und unsere Lebensbedingungen wissen. Dabei sprechen wir unglücklicherweise auch über das Schachspiel. Wäre doch eine schöne Strandbeschäftigung, meint unser väterlicher Freund in gut verständlichem Deutsch. Trotz meiner hinterindischen Eröffnung, die ich lange Zeit für den Garant meiner Unschlagbarkeit hielt, sehe ich keinen Stich. Bringe ich akut etwas durcheinander? Jedenfalls bleibt meine Ausbeute an Türmen, Springern, Läufern und Bauern unheimlich mager. Meine *Dame* bekommt er aber nicht, bei ihr bleibe ich König. Nein, ein Lüstling sitzt uns wahrlich nicht gegenüber. Der seriöse Herr entpuppt sich als Professor Obut, eine internationale Kapazität der Geologie, wohnhaft in einem Wissenschaftlerstädtchen in Sibirien. Wenn man ihn allein zur Kur fahren lässt, kann es sich nicht direkt um einen Verbannten handeln, denke ich. Ich liege richtig. Professor Obut ist Träger vieler hochrangiger Auszeichnungen, Schreiber diverser geschätzter Fachbücher und schließlich gar persönlicher Begleiter von Charles de Gaulle bei dessen Staatsbesuch 1966 in der Sowjetunion. Gerühmt hat sich der bescheidene Mensch mit seinen Meriten nie. Wahre Größe kommt ohne Selbstdarstellung aus.

Seine Schilderung über das Pilzesammeln, er spricht nicht vom Suchen, lässt uns ungläubig dreinschauen. Für eine Mittagsmahlzeit müsse er nur einmal um sein Holzhäuschen gehen, berichtet Professor Obut verschmitzt. Nach seiner Beschreibung könnte es sich um Birkenpilze, Rotkappen, Maronen und Steinpilze handeln. In Sibirien? Wir kommen aus dem Staunen nicht heraus. Bei der Vorstellung, dass er dabei nicht einmal von seinem Liegestuhl aufstehen muss, lachen wir gemeinsam. Jahrelang gehen Briefe hin und her. Im Original schickt er uns eines seiner Bücher. Darauf hat uns die polytechnische Oberschule nicht vorbereitet.

Zum Reiseprogramm gehören ein Hubschrauberrundflug oder eine Fahrt mit dem Tragflächenboot entlang der wunderschönen Schwarzmeerküste. In der Germanengruppe wird das Für und

Wider angeregt diskutiert. Die Mehrheit hat keine guten Flugerfahrungen. Deshalb setzt sich die Schiffspassage mehrheitlich durch. Das kommt meiner Höhen- und Flugangst sehr entgegen.

Erwartungsvoll schiffen wir uns auf einer *Raketa* ein. Etwas außerhalb des Hafenbeckens erreicht das Luftkissenschnellboot Höchstgeschwindigkeit. Im gläsernen Bug bietet sich ein märchenhafter Ausblick auf das schäumende Meer und die vegetationsreiche felsige Küstenlandschaft am Fuße des Kaukasus. Das Auf und Ab im Vorderschiff muten sich nur wenige zu, die meisten Passagiere platzieren sich im ruhigeren Mittelteil und im Heck des Schiffes. Ein offenes Sonnendeck gibt es bei diesem Schiffstyp nicht. Frischluft aber wäre dringend nötig gewesen. Starke ablandige Winde und Strömungen lassen das Boot nämlich durchgängig als Wellenschaukel tanzen. Der Vorrat an Tüten verbraucht sich allzu schnell, die Toiletten fassen die Bedürftigen schon lange nicht mehr. Die Mehrzahl der Fahrgäste torkelt seekrank umher. Meine Freundin und ich bleiben fast die einzigen, die dem Spiel der Farben schadlos widerstehen: Uns zaubert das Schwarze Meer auf weißem Schiff und bei blauem Himmel keine grünen Gesichter.

Ein geplanter Ausflug nach Suchumi fällt ganz ins Wasser, besser, er fällt dem eingangs erwähnten massenhaften *Durchmarsch* zum Opfer. Die Ersatzausflugvariante ist der Besuch eines staatlichen Betriebes der Teeproduktion (Sowchose). In den Staatszirkus wären wir auch gerne gegangen, die Karten sind aber auf Jahre ausverkauft. Nichts zu machen! Nicht einmal für *Freunde aus dem deutschen demokratischen Bruderland*.

Zehntausend Beschäftigte finden in der gigantischen Kooperative Lohn und Brot. Moderne Teepflückautomaten gibt es selbstverständlich, aber man will keine Arbeitslosigkeit, klärt uns eine taufrische Betriebsökonomin in gebrochenem Deutsch auf. – Teesträucher so weit das Auge reicht. Der kaukasische Gebirgswind erzeugt sanftes Wogen im Blättermeer. Die farbigen Kleider und Kopftücher der Pflückerinnen gleichen exotischen Schmetterlingen, die sich unablässig aufschwingen und untergehen.

Auf einem grünen Wellenkamm thront symbolisch die Arche Noah. Wie auf der Flucht vor der alles verschlingenden Sintflut strömen mehrere Busladungen deutscher Touristen in das reichlich mit Schnitzereien verzierte hölzerne Gefährt. Obzwar man das attraktive Gebäude als landestypisches Bauernhaus vorstellt, erkennt jeder doch unschwer den folkloristischen Zuschnitt. Auf einer Veranda ist der lukullische Willkommensgruß artig dekoriert. Rufe des Entzückens und Staunens registriert das in Trachten gehüllte weibliche Empfangskomitee als gewohnte Vorspeise. Wie jagdbereite Falken stoßen Unbescheidene auf die festlich gedeckten Tische und reißen sichtbare Lücken in die Leckereien. Von wegen Brot und Salz. Die Gastgeber quittieren den Verstoß gegen die guten Sitten äußerlich abgeklärt, sie scheinen allerhand gewöhnt. Ohne die offizielle Begrüßung abzuwarten, gießt sich eine ältere deutsche Reiseteilnehmerin Tee in die Tasse. Fremdschämen ist angesagt.

Ungewöhnlich zähflüssig rinnt der grünschwarze Aufguss aus dem Kannenhals, vergleichbar mit Vaters Buchenteer, Universalmittel gegen jegliche Form von Erkältung und Raucherhusten. Trotz der verzweifelt abwehrenden Gesten der Serviererinnen leert die maßlose Person die reichlich gefüllte Tasse ohne abzusetzen. Die Furcht, bei der Teezuteilung zu kurz zu kommen, ist bedeutend größer als ihr Anstand. Temperatur und Geschmack des Getränks verziehen das Gesicht der *Bedürftigen* zu einer schmerzverzerrten Grimasse. Kleine Sünden bestraft der liebe Gott sofort, freut sich der Atheist in mir schadenfroh. Es vergehen nur Minuten, dann muss medizinische Hilfe eingreifen. Der Kreislauf fährt Achterbahn. Die Frau hatte nicht auf das verdünnende Samowarwasser warten können. In ihrer Tasse befand sich hochkonzentrierter Sud, ausreichend für viele Kannen anregenden Grünen Tees.

Mit einer Fahrt zu den *Roten Wiesen* wollen wir uns von der Sowjetunion verabschieden. „Die Farbe passt wie die Faust aufs Auge", sagt meine süße Biene und zieht sich ein gelbes Kleidchen an. Der Farbdias wegen. Der Tag beginnt und endet gräulich. Je weiter wir in den Kaukasus hineinstoßen, desto tiefer hängen die Regenwolken. Der Fahrer unseres vierrädrigen Fortbewegungsmittels, in einem früheren Leben sicher Anführer eines Himmelfahrtskommandos, begegnet mir später in Alpträumen. Er scheint die schlechte Sicht und die glatte Fahrbahn nicht wahrzunehmen. Leitplanken fehlen, nur hin und wieder ein Begrenzungsstein. Im wahnwitzigen Tiefflug rasen wir mit einem Affenzahn durch die

Kurven. Mit vor Schreck geweiteten Augen starre ich auf jeden Lastkraftwagen, der uns entgegenkommt. Plötzlich ein Schlag, wir haben ein Fahrzeug touchiert und schleudern leicht. Mir stockt der Atem, meine Seele gefriert zu Eis. Der Chauffeur aber lacht aus voller Kehle und beschleunigt weiter. Unser kollektives Stöhnen scheint ihm größtes Vergnügen zu bereiten, übertönt es doch gänzlich das Klappern und Rattern seines Blecheimers. Der Veranstalter nennt es großspurig Reisebus. Mir wird speiübel, an den steilen Abgründen aber ist schlecht halten. Ich presse Mund und Nase gegen die luftdurchlässigen Fensterritzen. Der frische Fahrtwind beruhigt meine Magennerven. Dafür aber kann ich mich nicht mehr auf meinen Platz setzen. Es regnet inzwischen durch.

Trotz des miserablen Wetters und vor Angst getrübter Sinne sehen wir Dinge, die dem Touristenauge vielleicht besser verborgen geblieben wären. Die Behausungen in einigen Dörfern haben, wie vermutet, nichts mit dem schmucken Folklorehäuschen auf der Teeplantage zu tun. Sehen so kommunistische Errungenschaften aus? Durch Siedlungen kommt man nur im Schritttempo voran. Ein Segen für unsere strapazierten Nerven. Im Slalom und mit Daumen auf der Hupe bahnt sich der schimpfende Fahrer mühsam einen Weg durch Schlaglöcher, frei herumlaufende Schweinerei und gackerndes Federvieh. Es geht hoch und immer höher. Trotzdem schrecken mich weder die schroffsten Felsen noch die tiefsten Abgründe. Sie sind unsichtbar, von dichtem Nebel eingehüllt.

Die Enttäuschung wegen der entgangenen Roten Wiesen und farbigen Fotobeweise hält genau bis zur Rast an einer Forellenaufzuchtanlage. Noch bevor unser Köder die Wasseroberfläche erreicht, zappelt ein *strammer Max* an der Angel. In dem Teich gibt es mehr Fische als Wasser. Unter den geschickten Händen des Gaststättenpersonals verwandeln sich die flinken Schwimmer in bewegungsarmes Grillgut. Mehr als Drehungen und Wendungen am Spieß sind nicht mehr drin.

Für das Übermaß an Nass von außen und innen ist die Blasenkapazität zu klein. Wir suchen nach Toiletten. Was wir finden, gehört ins Kuriositätenkabinett. Die Konstruktion erinnert an Startboxen beim Pferderennen. Eine Geschlechtertrennung gibt es nicht. Über mittig angebrachte Pendeltüren, sie bedecken notdürftig die

Scham, schauen angestrengte Gesichter. Im unteren Freiraum sieht man zittrig gespreizte Beine über einem Loch in der Erde, nicht einmal erwähnenswert groß. Furz und gut, ein anrüchiges Vergnügen. – Bis auf den Tag bekomme ich diesen Ausflug nicht mehr aus dem Kopf. Denn seither muss ich, immer wenn mir Regen die Füße nässt, an den Kaukasus denken.

Zehn Tage, die unsere Welt erschüttern

Nur mit Mühe halte ich die Spur, unablässig darauf bedacht, die Rückleuchten eines vor uns fahrenden Autos nicht aus den Augen zu verlieren. Meine Hände krallen sich schmerzhaft ins Lenkrad unseres Trabant. Dunkelheit und dichter Nebel liegen über der Autobahn Cottbus-Berlin. Die Sichtweite beträgt maximal zwanzig Meter. Darauf nehmen die Zeiger der Uhr keine Rücksicht. Sie rasen. Wir aber kommen nur im Schritt voran. Umkehren? – Weiter! Die Nerven liegen blank. – Endlich am Ziel. Hektisch suchen wir nach einem Parkplatz, raffen das Gepäck und stürzen in die Abfertigungshalle des Flughafens Schönefeld. Völlig aufgelöst und schweißgebadet schaue ich flüchtig auf die Uhr. Umsonst war unser Hoffen, vergeblich unser Mühen. Der Flieger ist bereits in der Luft. Konsterniert wende ich mich an meine beiden Frauen: „Tut mir leid. Die Reise fällt aus".

„Warum das denn?", kontert Gela und zeigt auf die Anzeigetafel. Der Abflug unserer IL 86 verzögert sich wegen der ungünstigen Witterungsverhältnisse auf unbestimmte Zeit.

Nach reichlich sechs Stunden zermürbenden Wartens endlich die Starterlaubnis. Der Kavaliersstart des Aeroflotjumbos, der Pilot muss bei den Raketentruppen gedient haben, bringt mein Blut erneut in Wallung. Diesmal sitzt mir aber nicht die Zeit, diesmal sitzt mir blanke Furcht im Nacken. Zu allem Unglück bricht kurz nach dem Start auch noch Feuer in der Economy Class aus. Dichte, brennige Rauchschwaden hüllen uns ein. Lähmendes Grauen. In Bruchteilen von Sekunden gehe ich mein Sündenregister durch. War ich ein guter Mensch? Wird man sich gern an mich erinnern?

Wider ihr Naturell bleibt meine Gattin gelassen. Von Entsetzen keine Spur. Sie schüttelt nur den Kopf über die vielen rücksichtslosen Paffer, die sich wie auf Kommando eine Papirossi angezündet haben. Der Machorka stinkt grässlich und ätzt die Schleimhäute. Die Klimaanlage, sofern sie funktioniert, wird des unerträglichen Miefs nicht Herr.

Nachdem sich die Brandkatastrophe in Rauch aufgelöst hat,

erwachen meine Lebensgeister wieder. Der unerbittliche Nikotingegner in mir geht auf Konfrontationskurs. „Nicht einmal auf Kinder nimmt man Rücksicht", schimpfe ich laut. Die glühenden Verehrer der Glimmstängel reagieren freundlich: „Otschen charascho, druschba!"

Der Glaube an die unverbrüchliche Freundschaft wird auf unserer Route Moskau-Tallinn-Leningrad mehrfach auf harte Proben gestellt. In Anlehnung an John Reeds „10 Tage, die die Welt erschütterten" – einer Beschreibung der Großen Sozialistischen Oktoberrevolution durch den Mitbegründer der Kommunistischen Partei Amerikas – fallen wir von einer ideologischen Ohnmacht in die andere.

Den ersten Schock verpasst uns das Flughafenpersonal von Scheremetjewo. Mein weltmännischer Bekannter, Professor Pape, nennt die mürrischen Dienstleister in seinem Buch „Gullivers neue Reisen" treffend *Stonefaces*. An dieser Stelle sei ein weit verbreiteter Irrtum aufgeklärt. Es gibt in Russland nicht nur *Väterchen*, sondern auch *Mütterchen Frost*. Die versteinerten, eisigen Gesichter und der raue Umgangston der weiblichen und männlichen Passkontrolleure und Zöllner passen so gar nicht in unsere Vorstellung vom heilen Sowjetparadies. Um ein Haar werden die leicht angelaufenen silbernen Ohrringe meiner Tochter als geschmuggeltes Gold beschlagnahmt. Mein fassungsloser Blick hält den Zöllner schließlich davon ab.

Ähnlich unfreundlich der Empfang im Hotel *Belgrad*. Je später der Abend, desto unwillkommener die Gäste. Die Kellnerinnen sind so kurz vor Feierabend nicht mehr scharf auf Touristen. Unser Appetit auf Hackröllchen mit Pommes hält sich ebenfalls in engen Grenzen, unser Hunger auf Abenteuer keineswegs. Trotz mitternächtlicher Stunde scheuen wir die wenigen U-Bahn Stationen bis zum *Roten Platz* nicht. Eine Aufheiterung am Tag braucht jeder Mensch.

Ein glitzerndes Zaubertuch, kunstvoll gestickt in Jahrhunderten, legt sich über unsere Seelen. Staunend und tief ergriffen saugen wir Lichtergefunkel, Goldlack, Zwiebeltürmchen und fröhliches Menschengewimmel in uns ein. Wir stehen mitten auf einer großen Weltbühne, verschmelzen mit ihr. Ehrfurcht vor der Erhabenheit und Macht, vor der historischen Dimension des Kreml, Wahrzeichen der Stadt an der Moskwa, des Leninmausoleums an der Kremlmauer mit dem berühmten Spasskiturm und des religiösen Giganten, der Basiliuskathedrale, rauben uns minutenlang die Sprache. Jeder staunt und genießt den Augenblick. Connys Äugelein funkeln wie Sterne.

Allmählich siegt die Vernunft über die aufgewühlten Emotionen. Das Ausflugsprogramm am nächsten Tag hat es in sich. Wir müssen ins Bett.

Kindlicher Tatendrang kennt keinen Schlaf. Forsch stürmt unsere Tochter auf einen sechsspurigen Boulevard, auch Prospekt genannt. Meine Frau hält sie fürsorglich zurück. Mit Müh und Not schlängeln wir uns durch den dichten Verkehr und gelangen in die *Kitai Gorod*, das moderne Geschäftszentrum der Stadt. Dort werden wir unfreiwillig Zeuge einer theatralischen Inszenierung. Gespielt wird eine lebenspralle Tragödie. Zwei kommunistische Persönlichkeiten gerben sich das Fell. Ein besoffener Russe schlägt mit Fäusten auf eine, vermutlich seine, Frau ein, zerrt sie an den Haaren, lässt die halbleere Schnapspulle schimpfend über ihrem Kopf kreisen. Sie wehrt sich, kratzt und beißt, versucht kreischend und weinend zu flüchten. Wir stehen in der ersten Reihe, befürchten in den handgreiflichen Familienzwist hineingezogen zu werden. Eine Sandmännchenvorstellung für unsere Tochter wäre uns lieber gewesen.

Die nächste Station unserer Reise ist Tallinn, Hauptstadt der Estnischen Sozialistischen Sowjetrepublik. Ursprünglich, bevor die deutschen Ordensbrüder die Stadt Reval nannten, hieß sie Koluvan. Wir erreichen die Metropole mit einem komfortablen Fernzug. Noch luxuriöser das von Finnen erbaute Hotel *Viru*. Unser Versuch, der Tochter eine Matrjoschka zu kaufen, scheitert an fehlenden Devisen. In den Augen der Verkäuferinnen des Hotelshops steht das Dollarzeichen. Wir Naivlinge fühlen uns unpässlich in unserer sozialistischen Haut. Zweitklassig in erstklassigem Haus.

Der Himmel ist grau, die Wolken hängen tief. Fast berühren sie die Spitze der Stadtkirche, deren Turm einst das höchste Bauwerk der Welt gewesen sein soll. Ganz so hoch hinaus wollen wir nicht.

Uns genügt der Besuch des Toompea Schlosses, krönender Abschluss des Dombergviertels. Unseren Weg säumen Wehrmauern mit Türmen und Toren. Ein neuer Superlativ geht von Mund zu Mund: Tallinns Altstadt gehört zu den schönsten der Welt.

In einer genossenschaftlichen Fischfabrik, überall herrscht peinliche Sauberkeit, trauen wir unseren Ohren nicht. Der Direktor spricht unablässig über Fisch, gleichzeitig schenkt er uns reinen Wein ein – über Trunksucht und schlechte Arbeitsmoral der russischen Arbeitskräfte im Besonderen und über staatliche Bevormundung im Allgemeinen. Vor allem den Gewinn müsse man fast komplett abführen. Das verwundert mich sehr, denn die gesamte Anlage strahlt gediegenen Wohlstand aus.

Die unerwartet ehrliche Beichte wühlt mich auf, ist aber erst der kleine Finger. Nach der ganzen Hand greifen am frühen Abend tausende Esten, als Michail Gorbatschow, der neue und forsche Generalsekretär der KPdSU, mit schwarzer Limousine durch das Zentrum fährt. Dem Autokonvoi des neuen Rasputin folgen tausende Menschen, versehen mit Spruchbändern und Transparenten. Wir schauen aus der Vogelperspektive auf den brodelnden Lindwurm. Einzelne Satzfetzen dringen bis zu unserem Hotelfenster in den achten Stock herauf. Hurra-Rufe sind nicht darunter. Überwiegend Jugendliche wettern gegen die Sowjetmacht. Glasnost und Perestroika finden unüberhörbar Eingang in die Welt des Kommunismus. Ohne es zu ahnen, haben wir dem Totengräber des Sozialismus beim Schippen zugesehen.

Die Fahrt nach Leningrad ist ein Martyrium. Spannt man uns für die Fehlleistungen unserer Vorfahren auf die Folter? Das Instrument der Tortur ist der schäbige Nachtexpress. Die Waggons sind ungepflegt und unterkühlt. Die Eisenöfchen werden erst nach Antritt der Fahrt befeuert. Wir sitzen in Sachen und Decken gehüllt auf den Schlafbrettern und bibbern. Will man uns auf das Winterpalais einstimmen?

Jeder Eisenbahnwagen ächzt und schlingert individuell. Die Schienen können nicht besser verlegt sein als Tagebautrassen in den Lausitzer Braunkohlegruben. Jeder Stoß ein Urknall. An Schlaf ist in den Sechsbettabteilen nicht zu denken. Zuerst rollt der Zug wie ein Fischtrawler, dann wieder rüttelt und schüttelt er wie ein Steinschredder. Um bei der teilweise extremen Schieflage nicht in den Gang zu purzeln, verkrampfen sich unsere Hände an der brettartigen Unterlage. Die Geländestrecke erlaubt allenfalls Schrittgeschwindigkeit. Stunde um Stunde verrinnt wie Zörbiger Sirup. – Ende gut, alles gut. Die Bummelguste besteht den Elchtest. Aus Furcht vor dem echten Schaufeltier? Diesbezüglich kommt uns das Zeitlupentempo zugute. Am anderen Morgen haben wir ausreichend Gelegenheit, das imposante Tier an der Strecke zu bestaunen.

Endlich in einem richtigen Bett. Es steht im *Gostinica Moskwa*, einem sozialistischen Großraumprojekt. Kaum im weißen Linnen, sehne ich mich nach der unheimlichen Stille der Peter und Paulsfestung und beruhigenden Wirkung der Isaac Kathedrale. An den Aufenthalt in dem Leningrader Horrorhotel erinnere ich mich mit Grausen. Die ganze Nacht saufen, grölen und prügeln sich völlig enthemmte Finnen durch die beinahe kilometerlangen Flure. Holz splittert, Glas geht zu Bruch, Blut fließt. Was, wenn uns die ungehobelten, polarnachtgeschädigten Waldmenschen heimsuchen? Mit den kleinen Nachttischen lässt sich die Tür schlecht verbarrikadieren. Angstschlotternd und übermüdet sehnen wir den Tag herbei. Er bringt uns unvergessliche Eindrücke: Winterpalais mit Eremitage, Puschkino – das ehemals berühmt-berüchtigte Zarskoje Selo – mit dem vom Italiener Rastrelli erbauten Katharinenpalast und Pawlowsk, ebenfalls zaristische Sommerresidenz. Wir ziehen die Pelzmützen und verneigen uns vor Bewunderung. Was sowjetische Restaurateure bei der Beseitigung der von den Deutschen verursachten Schäden geleistet haben, nötigt den allergrößten Respekt ab. Dennoch sind wir am Abend verschnupft. Nachtexpress, schlaflose Nächte und feucht-kalte Witterung haben uns in die hitzigen Arme der Influenza getrieben.

Der Besuch des Kirow Theaters, auf dem Theater Platz unweit der *Bolschaja Newa* gelegen, wurde zumindest platzmäßig ein herausragendes Erlebnis. Wir kommen für einen Rubel und neunzig Kopeken, in unserer Währung ein Spottpreis, auf dem Balkon zu Stuhle. Während wir bequem in den Polstern lümmeln, laufen unsere Nasen unaufhörlich. Schniefen und Schnauben. Das vertanzte *Dornröschen* verzaubert uns, aber in unserem angeschlagenen Zustand natürlich nicht drei Stunden lang. Ein englischer Gentleman, er sitzt hinter uns, sieht unser Kind mit großer Sorge leiden. Er kramt in seinen Tweed Jacketttaschen und fördert Erstaunliches zutage. Kaugummi, Kugelschreiber mit digitaler Uhr und Postkarten. Alles wechselt den Besitzer. Seither ist Conny in die Insel verliebt.

Den absoluten Höhepunkt der UdSSR-Stippvisite erleben wir weder auf den Moskauer Leninbergen noch dem Tallinner Domberg, sondern tief unter der Leningrader Erde. Genauer gesagt, in der U-Bahn Station *Majakowskaja*. Wir haben viel von den legendären, palastartigen unterirdischen Bauwerken in Marmor gehört und wollen wenigstens eines bestaunen. Der optische Genuss ist kurz, der Tastwahnsinn schmerzlich lang. Ausgerechnet zu Feierabend geraten wir in eine sozialistische Menschengemeinschaft. Es wird gepresst, gestoßen, getreten und gedrückt, dass uns panische Angst anspringt. Gegenseitige Achtung und Rücksichtnahme – unbekannt. Noch nie habe ich derart um das Leben unseres zarten Kindes gebangt. Wütend boxen und stoßen wir mit, um unserer Tochter wenigstens den Raum zum Atmen zu erhalten. Bis auf einige blaue Flecke endet die Rauferei glimpflich. Der materielle Schaden heilt, der ideelle nicht.

Französische Aufklärung

Die letzte Fahrt mit dem Reisebüro der DDR wird unsere erste Fahrt ins westliche *Schlaraffenland*. Wir wollen dorthin, wo man speist wie Gott in Frankreich. Unsere kleine heile Welt ist aus den Fugen geraten, der eiserne Vorhang aus Versehen gelüftet. Die Mauer in Berlin und in den Köpfen zerbröselt täglich mehr.

Von Anfang an, da war an die *Wende* noch nicht zu denken, war klar, wir verreisen zur Jugendweihe mit unserer Tochter. Ein Geschenk mit Hindernissen. Meiner Frau schwebte die pollenfreie Ostsee vor. Ich war für Straßenbahn quer durch Cottbus. Schließlich begegnen wir uns in der Mitte, dem Nabel unserer Welt: Sowjetunion.

Geduldig reihe ich mich stundenlang in die sozialistische Reisebüro-Warteschlange ein. Umsonst. Die UdSSR ist ausgebucht. Nichts mit: Von Freunden lernen heißt siegen lernen! Ganz ähnlich ergeht es uns mit dem Ersatzwunsch Bulgarien. Kategorisch nein! Rumänien eventuell, aber auf keinen Fall sicher. Die Angestellte schiebt mir ein Vormerkformular für Nicolae Ceausescus Arkadien zu. Nach der fachfraulichen Durchsicht heißt es lakonisch: „Sie bekommen Bescheid!"

Doch dann kommt alles anders und rasend schnell. Die 1989er Herbststürme der friedlichen Restauration fegen erst die DDR, dann das sozialistische Weltsystem in die Geschichtsbücher. Die Betonpfähle des kommunistischen Koloss' erweisen sich tatsächlich als tönerne Füße, zu schwach für den aufgeblähten Körper aus Phrasen. Der hehre Gesellschaftsversuch ist gescheitert.

Völlig unerwartet wirbt die nun *freie* Tagespresse für eine Reise ins Sündenbabel Paris, garantiert nicht jugendfrei. Unser Geschenk löst Jubelstürme aus. „Paris ist eine Messe wert", zitiere ich die dem *Zaunkönig* Heinrich IV., König von Frankreich und Navarra, in den Mund gelegten Worte. Conny schwärmt ebenso: „In Paris ist alles viel freizügiger."

Ich bin entsetzt. Bevor ich jedoch das *Alles* klären kann, nehmen mich halbdunkle Börsengeschäfte in Anspruch. Das außergewöhnliche Angebot des „VEB Reisebüro der DDR mit dem Reiseveranstalter der BRD" hat einen Haken: die Beschaffung von Devisen. Der sensationell anmutende niedrige Reisepreis ist in Ost- und Westmarkanteile gesplittet. Auf dem Gesicht meiner mitreisenden Kolleginnen Gerlinde und Kerstin ist unschwer die Frage eingemeißelt: Woher haben die das Westgeld?

Die Ausflüge können mit DDR-Währung beglichen werden. Ein großes Entgegenkommen oder fängt man mit Speck nur Mäuse? Ausgeführt wird die Fahrt im Mai 1990 von der „Paris-Tours GmbH Mannheim". Unser Aufstieg zu nichtsozialistischen Reisekadern verläuft sagen-, aber nicht märchenhaft.

Der Ausflug zum *Klassenfeind* beginnt mit einer Panne. Der Veranstalter hängt sie der real noch existierenden sozialistischen Planwirtschaft an. Irgendwer hat vergessen, uns über eine veränderte Abfahrtzeit zu informieren. Und so sitzen wir zum vorverlegten Termin ahnungslos auf gepackten Koffern im Hausflur, gerade im Begriff, zur Straßenbahn zu gehen. Der umsichtige Reiseleiter hat ein Gespür für gute Kunden. Er spricht uns auf der Straße an. Der Zustieg gelingt buchstäblich in letzter Sekunde. Mein Puls rast vor Aufregung.

Nach einer durchwachten Nacht, an erholsamen Schlummer ist nicht zu denken, kommen wir kurz vor sechs Uhr vor dem Kulturzentrum Pompidou, entstanden auf dem Gelände der ehemaligen Markthallen, an. Erst verschlägt es uns den Atem, dann die Sprache. Nicht die in skurrile, schreiende Farben getauchten Kunstwerke, sondern der entsetzliche Schmutz auf den Straßen ist schuld daran. Kurze Zeit später ist die Kloake sauber, beräumt von farbigen Heinzelmännchen. Der Gestank ist buchstäblich vom Winde verweht.

Das uns zugewiesene Hotel *Bretagne* in Montparnasse hat nie Sterne gesehen, anscheinend weil es sich direkt hinter dem Mond befindet. Die Einrichtung ist altmodisch und verschlissen. Damit kann man abgefeimte Sozialisten nicht beeindrucken. Die unvergleichlichen Einblicke von unserer Dachkammer in französische Wohnungen entschädigen. Als jedoch ein Exhibitionist freundlich von seinem vergitterten Balkon grüßt – oder ist es schon das Gefängnis? – zieht meine couragierte Frau flugs die verstaubten Vorhänge zu. „Faltenröcke lasse ich mir ja noch gefallen, knittrige Beutel aber nicht."

Unsere Tochter wundert sich über die frühe Dunkelheit. Zum Schlafen ist es deutlich zu früh. – Das finden wir auch und stürzen uns gleich am ersten Tag ins Pariser Nachtleben. Gleich um die Ecke befindet sich eine urige Kneipe. Wir sitzen noch nicht richtig, erscheint ein französischer Lukullus an unserem Tisch. Er riecht wie ein Matrose – nach Wind, Tang und See. „Liegt Paris am Meer?", frage ich irritiert. Meine Gattin schüttelt energisch den Kopf und zeigt auf die Teller anderer Gäste. Darauf türmen sich Berge von Muscheln. Hilfe, wo sind wir hingeraten! – Angewidert bringt uns der Ober Spaghetti Bolognese.

Nach dem kulinarischen Reinfall möchte Conny unbedingt zu den Transen in den Bois de Boulogne oder ins Moulin Rouge. Woher kennt mein Kind die Stätten des Lasters? Ich falle von einer keuschen Ohnmacht in die nächste und schimpfe. „Erstens bist du für beides eindeutig zu jung, zweitens hat dich die Bockwindmühle von Tauer auch nicht die Bohne interessiert und drittens reicht das Gehalt eines ostdeutschen Lehrers höchstens für eine Lichterfahrt auf der Seine."

Unser Disput wird von einem Straßenmusikanten unterbrochen. Er singt von Amour und dem Fluss der Verliebten. Der Schmollmund glättet sich, die Tränen trocknen. Die Lichterfahrt auf dem Panoramaboot bedient alle Klischees. Uns wird warm ums Herz. Leider bleibt der Kopf kühl. Dafür sorgt eine unvorhergesehene Taufe mit klebriger Limonade. Sie ergießt sich neben hämischem Gelächter vom prächtigen Pont Royal. Auf diese simple Weise halten wir nicht nur, wir kleben auch zusammen. Unser Zorn erstickt im Keim. Besser Limonade auf Touristen als Holzklötze und Ziegelsteine auf bundesdeutsche Autofahrer.

Trotz vieler Menschen und gleißenden Sonnenscheins ist ein Bummel über die Champs-Elysées nicht ungefährlich. Um nicht zu stolpern, halte ich meinen Blick starr aufs Pflaster gerichtet. So nehme ich die Auslagen in den Nobelgeschäften nur vom Wegsehen wahr. Bei den Preisen fürchte ich blind zu werden. Meine Gattin ziehe ich wie ein Schoßhündchen aus der Gefahrenzone. …und führe mich nicht in Versuchung!

Unter dem Arc de Triomphe arbeiten Sinne und Verstand wieder in gewohnten Bahnen. Mit Boutiquen und Juwelieren kann ich mich zum Leidwesen meiner Modepuppe einfach nicht anfreunden. Personenkult ist mir nicht ganz so fremd. Gigantisch der Blick auf den modernen Jubelbogen des Sozialisten Mitterand, La Grande Arche. Gernegroße gibt es überall.

Just in dem Moment, als wir unter dem Eiffelturm stehen, will auch ich endlich menschliche Größe zeigen. Auf in Fragonards weltberühmte Parfummanufaktur. Die Verkäuferin schaut pikiert auf mich herab, dann zeigt sie mir die kalte Schulter. Hat sie mich etwa verstanden, als ich nach zwei Fläschchen Stinkewasser verlange?

Nach diesem erneuten Fehlschlag männlicher Generosität ist Trösten angesagt. „Wir könnten die eingesparten Devisen sinnvoll verprassen", gebe ich mich edelmütig.

„Sinnvoll?"

„Ja. Wie wär's mit einer Stadtrundfahrt?" Die Entscheidung fällt demokratisch. Ich siege mit eins zu zwei Stimmen.

Mit einem Kombiticket für Bus und U-Bahn gondeln wir von hier nach da. Im Streckennetz der U-Bahn findet man sich besser zurecht als im Cottbuser Bahnhof. Die einzelnen Stationen habe ich vergessen. Ganz dunkel kann ich mich an die Sorbonne, Montmartre, Sacre-Cœur, Opéra und den Flohmarkt unweit der Porte Clignancourt erinnern.

Um den Luxus nicht zu übertreiben – wie schnell wird einem Großzügigkeit als Verschwendungssucht ausgelegt – laufen wir ein kleines Stück zu Fuß. Von der Avenue des Champs-Elysées zur Place de la Concorde, bestaunen den Obelisk von Luxor, flanieren durch den Jardin des Tuleries. Im königlichen Garten füttern wir viele hungrig tschilpende, gemeine Sperlinge, der *Spatz von Avignon* allerdings ist nicht darunter. Im Innenhof des Louvre steht eine gläserne Pyramide, in der sich Myriaden von Touristen spiegeln. Schnell weg zum Palais Royal, in dem einst der anrüchige Kardinal Richelieu weltlich sündigte. Ein weiterer Abstecher führt uns zum Hotel de Ville. Meiner Gattin entgleisen allmählich die

Gesichtszüge. In eigentümlichem Ton herrscht sie mich an: „Sag mal, geht's noch?"

Irgendwie klingt der Satz nicht nach einer Frage. Jedenfalls nicke ich und laufe unbeirrt weiter. Versöhnlerisch locke ich meine kreuz- und fußlahmen Begleiterinnen in die Kathedrale Notre Dame auf der Ile de la Cité. Nach der beeindruckenden Besichtigung geht gar nichts mehr. Über meinem Haupt braut sich ein soziales Unwetter zusammen. Bevor eine neue Revolte auf französischem Boden ausbricht, flüchte ich in den Invalidendom. Wider Erwarten verfolgen mich meine beiden Protestantinnen. An dem Ehrfurcht gebietenden Ort gerate ich aus dem Schussfeld der erzürnten Volksseele. Meine Frau lehnt sich erschöpft an eine Siegessäule. Conny blickt interessiert auf das Marmorgrab und führt Reisetagebuch. Nach geraumer Zeit wendet sie sich an den Historiker in mir. „Dass Napoleon Bonaparte 1769 in Ajaccio auf Korsika geboren und 1814 nach Elba verbannt wurde, weiß ich nun. Wo aber ist er gestorben?"

„Auf Helena, mein Kind. Auf Helena."

„Oooh!"

P. S.: Als wir wieder in Cottbus anlangten, lag die Bestätigung für eine Rumänienreise im Briefkasten. Aber da wollte im Juni 1990 nun wirklich keiner mehr hin.

Ausgebrochen

Die Zelle misst sechs mal drei Schritte. Ein Holzbett mit Seegrasmatratze, ein dreibeiniger Schemel, ein schmaler Spind und ein Waschbecken mit fließend kaltem Wasser sind die wenigen schmucklosen Einrichtungsgegenstände. Ich wälze mich mit schwerem Kopf ruhelos hin und her. Floh den zum Tode verurteilten Ludwig XVI. auf dem Richtblock das Leben, so flieht mich in meiner kärglichen Behausung der Schlaf. Was habe ich verbrochen, um so hart bestraft zu werden? Mein Hals ruht auf einer Nackenrolle, prall mit Rosshaar gefüllt; also auf einem martialischen Folterwerkzeug. Meine Seele schmort im Fegefeuer ketzerischer Gedanken. Mal flehe ich alle barmherzigen Samariter in einem Sammelgebet gleichzeitig an, mal verfluche ich jeden untätigen Schutzheiligen einzeln. Nein, in der Religion finde ich keinen Trost, sie war noch nie ein sanftes Ruhekissen für mich. Wieso soll sich ausgerechnet in dieser Klosterzelle daran etwas ändern?

Die Hoffnung auf eine liebeshungrige Nonne, die mir die schlaflose Nacht angenehm versüßen könnte, begrabe ich bitter enttäuscht nach stundenlangem vergeblichem Warten ebenfalls. Und das in Frankreich, im Land der sprichwörtlichen Liebe, wer hätte das gedacht!

Trotz entgangener Freuden in diesem Haus gebietet es die Höflichkeit, sich für die erwiesene Gastfreundschaft zu bedanken. Wie aber erkenne ich die Mönche des Klosters Valpré?

Pater Broniewski lächelt. Wir sitzen beim Frühstück im Refektorium nebeneinander. Er ausgeschlafen und vergnügt, ich müde und verdrießlich. „Die mit den steifen Hälsen sind Gäste, die anderen Mönche."

„Und wieso tragen die Gottesmänner keine Kutten?"

Auch darauf weiß der Pater eine plausible Antwort. „Weil sie überwiegend weltlich tätig sind." Dann schweigt mein Gegenüber und kaut genüsslich eine Scheibe trockenes Weißbrot.

„Sicher möchten Sie nun wissen, weshalb das Frühstück so bescheiden ausfällt?"

Hilfe, der Pater kann Gedanken lesen. Meine Verblüffung ist echt und erheitert den Fragesteller. „Ach wo", wiegele ich ab. „Ich bin Kummer gewohnt. Das kontinentale Frühstück in England ist keinesfalls üppiger."

Der Pater nickt bestätigend: „Will man in England einmal gut essen, sollte man mindestens drei Mal frühstücken!"

Kennengelernt habe ich den honorigen Seelenhirten in Stuttgart. Vorausgegangen waren Einladungen der dortigen evangelischen und katholischen Fachschule für Sozialpädagogik kurz nach dem Zusammenbruch der DDR. Der Vertreter der Pädagogischen Schule für Kindergärtnerinnen Cottbus wurde herzlich aufgenommen. Ja, man bot mir großzügig an, die französische Partnerschule der Stuttgarter in Lyon, als Lugdunum einstmals Hauptstadt der römischen Provinz Gallien, zu besuchen.

Das aus einer ehemaligen Villa entstandene Pädagogische Institut Saint Laurent, wie das Kloster im Stadtteil Écully gelegen, verdankt seine Existenz der großzügigen Schenkung einer vermögenden alten Dame. Finanzielle und räumliche Gegebenheiten beschränken die Ausbildungskapazität auf drei Erzieherklassen. Nur der Direktor, ein Prinzipaltyp, ist vollbeschäftigt, die Lehrer agieren im zweiten Arbeitsverhältnis als Sozialarbeiter, Krankenschwester, Sprechstundenhilfe und Bürokraft. Ein hartes Berufsleben. Trotz knapper heimischer Kassen kein Vergleich zum wohlversorgten, wenn auch wenig geachteten bundesdeutschen Lehrer an staatlichen Bildungseinrichtungen.

Nach einem Zwischenaufenthalt bei Helmut Schmidt in Berglen bei Stuttgart, nicht zu verwechseln mit dem Altbundeskanzler, warten wir auf den Bus, der uns zur Traditionspflege nach Südfrankreich bringen soll. Ein nigelnagelneuer Mercedes, seine Jungfernfahrt gewissermaßen. An die vor Stolz geschwellte breite Brust des Busfahrers erinnere ich mich deutlich. Weniger gern hingegen an seine fahrerischen Kapriolen. Während er die zugeparkten engen und verwinkelten Altstadtgassen von Lyon mit Bravour millimetergenau meistert, mehrfach erntet er spontan unseren aufbrausenden Beifall, rammt er unaufmerksam bei allem Platz der Welt eine Toreinfahrt. Kurz darauf verliert er auch noch leichtsinnig einen

Außenspiegel an einer unschuldigen Hauswand. Sein Chef muss ihm bei der telefonischen Beichte keine Absolution erteilt haben, denn fortan läuft der Kraftfahrer mit den zwei Gesichtern mürrisch und mit hängenden Schultern durch die Heimat von Asterix und Obelix.

Bei Reiseantritt in Stuttgart fühle ich mich wie eine Palme in der Arktis. Ich bin völlig fehl am Platze. Verlegen stehe ich im Abseits und beobachte aus menschlicher und räumlicher Entfernung das wuslige Treiben. Niemand nimmt mich wahr. Lehrer geben Anweisungen, Schüler beachten sie nicht. Sie nehmen Platz wo sie wollen, nicht wo sie sollen. Das kommt mir bekannt vor, schafft etwas Nähe.

Die Abfahrt rückt heran. Ich harre mit meiner Reisetasche noch immer außerhalb des intimen Bannkreises. Der Delegationsleiter hat gut geplant. Ein Plätzchen bleibt frei. Ich komme neben einem weißhaarigen, mir bisher völlig unbekannten älteren Herrn zu sitzen. Als gut erzogene Menschen stellen wir einander vor. Bei meinem Gegenüber handelt es sich um Pater Witold Broniewski, der die Zöglinge der katholischen Stuttgarter Fachschule in Religion unterweist. Da meine Erfahrungen mit kirchlichen Würdenträgern bisher mehr negativer propagandistischer Natur sind, schwant mir für die lange Reise nichts Gutes. Kann das gut gehen: ein streng gläubiger Atheist neben einem noch strengeren, bibelfesten Papisten? Es geht. Und es geht sehr gut, wie der Gegenbesuch des Paters in Cottbus beweist.

Einem längeren, aber nicht unfreundlichen Schweigen folgen erste unverbindliche artige Worte, vereinzelte nur. Doch viele Bächlein füllen allmählich den Fluss und münden schließlich in einen Strom der Rede über Gott und die Welt. Wir reden uns heiß, hören einander aufmerksam zu. Ganz langsam wachsen Sympathie und Achtung füreinander. Bei einem längeren Zwischenstopp in Tournus erfahre ich bereits etwas aus dem Leben des Geistlichen. Der Pater stammt und flüchtete vorzeiten aus dem kommunistischen Volkspolen, eignete sich als Autodidakt fünf Sprachen akzentfrei an und gehört zu den Stammgästen des Vatikans. Mehrere theoretische Schriften über Ästhetik tragen seine Handschrift. Auffällig seine Bescheidenheit und sachliche Klugheit.

Keiner will den anderen belehren, keiner die Lebensgeschichte des anderen in Frage stellen. Man erwartet von mir keine Entschuldigung für meine östliche Geburt. Aus den unterschiedlichen weltanschaulichen Standpunkten, klar und unmissverständlich formuliert, erwächst kein neuer kalter Krieg. Alldieweil Schüler und pädagogisches Begleitpersonal aus Langeweile große Strecken der zugegebenermaßen eintönigen Landschaft verschlafen, vergeht für uns beide die Zeit wie im Flug. Wir haben uns viel zu sagen und werden garantiert beide nicht dümmer davon. In jenem Augenblick erfühle ich die Bedeutung des Wortes Toleranz körperlich. Mir ist, als verlasse ich heimlich das Gefängnis meiner eigenen Weltanschauung. Herrlich das Gefühl der Freiheit des Gedankens. Wohltuend die Akzeptanz der Gegensätze. Weg mit Dogmatismus, Sektierertum, Arroganz und Besserwisserei auf beiden Seiten des *Eisernen Vorhangs*. Von nun an stehen wir auf derselben Bühne des Lebens.

Da der Kirchenmann hauptsächlich in der Funktion des Dolmetschers mitreist, ergeben sich täglich unvermeidbare Kontakte. Denn in Frankreich wird der *Monsieur* aus *Brandenbür* bestaunt wie ein Exot. Selbst als man feststellt, dass auch ich die Nase mitten im Gesicht trage, gesittet am Tisch esse, keine Kalaschnikow in der Faust halte und keine kommunistische Verschwörung anzuzetteln beabsichtige, erlischt das Interesse an meiner Person und Heimat nicht. Zu allen möglichen Gelegenheiten muss ich das Wort – leider gelingt es nicht in der Gastgebersprache – ergreifen, Erklärungen abgeben und Fragen beantworten. Offizielle und individuelle Termine häufen sich. Beim Besuch meiner französischen Kollegin Maria, ihr Mann arbeitet als Psychologe, interessiert man sich für meine Erfahrungen mit Autismus. Klarer Favorit aber ist das sozialistische Bildungssystem, zu dem man mich *löchert* wie ein Sieb. Taktvoll, aber unerbittlich muss ich Rede und Antwort stehen. Ohne mein geistliches Sprachrohr wäre ich total aufgeschmissen gewesen, denn nur mit Gestik und Mimik, und seien sie noch so freundlich gemeint, ist auf Dauer kein Blumentopf zu gewinnen. Vielfach fühle ich mich unbehaglich, denn des Paters Fähigkeiten werden auch von anderen sehr geschätzt. Und so kommt es wie es kommen muss. Bei einer Fahrt zu einer Praxisstelle sitze ich geschlagene zwei Stunden allein und sprachlos neben dem Direktor im Auto. Mein Gott ist mir das peinlich. Ich schäme mich für den Makel der Einsprachigkeit.

Am Abend beichte ich Pater Broniewski meine durchlittenen Seelenqualen. Fortan weicht er mir nicht mehr von der Seite, und ich suche seine Nähe, die mir Sicherheit gibt. Ob in sozialen Einrichtungen, bei Empfängen, im unterirdischen römischen Museum oder in der beeindruckenden Doppelstock-Kathedrale Tourviere, überall spüre ich seine schützende Hand über mir. In der Obhut der Kirche findet der Ungläubige, symbolisch gesprochen, Geborgenheit und Selbstvertrauen. Gleichzeitig wird die Kirche Sprachrohr meiner weltlichen Anschauungen. Was will man mehr?!

Durchgeknallt

Unser Entschluss steht fest. In diesem Jahr fahren wir zum Wintersport in die Alpen. Obschon Flachlandtiroler, wollen wir hoch hinaus. In der Heimat hat es seit Jahr und Tag nicht mehr ausreichend geschneit. Die Offerte eines Reiseveranstalters aus dem besseren Deutschland kommt uns sehr entgegen. Pension, wenig Programm, günstiger Preis. Der Ort Fügen im Zillertal liegt exakt in dem Land, das man auf dem Weg nach Italien durchqueren muss und in dem der Kaffee so heißt, als wäre er mit Sägespänen der Hofreitschule gekocht: Einspänner und großer Brauner.

„Wer gern verreist, macht wenigstens zu Hause keine Dummheiten. Fahrt man, ich habe Erholung bitter nötig", so wurden Tochter und Mann von Frau und Mutter in den Winterurlaub verabschiedet.

Kurz nach der Ankunft fallen wir auf. Sprache, sozialistische Germinaausrüstung und Kaiserschmarrn als Abendbrot verraten die *Piefkes*. Den Spottnamen für die Deutschen leiteten die *Ösis* übrigens vom preußischen Militärmarschmusiker Gottfried Piefke ab.

In der Gaststätte *Zur Post*, in der wir unsere süße Lobhudelei auf Kaiser Franz Joseph, den zur Legende verklärten Versager, bestellen, setzt sich ein bayerischer Jungbäcker an unseren Tisch. Kurz nach seiner Geburt muss er in den Hefeteig gefallen sein, jedenfalls ist er ganz schön aufgegangen. Will man ihm Glauben schenken, weilt er ebenfalls zum Aktivurlaub in Fügen. Seine Spezialdisziplin scheint das Essen zu sein. Auf einen Wettkampf wollen wir es nicht ankommen lassen. Was der auf einmal alles in sich hineinschaufelt, hätte uns mindestens vierzehn Tage vor dem Hungertod bewahrt. Ein mulmiges Gefühl beschleicht mich, als sich der Unersättliche zu später Stunde anbietet, uns zur Pension Pfister zu begleiten. Wen will er kneten. Das Töchterlein oder mich? Man liest so manches. Mein Schutzinstinkt wird aktiviert. In Gedanken krame ich alle Judogriffe hervor, die mir einst den orangenen Gürtel eintrugen.

Die Furcht vor bösen Buben ist unbegründet. Unser Quartier liegt hoch oben auf einem Berg. Nach kurzer Steigung beginnt der

Teegaffe zu schnaufen. Keine hundert Meter weiter, ringt er schwer nach Luft. Noch ein paar Schritte, dann hat er die Schnauze gestrichen voll. „Besser, ich drehe wieder um", sagt der übergewichtige Frührentner. „Für einen Verdauungsspaziergang reicht's. Morgen muss ich nämlich wieder fit sein."

„Wofür?" Auf die Antwort warten wir nicht. Als der kurzatmige Kavalier außer Reichweite ist, galoppieren wir die Steigung wie übermütige Fohlen hinauf und lachen uns scheckig über den Specki.

Ein pendelnder Skibus bringt uns nach Hochfügen. Über die Höhenloipen pfeift eisiger Wind. Die Kälte schneidet wie Solinger Stahl. Alle Stemmbogenversuche misslingen. Auf abschüssiger, glatter Bahn geraten meine Ski außer Kontrolle. In rasender Geschwindigkeit rausche ich auf einen Abgrund zu. Eine Schneewehe erweist sich als Airbag. Mir schwinden die Sinne. Höre ich himmlisches Geläut? Es ist, dem Wind sei Dank, nur das glockenhelle Lachen meiner Tochter. Sie entschuldigt ihr ungebührliches Verhalten. „Ich kann nichts dafür, Papa. Du sahst zu saukomisch aus. Wie ein Maikäfer auf dem Rücken hast du gestrampelt."

Mit klammen Händen freigeschaufelt, teste ich die Lage meiner Knochen. Alles am rechten Fleck.

Zurück ins Warme. Das Fernsehen überträgt die Olympischen Winterspiele von Lillehammer. Hier kann man das Risiko anderer gefahrlos genießen. Auf der Bergiselsprungschanze gelingt uns das nicht. Der Innsbrucker Bakken am Fuße des Karwendelgebirges ist total vereist, ein Erklimmen der Stufen lebensgefährlich. Schilder warnen vor Leichtsinn. Um dennoch vor heimischem Publikum als Olympioniken glänzen zu können, kaufen wir uns in Rattenberg einen kleinen Kristallpokal. Gewonnen in hartem, aber fairem Kampf im fernen Österreich.

Die Rückfahrt steht an. Der Wetterbericht klingt bedrohlich. Nach Schneechaos droht Blitzeis. Der Verkehrsfunk sendet im Minutentakt Hiobsbotschaften und warnt zu größter Vorsicht. Hugo Leichtsinn, unseren jugendlichen Busfahrer, hebt das nicht an. Sein Gasbein bleibt steif.

Auf der Autobahn häufen sich die Unfälle mit Blech- und Personenschaden. Wir sehen die entgleisten Karossen in grotesken Lagen am Pistenrand. Die Unruhe im Bus nimmt zu. Angst steht vielen Urlaubern ins Gesicht geschrieben. „Hoffentlich kommen wir heil nach Hause", sagt eine Frau und schließt ergeben die Augen.

„Wie kann man bei den irren Bedingungen nur so rasen", mault ein älterer Herr.

„Wegen eines Chaoten möchte ich nicht ins Gras beißen", mischt sich ein resoluter Sportlehrertyp ein. Leise gebarmt wird viel. Halblaute Vorwürfe, alle gerichtet an die Adresse des Busfahrers. Unternommen aber wird nichts.

Aus Sorge um mein Kind, mache ich mich zum Fürsprecher der Bedrängten und hangele die Treppe hinunter. Schlingernd und schwankend erreiche ich den wahnwitzigen Fahrer. Um ihn in aller Öffentlichkeit nicht bloßzustellen und um keine Panik zu schüren, trage ich die Not der Reisegäste flüsternd vor. Meine untertänige Bitte um Drosselung der Geschwindigkeit löst eine Eruption aus. Der Kutscher reagiert noch aggressiver als er fährt.

„Wenn Ihnen nicht passt, wie ich fahre, dann setze ich Sie an die frische Luft. Das geht bei mir ganz schnell. Sie wären nicht der erste!" Darauf schaltet der coole Typ das Mikrofon an und bellt hinein: „Alle mal herhören. Sollte außer dem Herrn hier noch jemand Angst haben, kann er sich gern anschließen und mit ihm aussteigen. Von Chemnitz fahren viele Züge!" Sprach's und gab demonstrativ Gummi.

Eines muss man dem jungen, dynamischen und geschniegelten *Wessi* aber zugutehalten. Er brachte uns tatsächlich wohlbehalten nach Hause. Halt, reich muss er auch gewesen sein, denn auf seinen Job schien er jederzeit verzichten zu können. Oder fiel der Apfel gar nicht weit vom Stamm? Auf eine Entschuldigung des Reiseveranstalters, inzwischen aus der Landschaft verschwunden, warte ich bis heute vergeblich.

Wir kamen mit einer Drohung davon. Andere traf es härter. Die *Lausitzer Rundschau* berichtete: „Eine ‚Kaffeefahrt' ist gestern für einen Dresdener Rentner zu einem Fiasko geworden. Der 69-jährige, der die von einem Unternehmen veranstaltete kostenfreie Fahrt zu seinem Geburtstag geschenkt bekam, wurde von dem Busfahrer in Groß Köris (Dahme-Spreewald) am Bahnhof abrupt ausgesetzt, nachdem er sich weigerte einen verlangten Geldbetrag zu zahlen. – Gegen den Busfahrer wurde eine Anzeige wegen Nötigung erstattet. Gegen den Reiseveranstalter werden weitere polizeiliche Maßnahmen geprüft."

Bundesadler schützt Pleitegeier

Die neue Reisefreiheit der naiven Neufünflandbürger erzeugt in den gebrauchten Bundesländern wahre Goldgräberstimmung. Reiseveranstalter, ehrenhafte und dubiose, schießen wie Pilze aus der Niederlausitzer *Heede*.

Bei einer Postwurfsendung werden wir schwach. Zu dem Zeitpunkt wissen wir noch nicht, dass Werbung ein Stück parfümiertes Aas ist. Das Berliner Unternehmen *Lucky Sun* verspricht sechs Tage „Blumen, Blüten und ewig blaues Meer" für sage und schreibe 299 DM. Spätestens beim Preis hätten wir stutzig werden müssen. Aber nein, wir stellen uns blind, taub und stumm.

Einige Versprechen erfüllten sich, vordergründig die Ankündigung von Blüten. Exakt waren es zwei: ein Türke und ein Deutscher. Beide Doppelstockbusfahrer wurden von ihrem Arbeitgeber schlecht behandelt und garstig schlecht bezahlt. Permanent übermüdet, gifteteten sie sich in einer Tour an.

Bald nach unserer Reise an die italienische Riviera, die französische und monegassische Cote d'Azur verschwand die Glückliche-Sonnen-Busflotte von den Straßen der Republik. Allerhand Gerüchte kursierten. Positives war nicht darunter.

Vorsichtig geworden, zog ich vor dem nächsten Trip behördliche Erkundigungen ein.

„Stadtverwaltung. Sie sprechen mit Frau sowieso. Was kann ich für Sie tun?"

„Ich hätte gern gewusst, ob es sich bei dem Reiseunternehmen N. N. aus Ihrem Ort um eine seriöse Firma handelt?"

„Auf jeden Fall. Beste Referenzen. Sie können beruhigt buchen. Gute Reise!"

Sie heißt zwar nicht Maja, ist aber dennoch eine flotte Biene, unsere Busfahrerin Ramona M., Subunternehmerin von Putz Reisen. Ramona mit Pudel und männlichem Begleitschutz fährt souverän. Sie bewältigt die Fahrt nach Rimini genauso clever wie die Tour nach Florenz und die Formel I Strecke von Imola kurz vor San Marino. In Ravenna erleben wir sie erstmals unwirsch. Gestikulierend und schimpfend traktiert sie ihr Handy. Worum es bei der Kontroverse geht, bleibt uns zunächst verborgen. Vermutlich findet ihr Gesprächspartner die richtigen Worte, denn unsere Motorbiene beruhigt sich.

Der unverantwortlich lange und strapaziöse Tagesausflug nach Rom, er dauert über neunzehn Stunden, endet nicht so glimpflich. Diesmal lässt sich Ramona nicht mehr besänftigen. Auf ihrem Konto ist seit Antritt der Fahrt nicht eine müde Mark eingegangen. „Wovon, bitte schön, soll ich den Diesel bezahlen?", brüllt sie ins Telefon. Jetzt kennen wir den Grund ihres Verdrusses. Dann das uns erschreckende Ultimatum: „Entweder Sie zahlen auf der Stelle, oder die Reise endet in Rom!"

Uns rutscht das Herz in die Hosen. Wir kommen uns nackt und hilflos vor wie von der Mutter verstoßene Säuglinge. Trost spenden nicht einmal Engelsburg und Vatikan. Das Kastell der himmlischen Geschöpfe sah in seinen Mauern bisher bevorzugt Teufel und auf dem Petersplatz geht es ähnlich zu wie auf einem orientalischen Basar. Lediglich die Preise sind nicht verhandelbar. Das Geschäft mit dem Glauben läuft prächtig.

Entweder brachte es die nette Ramona nicht übers Herz, uns in Rom stranden zu lassen, oder der abgedrehte Geldhahn tropfte gerade noch rechtzeitig. Über Venedig erreichen wir unser Zuhause.

Unser Glück reichte nicht für alle, wie der lokalen Presse zu entnehmen ist: „Mehrere tausend Kunden sind möglicherweise von der Pleite zweier dubioser Busreise-Veranstalter im oberfränkischen Selb betroffen. Wie die Kriminalpolizei mitteilte, buchten die Urlauber Busreisen nach Italien, Österreich, Frankreich und Griechenland, die zum Teil nicht zustande kamen oder nicht den bezahlten Leistungen entsprachen. – In Rimini wurden Reisende einfach aus dem Hotel geworfen, weil die Firmen die Rechnungen nicht bezahlt hatten. Die Staatsanwaltschaft Hof leitete Ermittlungsverfahren wegen Betrugs gegen ASKIN-Reisen GmbH und PUTZ-Reisen GmbH (beide Selb) ein. Nach den Ermittlungen der Kripo sind beide Reiseveranstalter überschuldet und zahlungsunfähig. – Die Polizei geht davon aus, dass die beiden Unternehmen zwischen 8000 und 10000 Einzelkunden, vornehmlich aus den neuen Bundesländern, *betreut* haben. Der dabei entstandene Schaden wird auf mehrere hunderttausend Mark geschätzt" (LR, 7. Oktober 1993).

Falsch Zeugnis

Im Geiste sind mein Freund Martin und sein heiliger Namenspatron Sankt Martin ein eineiiger Zwilling. Der real existierende Martin scheint mir sogar noch einen Tick feinfühliger und hilfsbereiter zu sein als sein himmlisches Pendant. Das Unglück anderer, noch dazu ihm nahestehender Menschen, berührt meinen Intimus in tiefster Seele. In seinem Beisein verbietet es sich also von selbst, über persönliche Sorgen und Nöte zu sprechen. Es würde ihm das Herz brechen.

Nach unserem letzten Urlaub unternehmen wir, wie übrigens jedes Jahr, unsere *Knackertour*. Der Name hat herzlich wenig mit alten Männern zu tun. Martin und ich essen nur für unser Leben gern Knacker mit Kartoffelsalat. Beides, garantiert kümmelfrei, gibt es in der Gaststätte zur Jugendherberge Bagenz am Spremberger Stausee.

Ohne Hast und Frauen genießen wir vor dem Essen die Herrenpartie und radeln in spätsommerlicher Natur gemütlich nebeneinander her. Umgepflügter Acker und feuchter Waldboden duften angenehm. Ich gebe mäßiges Tempo vor und trällere vergnügt: „We are the champions…of the world!"

„Du scheinst gut drauf zu sein. Sicher habt ihr euch im Urlaub gut erholt. Wo wart ihr überhaupt?", unterbricht Martin meinen Singsang.

„In Italien."

„Italien ist groß, geht es ein bisschen präziser und ausführlicher?"

„Freilich, aber das wäre eine lange Geschichte."

„Macht nichts, ehe wir Bagenz erreichen, fließt noch viel Wasser die Spree hinunter." Erwartungsvolle und treuherzige Augen schauen mich auffordernd an.

Selbstredend möchte ich den Freund nicht enttäuschen. Aber wie sage ich es meinem Kinde? Nach kurzer Bedenkzeit gruppiere ich einige Wahrheiten um und fange an zu schwärmen.

„Also", beginne ich, „wir waren in Alassio an der Blumenrivera.

Tolles Hotel – erstklassige Bedienung – feinkörniger, unverbauter Strand, kilometerlang – kristallklares Wasser – strahlender Sonnenschein an azurblauem Himmel – vorzügliche mediterrane Küche – süffige Weine – fantastisches Gelato – süße Früchte – hübsche Frauen – und kurvenreiche, stille Buchten. – Halt, eines habe ich vergessen. Die durchgängig moderaten Preise. – Alles in allem – ein traumhafter, zauberhafter, kurz ein märchenhafter Urlaub."

„Das freut mich für euch, ihr habt es verdient", erwidert Martin selbstlos ohne jede Spur von Neid und Missgunst. Dann verfällt er in freundliches Schweigen. Männer verstehen sich auch geräuschlos. Seine nächsten Worte betreffen die Bestellung. „Zweimal Knacker…"

Wir lüften die Basekaps. An den Scheiteln erkennt uns der Wirt und winkt ab. „Wie immer. Ich weiß Bescheid."

Nach diesem Ausflug haben wir gut ein Jahr nicht mehr über Italien gesprochen. Genauso lange blieb unsere Freundschaft makellos. Nach der Italienreise von Marlies und Martin aber sind dunkle Flecke auf die einst blütenweiße Weste der Nächstenliebe getröpfelt.

„Was ist los mit dir?", stelle ich den Kumpel deshalb zur Rede. „Freunde sind ehrlich und haben keine Geheimnisse voreinander."

„Dachte ich auch – bis wir in Alassio waren."

„O mein Gott!"

„Den flehst du vergeblich an. Hättest du uns nicht vorher warnen können? – Deine Beschreibung war eine unverzeihliche Schönfärberei. Am schlimmsten aber hast du uns mit dem Hotel getäuscht. Mitten auf der Hauptkreuzung, ununterbrochen knatternde und hupende Vespas – die ganze Nacht hindurch, keine Gardinen oder Rollos, dafür taghelle Neonbeleuchtung, die Müllcontainer direkt unter unserem Fenster, ihre Leerung täglich um vier Uhr morgens, ekelhafter Gestank, feuchte Wände, von denen sich die Tapete fladenweise löste, Metallbetten und zentnerschwere *Pferdedecken*."

„Hör auf, Martin, bitte, bitte, hör auf! Mir wird speiübel, wenn ich an die skandalöse Unterbringung denke. Von wegen aus Versehen überbucht. Ein ganz mieser Trick ist das. Die Schweinerei hat Methode."

„Und warum erzählst du dann solchen Stuss?"
„Ich wollte dich nicht leiden sehen."
„Das ist dir wirklich gründlich misslungen."

Um Wiedergutmachung bemüht, lade ich Marlies und Martin zu einem Umtrunk ein. „Fabelhafter italienischer Wein, süffig, fruchtige Note, samtenes Bouquet, milde im Abgang", rühme ich den zu erwartenden Gaumenkitzel.
„Nichts für ungut, aber wir bringen lieber Moselwein mit."

Mucha suerte

Jawohl, in Spanien hatte ich eine Menge Dusel. Bolero und Flucht aus einer Modenschau waren noch verhältnismäßig harmlos. In Barcelona aber stand ich kurz vor der Verhaftung. Doch der Reihe nach.

Eine Kapelle aus Fleisch und feurigem Blut spielt zu unserem festlichen Empfang. Die Hotelleitung bittet zum Tanz. Spanische und deutsche Touristen treffen sich im *Granada* zum Bolero. Der Saal füllt sich zusehends, obwohl Wintertouristen in Spanien nicht gerade üppig sprießen. Nach der fünften damenlosen Damenwahl, bin ich fällig. Den Hüftschwung der glutäugigen Andalusierin werde ich bis ans Ende meiner Tage nicht vergessen. Zwischen zwei Schluck Prosecco warne ich vor mir: „Gut tanzen kann ich sehr schlecht, mein Fräulein."

Anstatt mich verständnislos anzusehen und mit den Schultern zu zucken, antwortet die schwarzhaarige Señorita in sächsisch eingefärbtem Deutsch: „Aber, das macht doch nichts, ziehen Sie äben die Schuhe aus. Barfuß dürfen Se mich ruhig latschen."

Am nächsten Abend steht eine Modenschau auf dem Programm. Wegen der unverdauten Peinlichkeit will ich mich vor der Teilnahme drücken. Ignaz, unser örtlicher Reiseleiter, redet mir ins Gewissen. „Da hast du nichts zu furchten. Keine Werbeveranstaltung, kein Kaufzwang, nur Kultur – in Lack und Leder."

„Au fein", frohlocken die Frauen. Um kein Spielverderber zu sein, schließe ich mich zu guter Letzt an. Die Party steigt in Salou an der Costa Dorada. Die Mannequins sind ganz passabel. Noch besser aber gefällt mir eine schwarze *Lambsfell*jacke im Blousonschnitt. Meine lüsternen Augen bleiben den Veranstaltern nicht verborgen. Sie nötigen mich zur Anprobe. Ich ziere mich ein wenig. Der Spiegel wirft Komplimente. Ein spanischer Chor singt auf mich ein: wunderbar, exquisit, pflegeleicht – Spottpreis. In Gedanken überfliege ich meine Barschaft. Gut, ich hätte Mutter und Schwester anpumpen können. Aber der Schnäppchenpreis übersteigt das Monatsgehalt eines abgewirtschafteten Ostlehrers doch zu deutlich. Ich lehne ab, berufe mich auf Ignaz. Das hätte ich besser nicht tun sollen. Angeschaut und anprobiert ist so gut wie gekauft. Das ist ein optischer Vertrag und aus dem könne ich unter keinen Umständen wieder raus. „Oder wollen Sie uns Spanier beleidigen?" Die Frage klingt nicht nur wie eine Drohung, sie ist es. Inzwischen bin ich nämlich von grimmigen Toreros umringt. In ihren stahlharten Fäusten blitzen scharfe Schneiderscheren. Mir wird bang und bänger. Ignaz verwünscht mich. Nichts hasst der Temperamentgedrosselte so sehr wie *Hekterei*. Die Ruhe ist ihm heilig.

Mein ganzes Trachten steht nach Flucht. Mit unstetem Blick taste ich die Wände nach einer Tür ab. Im Dämmerlicht erspähe ich ihre Konturen. Ohne lange zu fackeln, ergreife ich das Hasenpanier. Nicht umsonst hieß Hispanien im Römischen Kaninchenland. Eine wütende und Verwünschungen ausstoßende Meute hinter mir her. „Nix kaufen, nix kaufen, elender Betrüger. Du Schotte, nix Alemán."

Zu meinem Entsetzen schläft der Busfahrer. Ich trommle gegen die Scheibe. Die Verfolger nähern sich bedrohlich. Ewald fährt erschrocken hoch und lässt mich ein. Tür zu. Gerettet.

In der Nacht finde ich keine Ruhe. Obstbauern verfolgen mich und werfen mit Früchten. Ich laufe im Zickzack, ducke ab, werde trotzdem getroffen. Schon wieder bin ich auf der Flucht. Und warum? – Was soll ich mit einer Tonne Apfelsinen?!

Am Morgen hat sich der Spuk verflüchtigt. Ein ungutes Gefühl aber bleibt. Wir fahren wahr und wahrhaftig zur Orangenernte auf eine Plantage. Wider Erwarten sind die Genossenschafter gar nicht geschäftstüchtig. Niemand wird gezwungen, Obst zu pflücken oder zu kaufen. Wir tun es freiwillig. Wer sonnengereifte Orangen nie vom Baume aß, weiß nicht wie Apfelsinen schmecken!

Einen Tag nach dem zuckersüßen Erlebnis steht ein Barcelona-Ausflug auf dem Plan. Höhepunkte sind die Besichtigung der weltberühmten Sagrada familia und des Camp Nou. Die Kleckerburgkirche ist eingerüstet und nur von außen zu besichtigen. In das Stadion, für jeden echten Fußballfan ein heiliger Tempel, dürfen wir rein. Der Eindruck ist atemberaubend, die Sinne spielen verrückt. Ich höre Stimmen, wo keine sind. Tausende. Ach, was sage ich, Zehntausende. Auf dem Rasen tobt das Duell der dauerrivalisierenden Giganten. Die Königlichen Madrilenen spielen gegen die blaurot gestreiften Kicker aus Barcelona. Mit Mühe kehre ich in die Wirklichkeit zurück. Die Zeit drängt. Schnell noch ein Foto. Winkel und Lichtverhältnisse sind denkbar ungünstig. Zu viel Gegenlicht. Den idealen Standort vermute ich der Anzeigentafel gegenüber. Die niedrigen Absperrungen mit den Schildern *Atención* übersteige ich mühelos. Außer mir ist anscheinend niemand mehr im Oval. Ich haste die Traversen entlang. Hat sich mir doch ein Gleichgesinnter angeschlossen? In meinem Rücken schnauft es gewaltig. *„Acaba de estar quieto!"* Ich gehorche und bleibe wie angewurzelt stehen. Der ängstliche Blick zurück lässt mich zur Salzsäule erstarren. Auf mich rast ein wildgewordener *el toro* zu und packt mich gnadenlos bei den Hörnern. Es kann auch das Genick gewesen sein. Jedenfalls zerrt und knufft mich der uniformierte Ordner, auf seinem Overall steht *Seguridad*, derb und stößt mich in sein Kabuff. Hastig greift er zum Telefon. Ein wortgewaltiger Platzregen bricht über mich herein. *„¿Qué quieres?"* Das kommt mir extrem spanisch vor.

„¡No lo etiendo!" Das wenige, das ich in meiner Erregung doch verstehe, lässt mich Schlimmes ahnen. *Diablo; bandido; maldito hijo de puta; terrorista*. Beim Wort *guardıa civil* rutscht mir das Herz in die Hose. Ich sehe mich bereits im Kerker der Burg von Peñiscola bei stillem Wasser und verschimmeltem Brot. Die Festung, Kulisse des Hollywood Historienschinkens „El Cid" mit Charlton Heston und Sophia Loren in den Hauptrollen, wurde dereinst vom Templerorden erbaut. Sie diente dem einzigen spanischen Papst, Pedro de Luna, bekannter als Benedikt XIII., während des Kirchenschismas als Fluchtort. Die Tatsache, dass der kluge Mann steinalt wurde, tröstet mich wenig. Mit besagtem Pontifex kann ich mich nicht messen. Er gerissen, ich zerrissen – in der Luft, bedroht mit *policia*, *multa 1000 dólares* und *prisión*. Ich will weder etwas von der Polizei, noch Strafe zahlen oder ins Gefängnis. Und schon gar nicht in ein spanisches.

Dringend könnte ich Ignaz' Unterstützung gebrauchen. Aber der Reiseleiter wartet seelenruhig vor dem Stadion. Wie wir wissen, liebt er keine Hekterei. Was bleibt mir anderes übrig, als persönlich um schönes Wetter zu bitten. *„Excusa"* und *„Buenos dias"*.

Der Berserker lässt mich nicht ausreden und brüllt: *„¡No hay nada, no buenos dias!"* und *„¡Silencio!"* Dann folgt die schlimmste Beleidigung, die man sich denken kann: *„¡Aqui está el estadio del FC Barca. Usted es un agente del Bayern de Múnich!"*

Jetzt wird es mir zu bunt. Alles darf man sich nicht gefallen lassen. Ich und ein Spion der bayerischen Seppl. Lächerlich. Unvorstellbar. Rekordmeister hin, Pokalhamster her. Wütend brülle ich zurück: *„¿Yo soy un fan de los turistas inocentes y Energie Cottbus. Lo tienes? –* Verstanden? Ende!"

Es grenzt an Zauberei. Der Stier verwandelt sich im Nu in ein lammfrommes Schaf. Augenblicke später bietet Alfredo mir das Du an und nennt mich *amigo mio* und *mi hermano*. In gebrochenem Deutsch fügt er versöhnlich hinzu: „Ich nix mehr schumpfen. Du nicht einsperren, Energie Cottbuuus schonn Strafen genug. Kommen, Compañero, ich zeigen Camp Nou von Keller bis Dach."

„¡Muchas gracias – Adiós, camarada Alfredo!"

Im Schweinsgalopp

Ein Satz liegt wie ein Fluch über unserer Maltese Islands Reise, die mit einem herrlich ruhigen Flug beginnt. Der Airbus A 320 liegt in der Luft wie Omas Bügelbrett in der Bodenkammer. Der Vergleich ist gar nicht so übel, denn Malta wird zumindest gern als Sprungbrett zwischen Asien, Afrika und Europa bezeichnet.

Entspannt lümmele ich in bequemen Polstern und genieße die beeindruckende Vogelperspektive der Alpen. Bitter nötig, denn mein Stresspotenzial ist fast erschöpft. Mir steckt ein 3000m-Lauf im 400m-Tempo in den Beinen. Warum? „Weil du deine Siebensachen nie beieinander hast", behauptet jedenfalls meine Frau gebetsmühlenartig. Diesmal hatte ich den Fotoapparat vergessen.

Die Landung in Valletta ist butterweich wie der Name. Er geht auf den Großmeister des Johanniterordens Jean Parisot de la Valette zurück, der 1565 den Widerstand gegen die Türkeninvasion erfolgreich leitete.

Mit einem alten Klapperbus schuckeln wir nach Bugibba, einem jungen Badeort an der St. Paul's Bay. Vor dem Hotel *Topaz* begrüßt uns die sympathische Tanja vom Sea Island Service. Sie schafft es mühelos, den hässlichen Betonklotz, die hellhörigen Zimmer, die fehlende Klimaanlage, das harte Kopfkissen, den Straßenlärm, den steinigen Strand und den Schmutz in den Straßen schönzureden.

Gutgelaunt und unternehmungslustig harren wir am nächsten Morgen der Dinge, die da auf uns zukommen sollen. Es kommt aber nur Charlie. Tanjas Kind ist über Nacht krank geworden. Sie fällt als Reiseleiterin aus.

Charlie, der moderne La Valette, stemmt sich wie sein großes Vorbild ebenfalls gegen eine ausländische Invasion. Er hält wenig von Germanen im Allgemeinen und von deutschen Touristen im Besonderen. Der Ursprung seiner Abneigung scheint in seiner ehemaligen Gastarbeitertätigkeit im Ruhrpott zu liegen. Vermutlich ist der arische Herrenmensch nicht grade zimperlich mit ihm umgesprungen. Aber Herr Charles, wir kommen doch aus der Lausitz, aus dem armen, aber besseren Deutschland! Hilft alles nix. Vor diesem Malteser sind alle Deutschen gleich – schlecht.

Auf Guide Charlie geht eingangs erwähnter verfluchter Satz zurück, den er uns bei jeder passenden und unpassenden Gelegenheit wie Puppenlappen um die Ohren haut. „Sie haben sieben Minuten." Bei Tanja hätte der Hinweis bestimmt wie eine fürsorgliche Zeitangabe geklungen. Charlie verwendet das Konstrukt ausschließlich als kategorischen Imperativ, als schreckliche Drohung. Verstöße sind verboten und werden gnadenlos geahndet!

Nach drei Tagen *Dalli dalli* haben wir die Hetzerei satt. Unsere geistigen Abbilder von der Hauptstadt Valletta mit Großmeisterpalast und Rüstungskammer, den Barracca-Gärten mit Blick auf den Grand Harbour, den größten Naturhafen der Welt, vom Fort St. Elmo, dem Nationalmuseum der Schönen Künste und der Multivisionsschau *Malta Experience* sind oberflächlich. Gleichfalls hastig durch das Kunsthandwerkszentrum Ta' Qali im Süden der Insel, die Alte oder Schweigende Stadt Mdina mit ihren wunderschönen historischen Palästen, Kirchen und Toren nebst intakter Stadtmauer. Eile geboten bleibt auch in den prähistorischen neolithischen Tempel- und Ruinenanlagen von Tarxien und Hagar Qim, im malerischen Fischerdorf Marsaxlokk mit hunderten bunten Booten, in der Siedlung Wied Iz-Zurrieq mit der Blauen Grotte und an den Dingli Cliffs. In der mächtigen Kuppelkirche von Mosta verharren wir für die Dauer eines Stoßgebetes. Da unsere Eindrücke trotz klarer Sicht nur schemenhaft bleiben, haben wir später Mühe, ihnen die passenden Fotos zuzuordnen. Ohne die Bilder von Heidis *Männchenkamera*, sie lichtet ausschließlich posierende Menschlein ab, wären wir völlig aufgeschmissen gewesen. So konnte sich meine Stofffetischistin wenigstens daran orientieren, welche Garderobe sie wann und wo getragen hatte.

Fast jede Sehenswürdigkeit vergällt uns Charlie mit ellenlangen, ermüdenden Erklärungen und der binnen kurzem gehassten Standardformel: „Sie haben sieben Minuten!" Aber nicht nur wir stehen, nein, auch der Reiseleiter steht mächtig unter Druck. Der Veranstalter fordert die buchstabengetreue Abarbeitung des überfrachteten Programms. Staatliche Behörden fordern den zeitweiligen Einsatz der Reisebusse für den Schülertransport und Charlies Frau fordert seinen pünktlichen Feierabend.

Unser Entschluss steht fest. Um den Urlaub zu entschleunigen müssen wir uns individualisieren. Der Bummel durch die Vergnügungsörtchen Sliema und St. Julien's, mit Küstenpromenade und lauschigen Restaurants, verbessert unser Wohlbefinden. Im Golf von Tunis wollen wir die Seele baumeln lassen. Die *Karrozzin* geheißenen Kutschen sind romantisch aber teuer. Wir nehmen den profanen Linienbus. Kaum habe ich an der Klingelstrippe gezogen, zieht Ruhe ein. Auf halbem Weg zur Golden Bay steht die Nuckelpinne knapp zwei Stunden im Stau. Von Entspannung keine Rede. Den Frust mit maltesischem Wein hinunterspülen zu wollen misslingt. Auf die Brühe trifft zu, was Frankfurter Viadrina-Studenten nach ihren mittelalterlichen Saufgelagen vom Lausitzer Bauernwein verächtlich behaupteten: Er fährt durch die Kehle wie eine Säge!

Eine bedeutend schlimmere Tortur erwartet uns bei der Überfahrt nach Gozo, der kleinen Schwesterinsel von Malta. An Bord der schwankenden Planken gibt sich Charlie ungewohnt pietätvoll. Er verzichtet auf seinen gefürchteten Spruch, um sich oder uns nicht zu hautnah an die Endlichkeit des Lebens zu erinnern. Ein Seelenhirte versucht in letzter Minute von Bord zu gelangen. Er scheint wellenhoch überzeugt, dass unser letztes Stündlein geschlagen hat. Hier ein klitzekleiner Bericht von der prekären Situation:

„Der Anblick, der sich uns darbot, als wir in See stachen, hatte in Wahrheit etwas Schauervolles; kaum vermochten wir den Capuziner im Kahn zurückzuhalten, welcher erschreckt, das Ufer wieder gewinnen, und die Nacht lieber fastend, auf den kalten Steinen gelagert, aber in wohlthätiger Sicherheit zubringen, als dem erzürnten Elemente sich weiter anvertrauen wollte. Der Sturm hatte jetzt einen so hohen Grad erreicht, daß die Wellen an den isolirt stehenden Felskegeln vor uns höher als diese selbst mit milchweißem Schaume emporspritzten, während sich rund umher das Meer nur ein und dasselbe ominöse weißgetünchte Dunkelschwarz unter aschgrauem Himmel entfaltete. Ich gestehe, daß mir nicht ganz wohl zu Muthe war, doch hätte ich mich vor mir selbst geschämt, jetzt umzudrehen (…) Die Bewegungen unseres, meistens zwischen den hohen Wellen ganz verborgenen Bootes glichen vollkommen denen eines wilden und bockenden Pferdes, das Alles versucht, um seinen Reiter abzuwerfen. Wir mußten uns auf den Grund niederkauern, um nicht herausgeschleudert zu werden, und selbst die besser an das Meer gewöhnten Fischer waren genöthigt, sich fortwährend anzuklammern, um sich im Gleichgewicht zu erhalten. Bald fand das Fahrzeug, sich emporbäumend, gerade aufwärts auf dem Steuer, bald entgegengesetzt auf dem Vordertheil, dann flog es zur Seite rechts und linkes, drehte sich, schon ganz danieder liegend, in jählingen Stößen, und schöpfte mehrmals so viel Wasser, daß wir durch die Anhäufung desselben von unten und oben in kurzer Zeit so naß waren wie im Bade. (…) Besonders als wir dem Kanal gegenüber kamen, der zwischen den Inseln Gozo und Comino durchführt, wo der Sturm am heftigsten wüthete, verzweifelten selbst die Fischer an der Möglichkeit unserer Rettung. Der Capuziner betete, der Länge nach auf dem Bauch liegend, ohne Unterlaß lateinisch und maltesisch, und bei jedem neuen Choc hörte man ihn schreiend Maria sanctissima um Erbarmen anrufen; die Fischer, mit dem Ausdruck der Angst auf ihren braunen Gesichtern, zankten sich mit leidenschaftlichen Geberden, und warfen sich gegenseitig vor (…), bald das Steuer ungeschickt zu führen, was wohl auch Alles begründet seyn mochte; Selim, gelb wie eine Zitrone, unterhielt sich lebhaft mit Muhammed; ich weiß nicht, wie ich ausgesehen habe – denn der Tod, wenn er uns bei gesundem Leibe in solcher ungewohnten Gestalt nahe tritt, ist kein Spaßmacher – doch war ich vollkommen gefasst, und reflektirte, meiner Natur ganz treu, über das seltsame Schicksal (…), was mir hier bestimmt zu seyn schien (…), auf eine eben so unerwartete als bedeutungslose Weise vom Schauplatz der Welt verschwinden zu müssen! (…) Was nun unsere eigene Rettung betrifft, so war sie dem steten und beständig in gleicher Richtung forttreibenden Winde zu danken – hätte uns irgendwo, durch die Lage der Felsen herbeigeführt, ein contrairer Stoß gefaßt, so mußten wir unfehlbar im Wellenwirbel untergehen. Selbst als wir dem Landeplatze schon so nahe waren, daß wir ihn, so zu sagen, fast mit den Händen greifen zu können glaubten, bot sich noch immer die größte Schwierigkeit dar, ihn wirklich zu erreichen. Nun nachdem man uns zwei lange

Leinen, an Steine gebunden, zugeworfen hatte, konnten wir, gerade den Augenblick wahrnehmend, wo das sich fortwährend hebende und sinkende Boot in der erforderlichen Richtung stand, Einer nach dem Andern an's Land springen."

Diese sehr detaillierte Schilderung verdanken wir Fürst Hermann von Pückler-Muskau, veröffentlicht 1840 in „Südöstlicher Bildersaal". Der *Lausitzer Hallodri* versuchte damals durch *Inselhüpfen* nach Griechenland zu gelangen. Mit seinem Diener Selim und einem Mönch im Schlepptau überredete Pückler einen Fischer, ihm seine Barke und drei Mann Besatzung zur Verfügung zu stellen.

In unserem Fall braust der Sturm jedoch noch fürchterlicher, noch höher peitschen die Böen die Wellen. In Marsalforn zum Beispiel klatscht die Gischt mit voller Wucht an die Scheiben des Restaurants. Auf wundersame Weise bleibe ich trocken. Meine Pizza leider auch. Ihr hätte etwas Feuchtigkeit nicht geschadet.

Ihnen zuliebe verschweige ich das ganze grauenvolle Ausmaß unseres maritimen Abenteuers. Wie sagt doch ein lateinischer Weltenbummler: *cui bono*!

Kaum festen Boden unter den Füßen, vom maltesischen Cirkewwa aus erreichen wir nach reichlich eineinhalb Stunden Mgarr auf Gozo, dreht unser Hamster wieder am Rad. Im Angesicht des schier unendlichen Stroms grüngesichtiger Menschlein, der sich aus dem Rumpf des Pottes über das Eiland ergießt, feiert Charlies Kampfgeist wider die Eindringlinge fröhliche Auferstehung. In der Wallfahrtsbasilika Ta' Pinu predigt er teuflisch gut. „Eines nicht mehr fernen Tages verderben die Horden den Charakter von Gozo und verwandeln es in ein kleines Malta."

„Welche Horden?"

„Deutsche Touristen! – Die meisten verlieben sich in das Kleinod und kommen wieder. Grässlich. Nur einer schaffte es, sich von Gozo loszureißen: Odysseus. Allerdings vergingen sieben lange Jahre, ehe es ihm gelang, sich aus den Armen der verführerischen Nymphe Kalypso zu befreien."

Wir werden in sechs Stunden vom Tief *Charlie* aus dem Inselparadies vertrieben. Ohne die von Hellas heraufziehende Gewitterfront wäre auch ich garantiert auf Gozo hängengeblieben. Die

Naturschönheit *Zerkator* übte auf mich einen magischen Reiz aus. Gemeint ist das felsige Azur-Window am Fungus Rock, der ganze Stolz der Gaulitaner. Mehr als ein flüchtiger Blick durch das Fenster im Meer aber war in sieben Minuten einfach nicht drin.

Seit ich im Oratorium der Jakobskapelle der St. John's Co-Cathedral das Gemälde von Caravaggio „Enthauptung Johannes des Täufers" bewundert habe, bin ich mit Charlie und Malta versöhnt. Des Delinquenten furchtsames Gesicht gleicht aufs Haar dem unseres Reiseleiters.

Kein unmoralisches Angebot

Die Trümmelbachfälle bei Lauterbrunnen und die Kleine Scheidegg habe ich höhenmäßig noch verkraftet, im wildromantischen Engadin aber trennen sich unsere Wege. Meine Frau möchte sich liften lassen, das heißt, mit der Gondel unbedingt auf den Piz Corvatsch, mehr als dreitausend Meter hoch. Mich und meine Höhenangst deponiert sie derweil am Straßenrand von St. Moritz. Wie ich so missmutig und gelangweilt in die Gosse starre, steuert ein fesches Dirndl, Modell Alpenrepublik, direkt auf mich zu. Bei jedem Schritt bebt das pralle Leben unter der Folklorebluse. Die Wucht in Tüten.

„Na mein Herr, so allein. Appetit auf etwas Süßes?" Grell geschminkte Lippen und abgrundtief sündige Augen harren auf eine Antwort.

Weil mir so etwas bedauerlicherweise viel zu selten passiert, trifft mich die eidgenössische Gastfreundschaft unvorbereitet. Ich dachte, in der Schweiz sei man nur auf unser Schwarzgeld scharf. – Verdattert ist der richtige Ausdruck. Zugegeben, ich bin verdattert. Um mit Dürrenmatt zu sprechen: Es geschah am helllichten Tag! Unglaublich.

Meine Empörung ist echt. In letzter Sekunde aber verhindere ich eine zu schroffe Abweisung. Bleib höflich, bleib um Wilhelm Tells Willen höflich. Du befindest dich schließlich im Ausland, bist Gast bei Freunden und Freundinnen. Anstand, Sitte und gute Erziehung triumphieren. Für einen deutschen *Schentelmän* nicht ungewöhnlich. Wie aber raus aus der peinlichen Nummer? – Endlich der rettende Einfall. Ein Hotel muss her, ein Hotel, in das ich die Dame auf ein Stündchen einladen kann. Schnell muss es gehen, verdammt schnell. Viel länger als ein Stoßgebet wird meine Frau kaum über den Wolken schweben. Anstatt die Offerte unverfänglich auszusprechen, höre ich mich in ackermännisch geschäftlichem Ton und präzise wie ein Schweizer Uhrwerk fragen: „Klar. Wie viel?"

Als ich höre, was ich sage, könnte ich vor Scham auf den Grund des Genfer Sees versinken. Nein, ist mir das peinlich!

Der Alpenfee muss es ähnlich ergehen. Sie protestiert: „Aber mein Herr, was denken Sie von mir. Nicht auf jeder Alm gibt es a Sünd. Ich bin eine anständige Frau. Ich dachte mehr an Schweizer Schokolade!" Spricht's und öffnet zwei Körbchen, in denen sich allerliebstes Naschwerk befindet.

Bin ich an eine harmlose Straßenhändlerin geraten? Schade, jammerschade. Egal, die Werbende reizt mich dennoch. Mit einer großen Auswahl Schokotafeln. Bevor ich hemmungslos kaufe, Schokolade macht mich willenlos, vergewissere ich mich zielgerichtet: „Und welche ist die beste?"

„Die von Gailer und Tobler."

„Hä?" Ich schaue verständnislos. Just in dem Moment nähern sich zwei Herren in feinem Zwirn. Die Frau vom süßesten Gewerbe der Welt reagiert erfreut. „Schaun's, da kommen die besten Schweizer Schokoladenfabrikanten gerade."

„Und welcher ist Gailer?", möchte ich wissen.

„Na, eindeutig der Tobler!"

Eine fast geglückte Himmelfahrt

Seit Jahr und Tag fahren wir am Vatertag zu Ehren einer Frau auf die Insel Rügen. Das verlängerte Wochenende lohnt die weite Reise zur Schwiegermutter. Diesmal fällt unsere Entscheidung contra Nadelöhr Rügendamm mit seinen undurchschaubaren Öffnungszeiten, der sich mühsam vorwärts quälenden Autoschlange und den zahlreichen Anglern. Kinder überreden Eltern zur Autofähre Stahlbrode-Glewitz.

Rügen empfängt uns nach kurzer Schipperei mit verführerischem Duft von Räucheraal und Rostbratwurst. Wenig später mieft ein motorisierter Lindwurm durch die malerischen Inselörtchen. Die Rüganer sind zur Sommerzeit schon von alters her geplagte Leute. Heuschreckenschwärmen gleich überfluten Touristen das schönste und größte Eiland Deutschlands. Anders als zu DDR-Zeiten aber bleibt man heuer freundlich. Ja, man buhlt geradezu um jeden Gast. Marktwirtschaftlicher Kampf ums Goldene Kalb. Früher gab man sich bedeutend weniger Mühe mit den Gästen. Der Unwillen über die FDGB-Urlauber, diesen Stempel bekam mehr oder weniger jeder Besucher aufgedrückt, gipfelte in einem maritimen Lied, dessen Refrain sinngemäß lautete: Drei Worte genügen, rrrunter von Rüüügen!

Wir passieren stark duftende Rapsfelder, Grundlage für den angeblich umweltfreundlichen *Biodüsel*. Ganz Rügen scheint an der rapsblütigen Gelbsucht zu leiden. Die Stängel wiegen sich sacht im Wind. Ein kleiner Vorgeschmack auf die Wellen der Ostsee.

Wie jedes Jahr bin ich begeistert von Putbus, der weißen Stadt am Meer. Speziell ihre Historie zieht mich immer aufs Neue in ihren Bann, gab es doch sehr enge Beziehungen zwischen Fürst Hermann von Pückler-Muskau-Branitz und dem nordischen Stadtgründer Fürst Malte von Putbus.

Das schmucke Vilmnitz verführt zu einer Rast. Unter dem Riesendach hochbetagter Bäume gönnen wir den Rädern eine Verschnaufpause und uns den Anblick der wunderschönen ehemaligen Hof- und Begräbniskirche der Blaublütigen von Putbus, die übrigens bis nach Brandenburg ausschwärmten. So vermählte sich eine Tochter des Ulrich von Promnitz, erster Standesherr der Herrschaften Pförten und Sorau 1697 mit einem Grafen von Putbus. Im Gegenzug freite Ulrichs Sohn Anselm von Promnitz 1703 seine Schwägerin Freiin Ursula Maria von Putbus. Die familiären Bande müssen aber deutlich früher geknüpft worden sein, denn bereits unter der Jahreszahl 1649 fand eine Anna Margaretha Freiin von Putbus im ehemaligen Prunkschloss von Sorau, zurzeit leider nur noch eine monumentale Ruine, Erwähnung. Schon damals war die Welt also nur ein Dorf.

Bevor wir die windschiefe eiserne Eingangspforte zum Heiligtum durchqueren, bleibt mein Blick am ehemaligen Pfarrhaus auf der gegenüberliegenden Straßenseite hängen. „Zauberhaft", rufe ich und deute auf das Objekt meiner Schwärmerei. Ich schwelge in der malerischen Ursprünglichkeit und fühle mich augenblicklich um Jahrhunderte zurückversetzt. Ruhe und Beschaulichkeit. Labsal für die Seele. „Wenn die Welt untergeht, ziehe ich nach Mecklenburg, dort geschieht alles mit Jahrzehnten Verzögerung", hatte einst der eiserne Kanzler Otto von Bismarck ganz treffend formuliert.

Der kleine Ort Vilmnitz gehörte seit dem 12. Jahrhundert einer Seitenlinie der Fürsten von Rügen, die sich durch Heirat mit dem in Putbus ansässigen Adelsgeschlecht verbanden. Als *Haus Putbus* errang diese Verbindung die führende Stellung innerhalb der Rüganer Ritterschaft.

Der auf einer kleinen Anhöhe stehende Kirchenbau stammt aus dem 15. Jahrhundert, gut erkennbar an den handgestrichenen Ziegeln im Klosterformat. Ein Sandweg, von allerlei Büschen und Gehölzen eingewachsen, schlängelt sich anmutig zur hölzernen Tür an der Südseite des Hauptschiffes. Von ungezählten Füßen geschmirgelte Steinstufen glänzen in der Sonne, die ihre Strahlenbündel geschickt durch den Blätterschirm schmuggelt.

Bereits nach wenigen Schritten umfängt uns die ganz eigentümliche muffige Kühle, die wohl von jeder Dorfkirche ausgeht. Für mich ist es angenehmer musealer Duft, prall gefüllt mit Heimatgeschichte. Die Innenausstattung des Gotteshauses stammt aus der Zeit der Reformation und befindet sich in erstaunlich gutem Zustand. Rechts und links vom Altar ragen künstlerisch anspruchsvolle Epitaphe aus Sandstein für die Edlen von Putbus hoch in den schlichten Kirchenhimmel.

Es wird Zeit, sich aus diesem Garten Eden zu verabschieden. Auf dem Weg nach Sellin geben uns feuchtfröhliche Vatertagsfeierer auf bierlastigen Kremsern und geschmückten Fahrrädern lautstark Geleit. Wir grüßen freundlich zurück. Die Männer in Pappe stinken uns dagegen an. Nostalgische Trabantfahrer treffen sich am Tag des Herrn traditionell auf Rügen.

Wie ein träger Leuchtkäfer, auf der Insel wird freiwillig mit Abblendlicht gefahren, bewegen wir uns mit gedrosselter Geschwindigkeit durch schattige Alleen. An den Straßenrändern fallen viele schlichte Holzkreuze auf. Auf jedem steht ein Männername: Dirk, Maik, Heiner, Martin. In mein Mitleid hinein rast ein sonderbares Gefährt, das im Rückspiegel schnell größer wird. Auf dem Dach des nahenden Autos liegt bäuchlings ein grölender Jugendlicher mit freiem Oberkörper. Seine Arme und Beine sind im hohlen Fensterrahmen verkrallt. Aus dem Fahrgastraum dröhnen Schallkanonen. Die *gesengte Sau* hupt vor Vergnügen, gibt Vollgas, überholt und schneidet meine Spur. Trotz Vollbremsung verringert sich der Abstand zu den Alleebäumen bedrohlich. Als das Himmelfahrtskommando endlich außer Sicht ist, atmen wir kollektiv auf. Das Nummernschild weist den Idioten als Rüganer aus.

Um unser seelisches Gleichgewicht wieder ins Lot zu bringen, fahren wir zum Speckbusch nach Göhren. Von ihm bietet sich dem Auge des Betrachters ein herrliches Stückchen Küstenstreifen der Halbinsel Mönchgut. Überwältigt schauc ich in Richtung Nordperd. Ein Ort zum Verweilen und Träumen.

Über uns erhebt sich die von arg gezausten Kiefern, Birkenbruch und Eichen eingerahmte Dorfkirche mit kolossaler Turmfront, die einen mittelalterlichen Bau suggeriert. Doch weit gefehlt, der Tempel wurde erst 1930 fertiggestellt. Nur der Name Speckbusch entstammt dem Mittelalter. In jener Epoche war es üblich, die erbarmungswürdig schlechten Landwege mit Baumstämmen und Reisig zu spicken (specken). Bei weiter sinkenden Steuereinnahmen könnte diese Technik nächstens schon wieder auf Brandenburger Straßen Anwendung finden.

Deutlich älter als das Mauerwerk ist der Kirchberg, bei ihm

handelt es sich um eine von einem eiszeitlichen Gletscher zusammengeschobene Moränenkuppe, die bereits in der Bronzezeit als Grabstätte diente. Mit fünfhundertsechzig derartigen Stätten frühen Totenkultes ist Rügen der größte Hügelgräberstandort Mecklenburg-Vorpommerns.

Wir sind keineswegs auf Friedhofsruhe eingestellt. Die pure Lebenslust treibt uns zum Kap Arkona. Ein Abstecher zum majestätischen Königsstuhl führt der Daseinsfreude neue Nahrung zu. Der Blick von schroff abfallender Kreidewand auf die silbrig flimmernde Wasseroberfläche beschert ein Farbspiel von unvergleichlicher Schönheit. Damit leichter Sinn nicht zu Schaden kommt, warnen Schilder. Achtung, Lebensgefahr!

Kurz vor dem Ziel verheddern sich die Wünsche. Die Mutter meiner Frau möchte auf eine Bank – eine Ausruhbank. Der Mutter meiner Tochter lüstert nach Bernstein. Im Leuchtturm soll ein Schleifkünstler zugange sein. Tochter und Freund zieht es nach dem malerischen Vitte und mich lockt das ehemalige Gutshaus von Putgarten.

Nie hätte ich für möglich gehalten, dass sich Eis zu zwischenmenschlicher Erwärmung eignet. Nachdem wir uns die klebrigen Reste der *Software* von den Fingern gewischt haben, kehrt Friede ein. Vielleicht sind die versöhnlichen Töne aber auch der körperlichen Nähe in unserem japanischen Kleinwagen geschuldet. Mit jedem Rückfahrkilometer verfreundlicht sich die familiäre Laune. In glücklichen Augenblicken übermannt mich gelegentlich ein unstillbarer Drang zu singen. Immer mehr Nachtigallen fallen krächzend ein.

Die eben noch bewunderte Azurbläue über uns ist satten Grüntönen gewichen. Die übereinander und untereinander geschobenen Blätter der in voller Pracht stehenden Alleebäume sehen aus wie der bemooste Panzer eines Schuppentieres. Schlaglöcher und schmale Straße gestatten nur mäßige Geschwindigkeit. Ungehörige Schumi-Rufe dringen an mein Ohr. Eine bodenlose Infamie, denn völlig unbefleckt ist meine Kraftfahrerweste durchaus nicht. Ehrenwort, einmal wich ich rasend schnell vom Pfad der tugendhaften Vorschrift ab. Ein Blitz erwischte mich bei unerlaubten drei Kilometern pro Stunde über der Bußgeldfreiheit.

Diesmal geht es nicht um Geld, sondern um Leben und Tod. Urplötzlich stehen wir vor einem Tor, es ist die Ewigkeit verheißende Himmelspforte. Ein vergleichsweise harmloses Reh drängt uns über die Schwelle. Das unerfahrene Jungtier springt, von dicken Stämmen verdeckt, auf die Fahrbahn. Instinktiv krampfe ich das Lenkrad und bremse. Zu spät. Der Aufprall ist heftig. Mit Mühe halte ich die Spur. Nach etwa dreißig Metern kommt das eben noch mit purer Lebensfreude gefüllte Gefährt zum Stehen. Entsetzen drückt uns in die Sitze. Keiner spricht ein Wort, niemand ist verletzt. Die Motorhaube dagegen wölbt sich deformiert wie der Ranzen eines Biertrinkers. Kühlergrill und Blinkleuchten sind gesplittert. Mit weichen Knien umrunde ich das Auto. Nach der Visitation fällt mir ein Stein vom Herzen. Die Fahrtüchtigkeit hat nicht gelitten. Dem gestauchten Blech treiben wir einige Beulen aus.

Erst jetzt kommt mir die arme Kreatur in den Sinn. Blutstropfen führen mich zum nahen Waldrand. Dort finde ich das Reh leblos im Gras. Was tun? Durch die Bäume schimmern die Umrisse eines Daches. Ich stolpere in den Wald und rufe: „Hallo. Ist da jemand?"

Vergebliche Liebesmüh. Niemand hört mich. Eine Klingel gibt es nicht. Endlich dringen schwache Geräusche an mein Ohr. Eine junge Frau tritt aus der Tür und erkundigt sich, ziemlich platt, nach meinem Begehr. „Da havn Se aber Swin. Sie stehen direkt vorm Forsthus".

Die Forstbeamtin begleitet mich zur Unglücksstelle und stellt fachmännisch den Tod des Tieres fest. Mehr zu sich murmelt sie: „Wenn die Wildunfälle weiter so dramatisch steigen, wird voraussichtlich für die Jäger nicht mehr viel Arbeit bleiben." Die weidmännische Entsorgung des Rehs ist gesichert, unsere Himmelfahrt auf unbestimmte Zeit verschoben. Hurra, wir leben noch.

Aus dem Weg, Pack

Um Sie nicht unnötig auf die Folter zu spannen – unser Kroatienurlaub war eine Wucht. Die dalmatinischen Inseln Korcula und Rab entzückend, die Städte Rijeka und Split begeisternd, der Weltnaturerbe-Nationalpark Plitvicer Seen im Krka Karst faszinierend, viele geografische Namen erheiternd. Ja wirklich, Dalmatien gilt als *lächerliches* Spitznamenland. Als besitzergreifende österreichische Kartografen einst im unfriedlichen Dienste der k. u. k. Monarchie von einheimischen Fischern die ortsüblichen Namen der unzähligen Inseln erfragen wollten, banden diese den sprachunkundigen Staatsdienern viele Bären auf. Und so haben sich etliche kuriose Inselbezeichnungen wie *Fetter Weiberarsch*, *Kleine Schlampe* und *Missgeburt* zum Gaudi der Touristen bis heute erhalten.

Verwandtschaft und Freunde rieten von dieser Reise ab. Ja, seid ihr denn von allen guten Geistern verlassen? Wir schlugen alle Warnungen in den Wind und fuhren mutig los. Nicht als Sensationstouristen, sondern als Friedensengel.

Ganz unbegründet war zu jenem Zeitpunkt die Sorge unserer Lieben nicht, begannen die Wunden des von außen angeheizten schrecklichen Bürgerkrieges im ehemals sozialistischen Tito-Jugoslawien doch gerade erst zu vernarben.

Die Spuren von Vernichtung und Tod sind tatsächlich noch allgegenwärtig. Bombentrichter hier und zerschossene Häuser da. Auf den Straßen wachsame SFOR-Autos. Extrem hart hat es Dubrovnik, die Perle der Adria, getroffen. Die reparierten Dächer gleichen Flickenteppichen. Einschüsse in die zu Stein gewordene Historie harren darauf, restauriert zu werden. Hoch über der Stadt thront mahnend das verrußte und verbogene Stahlskelett der Drahtseilbahnstation. Aber das Leben pulsiert wieder. In die Gesichter der Einwohner sind Freundlichkeit und Zuversicht zurückgekehrt. Straßen und Plätze leiden wie eh und je unter Verstopfung. Alle Sehenswürdigkeiten sind dicht umlagert. Touristen aus aller Welt schieben sich in Scharen vergnügt und lärmend durch enge

Gassen. Ein wilder Sprachenwirrwarr liegt in der schwülen Luft. Plötzlich geht ein Ruck durch die Massen. Der Menschenstrom teilt sich, als schritte Jesus Christus leibhaftig hindurch. Es ist aber nur der von seinen Offizieren umrahmte Kommandant eines vor dem Hafen ankernden amerikanischen Flugzeugträgers. Landgang uniformierter Arroganz. Der US Goldhamster spreizt sich wie ein radschlagender Pfau. Rücksichtslos schiebend, stoßend und herrisch befehlend bahnen ihm schmucke Marines den Weg. Ich taumele und suche Schutz an der Wand eines altehrwürdigen Gotteshauses. Unser kroatischer Stadtführer schimpft: „Als wir sie dringend benötigten, kamen sie nicht. Jetzt aber, wo sie keiner mehr haben will, sitzen sie uns wie Läuse im Pelz."

Im Ernst. Ich habe mir die erste Begegnung mit den für uns neuen Verbündeten ganz anders vorgestellt. Anscheinend haben die Deutschen kein allzu glückliches Händchen bei der Wahl ihrer Freunde.

Kriminalistischer Scharfsinn

Moin, grüßt der maulfaule Ostfriese. Laut Statistik sollen achtundneunzig Prozent der Einwohner Ostfrieslands so einsilbig grüßen. Wer Moin, Moin sagt, gilt schon als geschwätzig. Wörtlich übersetzt bedeutet Moin etwa so viel wie Hallo, Ahoi oder Tachchen. Ein simpler Allerweltsgruß, mehr nicht.

„Da will ich nicht hin", reagiere ich abweisend auf den Wunsch meiner Allergikerin. „Gute Luft hin, gute Luft her. An der Nordsee soll es ausschließlich Fischköppe zu essen geben."

„Red' keinen Unsinn. Wir fahren. Basta!"

Zähneknirschend stimme ich der demokratischen Entscheidung zu. Nach der eindringlichen Bitte meiner molligen Krabbe freunde ich mich mit dem wortkargen und kühlen Reiseziel an. Noch vor dem Watt bin ich platt.

„Ostfriesland ist vollkommen platt wie Tante Minna", frotzele ich.

„Das flache Land hat durchaus seine Reize", kontert mein Nordlicht. „Nähert sich zum Beispiel ungeliebter Besuch, kann man sich Stunden vorher entscheiden, ob man zu Hause ist oder nicht."

„Und sauber ist Friesland, eine einzige Reinlichkeitsorgie", spotte ich weiter. „Die Gegend sieht so geleckt aus wie meine Schule nach der jährlichen Grundreinigung."

Die kurz geschorene sattgrüne Grasnarbe erinnert an den perfekten Flor Persischer Teppichkunst. Es geht das Gerücht, dass Friesenkinder den Umgang mit dem Rasenmäher eher erlernen als das Laufen. Selbst der in der trockenen Cottbuser Luft massenhaft enthaltene Feinstaub liegt hier durch häufige Regengüsse gebannt am Boden und wird über zahlreiche Siele in die Nordsee entsorgt. Das Meer ist groß. Besser saubere Luft als reines Wasser.

Schmucke flache Eigenheime ducken sich in den brausigen Wind. Eine Sinfonie in Backstein. Im Land der Friesen scheinen sogar die Pferde Gewissensbisse zu haben, auf die Straße zu äppeln.

„Ja, bei den Friesen ist alles akkurat an seinem Fleck. Gleich wenn wir wieder zu Hause sind, räumst du dein Arbeitszimmer auf." Nicht nur die Wege des Herrn, auch die Gedanken einer Frau sind unerforschlich.

Weit übler als in meinem Refugium sieht es in einer holländischen Straußenfarm aus. Ein überaus unappetitliches Vergnügen. Wohin man tritt, überall (M)Ostrich. Noch *pampiger* als der Züchter kommt uns nur der Ebbemodder. Nee, Watt is der schmuddelig!

Für ein anderes Problem haben die Ostfriesen eine saubere Lösung gefunden: Windräder! Nach dem Flug in die Rotorblätter reagieren die Vögel allerdings häufig kopflos. Deshalb nennt der Volksmund den windigen Fortschritt *Lerchenschredder*. Ein zugeknöpfter Ostfriese öffnet sich. „Sag, Onkel Hein, erwischt es nur Lerchen, oder auch andere Piepmätze?"

„Klar doch, klar, auch Amsel, Drossel, Fink und Star."

„Und Schneegänse?"

„Auch Gänse. Was du willst. Ritsch, ratsch. Nichts dagegen zu sagen. Was wahr ist, ist wahr. Wirft für die Landbesitzer aber etliche Eurochen ab. – Ja, ja, sie entwickelt sich, die moderne umweltfreundliche Stromerzeugung."

Petrus zürnt dem Spötter und öffnet seine Himmelsschleusen. Armin, der Kraftfahrer, schaltet die Scheibenwischer auf ICE-Geschwindigkeit. Wegen überfluteter Fahrbahn und mieser Sicht kommen wir nur im Schneckentempo voran.

In Bensersiel, unserem Urlaubsort, zürnt der Wettermacher nicht mehr. Dafür weinen wir Ströme bitterer Tränen. Es kommt, wie es kommen muss: Das übelste, mieseste, dunkelste, kleinste Hotelzimmer für uns. Die Aussicht ist ebenfalls besch… bescheiden schön: Hinterhof mit Anlieferungsrampe einer Einkaufspassage für Dinge, die die Welt nicht braucht. Was in unseren Ohren rauscht, sind leistungsstarke Kühlaggregate. Vis-à-vis blättert die verwitterte Rückfront des zum Verkauf stehenden Restaurants *Fischerstübchen* vor sich hin. Darin fischt allenfalls noch jemand im Trüben. Im Vergleich dazu ist die Nordsee bei Ebbe eine traumhafte Südseekulisse.

„Ein Fluch", heule ich vor Wut wie ein in die arme Lausitz eingewanderter hungriger Wolf. Tatsache. Entweder rattert neben unserer Unterkunft ein Fahrstuhl, oder der Schwamm kriecht an den Wänden hoch. Mal zirpt die Klimaanlage die ganze Nacht wie eine Grille, mal riecht es penetrant nach Frittenfett. Von stampfenden Umwälzpumpen, Abfallschächten und kreischenden Straßenbahnen einmal ganz abgesehen. Wasser, Berge und Täler, Sonne, Mond und Sterne, egal wohin wir reisen – Fehlanzeige! Alle anderen haben helle, freundliche Zimmer mit Seeblick, im Ohr das Rauschen des Meeres. Verdammt und zugenäht!

Gela ringt die Hände: „Warum haben wir bei der Raumvergabe stets und ständig Pech?"

Ich zucke die Schultern. „Keine Ahnung. Liegt sicher an mir. Antialkoholiker und Seniorenportionesser sind für jeden Hotelier bestimmt ein rotes Tuch. Für solche Typen ist das Schlechteste gerade gut genug."

Unglaublich. Was selten passiert, geschieht. Meine Frau stimmt mir zu. „So wird es sein, du bist für jeden Geschäftsmann eine Provokation. Wegen deines ständigen Lamentos getraue ich mich nicht einmal, Trinkgeld zu geben."

Das umfängliche Reiseprogramm lässt eine tiefgreifende Erörterung der Schuldfrage nicht zu. Weil wir nur zum Schlafen im Zimmer weilen, nachts sind bekanntlich alle Katzen grau, gerät das leidige Problem kurzzeitig in Vergessenheit. Außerdem sind wir voll durch Sprachübungen in Anspruch genommen. Unsere Zungen krümmen sich wie Wattwürmer bei der Aussprache von Neuharlingersiel, Greetsiel, Dornumersiel und Waddewardens. Durch eine rhetorische Unachtsamkeit verwechseln wir einen Damm mit einem Deich, was einen Umweg von schlappen zehn Kilometern bedeutet.

Beim Marschieren orientieren wir uns am Straßenstrich – für das geliebte Boßelspiel. Ohne die Markierung wären wir im Schlick des Wattenmeeres verschollen. Die Wolken hängen derart tief, dass sie auf dem Asphalt schleifen. Man sieht die Hand vor Augen nicht. Aneinander geklammert wie Ertrinkende, stemmen wir uns gegen die entfesselten Naturgewalten, die aus heiterem Himmel über uns hereinbrechen. Der Sturm heult und pfeift uns das Lied vom Tod. Ich zittere wie Espenlaub. Nass wie Scheuerlappen tappen wir Schritt für Schritt ins Ungewisse. Aus den Schuhen schwappt das Wasser. Als sich der Vorhang endlich hebt und die Kirchturmspitze von Esens in Sicht kommt, nenne ich im Überschwang der Gefühle meinen zerzausten Sturmvogel liebevoll Boßel. Wider Erwarten reagiert das Vögelchen gereizt. Woher soll ich wissen, dass Boßel Kugel heißt.

Nach dem Inferno beiße ich in Esens, der Ort wurde vor knapp 500 Jahren von Ritter Balthasar gegründet, zu allem Unglück auf Eisen. Oder war es der *frische* Bäckerkuchen? Während er bohrt und hakelt, fühle ich dem Dentisten auf den Weisheitszahn. Ich quetsche ihn aus wie eine sizilianische Zitrone und erfahre beiläufig, dass unser Hotel den Namen *Vier Jahreszeiten* völlig zu Unrecht trägt. In Ostfriesland gibt es weder Frühling, Sommer, Herbst noch Winter. Hier heißt die Zeitrechnung *vor* und *nach* dem Schützenfest. Zu Knall und Bumm haben die Kinder schulfrei, ob der Kultusminister zustimmt oder nicht. Arbeiten gehen höchstens die Leuchtturmwärter.

Zu dem jährlichen Großereignis Schützenfest wird die ganze Familie neu eingekleidet. „Wenn das so ist", sagt meine Schaufensterpuppe, wobei sie hintersinnig grinst, „ist bei mir das ganze Jahr Schützenfest! – Nebenbei bemerkt. Ich könnte mal wieder neue Schuhe gebrauchen. – Hörst du mir zu?"

Tags darauf kündigt der Reiseleiter Kurzweil auf der Fehnroute an. Ein älterer Herr, die Verwandtschaft nennt ihn liebevoll Opa Karl, spekuliert auf dürftig bekleidete Feen.

„Der verwechselt die Fehnroute mit einer Natterntour", flüstere ich meinem *Freudenmädchen* ins Ohr.

Oma Karl treibt ihrem Ollen die Flausen aus. „Was willst du alter Knochen denn mit junge Weiba? Wirscht ja nich mal mit mir eenich!"

Olle Karl denkt nicht daran, kleinbeizugeben. „Gut, dann fahr ich eben in 'n Puff nach Barcelona." – Schlüpfriges Gelächter im Bus.

Unsere Fehn sind Moore. Um weiteren Missverständnissen aus dem morastigen Weg zu gehen, beteiligen sich die Männer nicht an der Diskussion über fleißige Lieschen, fette Hennen und taufrische Erika in der Blumenhalle von Wiesmoor. Das starke Geschlecht hätte doch wieder nur den Kürzeren gezogen.

„Männern, die behaupten, sie seien der Herr im Hause, sollte man nicht über den Weg trauen. Die lügen bei jeder sich bietenden

Gelegenheiten", mischt sich eine flotte Lotte ein. Zustimmendes Nicken und beifälliges Gemurmel unter den Stützstrümpfen und ondulierten Grauköpfen.

Ein Gärtner erklärt uns Marsch und Geest. Die Marsch ist fette, dunkle Erde in unmittelbarer Küstennähe. Die Geest im Hinterland hingegen kann man mit Lausitzer Karnickelsand vergleichen. Unfruchtbar wie ein kastrierter Kater. Marschbauern hatten weit vor dem Massentourismus und der Windspargelei ein gutes Auskommen, die Geestbauern erst seitdem.

Gegen Ende der Führung rumpeln wir durch eine Baumschule. Menschenschulen würden mich ehrlich gesagt mehr interessieren. Welche Qualität erreichen ihre Produkte? Ist Blödelbarde Otto ihr Maßstab? Sein Lieblingslokal in Emden heißt *Klapsmühle*! Bisher habe ich nicht viel Gutes über das Bremer Schulsystem gehört. Eine Berufsschule steht direkt am *Doventor* und im Bremer Hafen betreiben leichte Mädchen Aufklärung neben einer Grundschule.

Was in der Bildung schief läuft, kompensieren die Friesen anscheinend mit straffer Erziehung. Zumindest die Sitten und Bräuche sind hart. Wer mit fünfundzwanzig Jahren nicht unter der Haube ist, bekommt eine Girlande an sein Haus gehängt. Bei Frauen ist sie mit leeren Zigarettenschachteln gespickt, bei Männern mit alten Socken. Ist jemand mit dreißig immer noch ledig, muss er Hand ans Rathaus legen. Die Männer als flotte Feger, die Frauen als Klinkenputzerinnen. Erlöst wird nur, wer einen barmherzigen Küsser findet.

Mein Zwischenruf verwirrt die örtliche Stadtführerin. „Warum sind an einigen Häusern Fähnchengirlanden angebracht. Wohnen hier Alkoholiker?"

Unter der rauen Lebensart litt schon Otto von Bismarck, der eiserne Kanzler. Er weigerte sich, trotz persönlicher Einladung, die Eröffnung des Ems-Jade-Kanals vorzunehmen. Es war unter seiner Würde, wegen einer *Kuhrinne* zu den Friesen zu reisen. Gut vorstellbar aber auch, dass er fürchtete, von Kaiser Wilhelm II. unauffällig in einem dunklen Kanal entsorgt zu werden.

Mir jedenfalls wird schwarz vor Augen, als ich von der Besucherplattform der Meyerwerft in Papenburg auf den überbordenden Luxus und Gigantismus zukünftiger Kreuzfahrer schaue. Schwindel und Ehrfurcht beschleichen mich in den heiligen Hallen, unter mir das Schiff AIDA Diva. Verschwenderischer Wahnsinn für menschlichen Müßiggang.

Firmensprecher Erwin berichtet stolz, in welch frappierend kurzer Zeit die Ozeanriesen fertiggestellt werden. „Arbeiten Sie hier nach der *Bassowmethode*?", will ich von ihm wissen. Ungläubiges Staunen, hilfloses Schulterzucken. Was, Wie, Wer?

Nachdem er den russischen Brocken verdaut hat, antwortet der Arbeitskittel wahrheitsgemäß: „Bei uns hat nur Bernhard Meyer das Sagen, mehr weiß ich nicht."

Die Informationstafeln sind beredter. Demnach kaufte Willm Rolf Meyer 1795 die *Thurmwerft* am Papenburger Hauptkanal für 815 holländische Gulden. Dafür bekommt man heute allenfalls einen schlaffen Seesack. Inzwischen befindet sich der moderne Werftnachfolger direkt an der Ems und bereits in sechster Generation in der Familie. Die nordische Fortpflanzungsfreude gebar eine erotische Eselsbrücke. Welcher Seemann liegt bei Nani im Bett? Auf diese Weise kann man sich Namen und Reihenfolge der Ostfriesischen Inseln Wangerooge, Spiekeroog, Langeoog, Baltrum, Norderney, Juist, Memmert und Borkum gut merken.

Nach Norderney lotst uns Reiseleiter Wolfgang auch. Treffpunkt Norddeich im Wattenmeer. Frei übersetzt, Ort der Heuler. Von Eltern ausgesetzte, durch Touristen verschreckte und durch Schiffe verletzte Robbenjunge werden in der Aufzuchtstation von Norddeich wieder auf das Leben in der unfreien Natur aufgepäppelt. Die Jagdbomber des Geschwaders Richthofen, untergebracht in den Auricher Blücherkasernen, sollen an der Familientrennung ein gerüttelt Maß Schuld tragen.

„Punkt zehn Uhr müssen wir uns zu den Heulern gesellen", drängt *Wolfi* auf Eile. „Da ist Fütterung."

„Um diese Zeit bin ich aber noch gar nicht hungrig", maule ich. „Und obendrein ekele ich mich vor Sushi."

Bei der Einfahrt in den Hafen von Norderney heult bis auf die Schiffssirene niemand. Im Gegenteil. Ich kann mich vor Freude kaum fassen. Hier hat der Sozialismus gesiegt. Schuld an der emotionalen Entgleisung sind die mehrgeschossigen Bettenburgen in Plattenbauoptik. Ungewohnt nur, dass sie nicht auf Mangel, sondern auf Überfluss zurückgehen sollen. Vermutlich möchte man alle, die reif für die Insel sind, auf dem Eiland unterbringen. Alle auf einmal! Money, Money, Money...

Es gibt aber auch nichtbetonierte Flecken. Zum Beispiel die Kaninchenhöhlen an der Westküste. Womöglich verkriechen sich die scheuen Tiere darin vor den Fischbrötchen. Die kann man auf Rügen eindeutig besser und preisgünstiger. Erstaunlich auch, wie viele Autos auf eine so kleine Insel passen. Leukoplastbomber aus den Bremer Borgwardwerken sucht man allerdings vergeblich. Nicht verwunderlich, ging die Autoindustrie in Bremen doch schon 1961 zugrunde. Die harten Hunde, die sich in den Lloyd-Alexander wagten, sind en passant ausgestorben. Nur wer den Tod nicht scheut, fährt Lloyd!, hieß es. Inzwischen strahlt der Stern von Stuttgart über der Hansestadt.

Zur Zeit unseres Aufenthalts in Bremen herrscht Trauer. Vor dem repräsentativen Rathaus hängt die Fahne auf halbmast. Der SV Werder hat gegen Schalke 04 verloren. Ob man die Berufsgruppe der Reeper, der Seilschläger, verboten hat, weil man die Selbstmordrate nach verlorenen Fußballspielen senken will?

Am Leben bleiben möchte unsere Stadtführerin. Als wir über eine hölzerne Wackelbrücke fahren, fleht sie den Klabautermann an. Sie würde zwar gerne schwimmen, aber nicht unbedingt in einem Bus.

Der Urlaub vergeht, und ich bin der dubiosen Zimmervergabepraxis keinen Zentimeter näher gekommen. Gesehen und gehört habe ich viel, geklärt ist nichts.

Unsere Tischnachbarn verstehen, warum ich den Kanal voll habe. Die Zimmer tauschen aber wollen sie nicht. Böckers, mit langem ö und kurzem k, sprechen fließend Börde-Platt, wohnen inzwischen aber am Oder-Kanal in Fürstenberg. Sie haben schon einige Überschwemmungskatastrophen kommen und gehen sehen. Das erklärt einiges. Vornehmlich ihren umwerfenden Humor.

Besonders Ingrid, die Ulknudel mit den listigen Äuglein, reißt uns mit Witz und Charme beständig aus trüber Stimmung, die dicht unter der Schlechtwetterfront hängt, gespickt mit Regen,

Sturm und Nebel. „Besser *Küstennebel* als gar nichts zu trinken", meint Willem, ihr Mann, und prostet uns zu. Ich ertränke meinen Kummer in einem *lecker Koppke* Ostfriesentee.

„In unserm Dorf gab es mal einen poetischen Traktoristen", erzählt *Frau Schlau*, wie sich Ingrid privatim nennt. „Treckerfahrer Wilhelm musste, wie in der DDR üblich, ein Bordbuch führen. Als Begründung für einen Arbeitsausfall schrieb er: Dichter Nebel, schlechte Sicht, Wilhelm fand die Furche nicht. Drei Stunden Wartezeit!"

Auch mit Blitz und Donner wusste uns Ingrid gut zu unterhalten. Ihre Großeltern waren sehr abergläubische Leute. Bei Gewitter zu essen, galt Großmutter Alwine als Todsünde. Mahnend führte sie folgenden Spruch stets und ständig im zahnlosen Mund:

Den Schläfer lass schlafen
Den Beter lass beten
Den Fresser schlagts tot!

Während Alwine zu Hause wirkte, sie strickte unentwegt Strümpfe, ackerte ihr Mann unter freiem Himmel. Sah er bedrohliche Wolken heraufziehen, eilte er vom Feld nach Hause und warnte seine Alte. „Alwine schmitt die Strimpe wech!" Metallene Stricknadeln in der Hand sollten seiner Auffassung nach den Blitz anziehen.

Vor Schreck lasse ich das Solinger Besteck fallen. Es kracht und rumpelt. Draußen wütet ein schweres Unwetter. Einem Ostfriesennerz fliegt der Regenschirm weg. Nicht lustig, aber zum Brüllen. Mitten hinein in das Tohuwabohu die erste seriöse Frage: „Haben Sie Kinder?"

„Aber ja. Eine Tochter und einen Enkel. Erst vor wenigen Tagen wurde Tony eingeschult."

„Dann ist er ja ein kleiner ABC-Schütze", sagen Böckers mit langem ö und kurzem k wie aus einem Mund.

Wie von der Tarantel gestochen springe ich auf. Nur mit Mühe kann meine Frau die Tischdecke fixieren. Dass ich daran nicht gedacht habe. Unser Nachname ist schuld an der Zimmermisere. Alphabetisch gesehen.

„Versteht ihr? Die besten Unterkünfte erhalten die Familien, deren Familienname mit A, B oder C anfängt."

„Das ist ja grässlich", jammert Geli, „da kommen wir ja nie in den Genuss einer schönen Aussicht. Weder in Frankreich, Spanien, Polen, Luxemburg noch in Thüringen oder im Neißetal. Bleiben wir zukünftig eben zu Hause."

„Von wegen", widerspreche ich entschlossen. „Wir reisen weiter in die weite, weite Welt hinaus. Mit zukünftig besten Aussichten."

„Und wie willst du das anstellen?"

„Ich lege mir einen Künstlernamen zu: Albert Aal!"

Bärenhatz

Unsere Tochter stimmt uneingeschränkt zu und so unternehmen wir Mitte April des Enkels erste mutterlose Reise. Oma, Tony und Opa, der Autofahrer. Bei kühlem, regnerischem Wetter, der Frühling lässt auf sich warten, kommen wir zügig voran, sodass im Meisdorfer Hasental die zu unserem Empfang gekochten Spaghetti nicht einmal aufgewärmt werden müssen. Zu Mittag essen wir bei Maike und Manfred Neubert, unseren langjährigen Familienfreunden. Unsere Kinder Conny und Thomas verbindet das gemeinsame Spiel im Sandkasten, Manfred und mich der Beruf. Unter Kumpels nenne ich das Neubchen Oberhaupt *Mampfi*. Warum? Weil er gerne mampft? Möglich, aber nicht sehr wahrscheinlich. Denn viel lieber als essen kocht der Gute. Gegen Mampfi sind alle Fernsehköche armselige Kaltmamsells. Immer aufs Neue drängen wir ihn, sich in der Öffentlichkeit zu präsentieren. Aber da beißt man auf Granit.

Gegenüber der ausgedehnten Kampwiese, unser Fußballfeld, direkt an der verkehrsberuhigten Straße nach Ermsleben, hat Quartiermeister Neubchen eine Finnhütte für uns angemietet. Das kümmerliche Gepäck ist schnell ausgeladen. Meine Allergische sieht sich missmutig um im Quartier und wittert Schimmelpilze.

„Pilze gibt es in dieser waldreichen Gegend garantiert viele", lenke ich ab und empfehle einen Erkundungsgang entlang der Selke. Meine lahmen Autofahrerbeine gieren nach Bewegung.

Am Schloss Meisdorf, von Achatz Ferdinand von der Asseburg 1762 erbaut, momentan eine elegante internationale Hotelanlage, stellen wir unseren Japaner *illegal* auf dem Parkplatz ab.

„Das soll eine Burg sein?" Tony ist enttäuscht und fordert mit Fistelstimme Ersatz für die Burgenpleite. Eine Rittergeschichte.

Wie magnetisiert fällt mein Blick auf einen bronzenen Rehbock, den ich kurzerhand in den Geschichtenheld *Hirsch Heinrich* verwandle. Mein Enkel stolpert über den scheinbaren Widerspruch: Heinrich der Löwe und ein Hirsch gleichen Namens? Wortreich zerstreue ich des Jungen Bedenken gegen das tierische Verwirrspiel.

Am einsturzgefährdeten Mausoleum derer von der Asseburg-Falkenstein, in Form einer gotischen Kapelle aus Nebraer Sandstein errichtet, verliert Tony die beiden Heinriche vorübergehend aus den Augen. Von einer leicht bemoosten Infotafel lese ich laut vor:

„Beigesetzt im 1834 erbauten ‚Neuen Gewölbe' wurden Ludwig I. (1796–1869) und zuletzt Oda Mechthildis Anna Adelheid (1888–1928). Insgesamt fanden dreizehn adlige Personen hier ihre letzte Ruhe."

Wäre mir die gerade erschienene Meisdorfer Chronik schon zur Hand gewesen, ich erhalte sie beim Abendbrot als Geschenk von unserer Freundschaft, hätte ich mir den Ruhebegriff erspart. Nein, ihren Frieden fanden die Asseburger in Meisdorfer Erde nicht. Grabschänder plünderten wiederholt das Alte und das Neue Gewölbe. Ersteres sprengte man 1975, Letzteres gab man nach Einäscherung der geschändeten sterblichen Überreste 1984 dem Verfall preis.

Respektvoll nähert sich unser Dreikäsehoch dem vergitterten Portal. Aus dem schwarzen Loch riecht es muffig, das Kind weicht vor der Unheimlichkeit einige Schritte zurück. Das Selkewasser fließt lautlos dahin, leichter Nieselregen setzt ein. Ein Schreckensruf vertreibt uns mit Hechtsprung von diesem unwirtlichen Ort: „Schimmelpilze!"

Wie auf Bestellung muss mein armes Weib niesen. Eins, zwei, viele Male. Um das Häufchen Unglück etwas aufzuheitern, schlage ich ein gemeinsames Spiel vor. „Lasst uns die sieben Schwaben sein!"

Tony ist begeistert, seine Omi rümpft ob meiner Kinderei nur ihre schnupfige Nase. Wegen akuten Personalmangels einigen wir uns auf eine Zweierbesetzung. Mit einem langen Ast, krumm und morsch, jagen wir nun pausenlos hinter Bäumen versteckte zwielichtige Gestalten. Auf sie mit Gebrüll! Wir agieren treffsicher wie die Meisdorfer Schützengilde, bereits 1596 erstmals urkundlich erwähnt. Kaiser Wilhelm I. und II. führten ehrenhalber den Titel eines Schützenkönigs. Eine Ehre? Für wen?

Einen von Achatz Ferdinand von der Asseburg für die Gilde gestifteten Edelmetallvogel versilberte eine diebische Meisdorfer

Elster. Bewaffnete, Diebe und Grabräuber – Hilfe, wo sind wir hingeraten?

Unser martialisches Geschrei hallt durch den erst zart begrünten Wald. Ein Eichelhäherpärchen, Eichelhäher sind Familienmenschen, flattert verstimmt krächzend davon.

In unserer Fantasie verwandeln sich die von uns aufgescheuchten Kreaturen in böse Gefolgsleute von Heinrich dem Löwen. Wir hingegen schlüpfen in die Rolle tapferer Bärenritter.

„Stimmt's Opa, wir sind die Guten?"

„Klar doch, mein Junge."

„Und wie kommen die sieben Schwaben in Albrechts Heer?", nörgelt Tonys Oma. „Kannst du Spinner mir das mal erklären?" Ihr ausgeprägter Realitätssinn kann uns nichts anhaben. Wir hauen und stechen weiter, bergauf und bergab.

„Der hat alles genommen, sogar Schwaben", kontere ich die Attacke auf den Historiker mit einem platzierten Seitenhieb. Die Vorfahren meiner Gemahlin stammen aus dem sparsamen Land.

Nachdem das mittelalterliche Selketal von Hexen, Unholden und Heinrich-Rittern dank unseres unerschrockenen Einsatzes befreit ist, verlegen wir uns auf ein friedlicheres Spiel. Wir *forsten* den Harz auf. Unzählige Stöcke vom Wegesrand werden zu diesem Zweck in den felsigen Boden gerammt. Entgegen aller botanischen Weisheit sind wir fest überzeugt, dass die abgestorbenen Knüppel mit ein bisschen gutem Willen übers Jahr erneut ausschlagen. Es werden noch ganz andere Wunder gepriesen. Wir jedenfalls sehen die zukünftigen Baumriesen frohgemut in den Himmel wachsen.

Es beginnt zu dämmern. Wir müssen uns sputen. Neubchens warten mit dem Abendbrot. Die Bischof-Mühle verleitet zu einem kleinen Abstecher. Bei der imposanten Anlage handelt es sich um die letzte intakte von einst dreißig Wassermühlen im Kreis Aschersleben. Die ursprünglich mit einem Mahl- und Ölgang versehene Produktionsstätte erreicht man über ein altes gebrechliches Brückchen. Ihre Tonnage ist begrenzt. Meine Frau schmollt, als ich Einzelüberquerung anmahne. Wer weiß, ob man der angegebenen Tragfähigkeit trauen kann!

Das Anwesen riecht nach frischem Mehl und Geheimnissen, verborgen unter hohen Bäumen und hinter hölzernen Wehren.

Die mindestens seit 1512 im Besitz der Familie Banse befindliche Wassermühle kann auf eine bewegte Geschichte verweisen. Von den Kroaten Tillys ausgeplündert, den Endischen Reitern von Aschersleben gebrandschatzt, von Friedrich II. begünstigt, von Kaiser Wilhelm I. und der Inflation in den Ruin getrieben, 1932 von Friedrich Bischof erworben und wiederbelebt, im Sozialismus bescheiden erblüht, nach der Wende modernisiert, laufen die *Räder* seit 1998 wieder rund. Auf das in der Wassermühle hergestellte Roggen- und Weizenmehl schwören inzwischen nicht nur Eingeweihte. Es schmeckt einfach besser als das aus der Kaufhalle.

Aus dem Eingang tritt ein bemehlter Zeitgenosse. Wir grüßen den Mühlenbesitzer Martin Bischof. Ein freundliches Wort gibt das andere. Leicht ist es sicher nicht, das Mühlenleben in Gang zu halten. Ich schaue auf die Uhr, das Sandmännchen ist längst zu Bett gegangen.

Maike steht vor der Tür. Wir werden ungeduldig erwartet. Der Meisterkoch möchte seine Kreationen heiß servieren. Ihr Sohn, Zappelphilipp Thomas, rutscht aufgeregt auf seinem Stuhl hin und her. Seine Freundin Nicole hat am nächsten Tag in der Universitätsklinik Magdeburg ihre letzte *Fraudoktorprüfung*. Unser Enkel lässt sich anstecken. Erst nach Inanspruchnahme der Dienste des Freiherrn Adolf von Knigge kehrt wieder Zucht und Ordnung ein. Die Nachfahren des berühmten Vorfahren wohnen gleich um die Ecke in Endorf. Sie erhielten Gut und Herrschaftshaus, beides von der Familie nach dem 30-jährigen Krieg erworben, nach dem Zusammenbruch der DDR zurück. Kleinstaaterei und Adel auf dem Vormarsch.

Im Dunkeln ist gut munkeln, nicht aber in unserer romantischen Finnhütte. Die Betten sind kalt, feucht und riechen dumpfig. Wir sind die ersten Gäste nach einer langen, sehr langen Winterpause. Der Trockenheit und Wärme versprechende Nachtspeicherofen wird erst am Morgen aktiv. Zum Glück funktioniert der Staubsauger. Beim Verschlucken Hunderter toter und lebender Florfliegen, besser als Eintagsfliegen bekannt, die unsere Schlafstätten bevölkern, heult der Motor vor Wut auf. Funktionslos hingegen bleibt der Warmwasseraufbereiter. Nun kreischt meine Frau, wobei sie allerhand Staub aufwirbelt.

„Wecke den Jungen nicht", rede ich beruhigend auf sie ein. Die *Gespensterscheiße* beruhigt sich deutlich schneller und setzt sich dick und bequem erneut auf Möbel und Teppiche.

Die Spinne im Lichtkegel meiner Taschenlampe ist trotz ihres Kreuzes nicht in kriegerischer Absicht unterwegs. Sie hockt friedlich in ihrem Netz über meinem Kopf. Dafür verfährt die Nacht äußerst blutrünstig mit mir. Abscheuliche Traumgestalten vergällen mir den Schlaf. Ekelhaftes Krabbeln, Kriechen, Beißen und Knarren. Letzteres stammt von der Hühnerleiter, die meine Frau pausenlos besteigt. Auf und ab.

Am Morgen allgemeines Erschrecken. Was hat die Nacht im Antlitz meiner Schönheitskönigin angerichtet? Welch verheerende Spuren in meinem Gesicht! Tony ist glimpflich davongekommen. Jugend kennt keine Falten. Im Gegensatz zu uns ist er hell begeistert. Noch nie habe er in einer Finnhütte gewohnt, noch nie besser geschlafen. „Die Bude ist echt geil, Opa!" Mit Verschwörermiene und theatralischer Gestik flehe ich meine Holde an, dem Jungen ja nicht seine Illusion zu zerstören. „Kein Sterbenswörtchen, hörst du!"

Tonys Enthusiasmus schwillt zu einer Orgie an, als wir uns mit einer Katzenwäsche begnügen. Das Wasser taugt wahrlich nur für Eisbader. „Wenn wir ganz lieb sind, können wir unsere hygienischen Bedürfnisse vielleicht unter der Hasental Dusche befriedigen", sage ich leichthin. Gleich darauf ärgere ich mich über die von mir eingeforderte Bedingung. Warum sollte ein Kind lieb sein, wo nur eine ungeliebte Belohnung winkt?

Das Wetter bessert sich, unsere Stimmung auch. Der erste wärmende Sonnenschein in diesem frostklaren Frühjahr? Auf unserem Ausflugsprogramm, oder besser Schlachtplan, steht heute der Großraum Ballenstedt an der Straße der Romanik.

Zunächst locken uns die nördlich der Kleinstadt aufragenden bizarren Gegensteine. Über einen anmutig geschwungenen Pfad passieren wir auf sanftem Höhenkamm den Kleinen Gegenstein, in dessen Südhang ein junges Bergsteigerpärchen rege ist. Wir wünschen freundlich Hals- und Beinbruch. Die kleine Seilschaft grüßt heiter zurück. Damit sich unser Stöpsel nicht die Ohren bricht, bleibe ich auf Tuchfühlung zu ihm. Dabei wird mir warm. Ausgelassen wie ein Füllen galoppiert Tony ins Tal. Bergan springt er hurtig wie ein Böckchen. Treibt ihn kindlicher Übermut, will er Opas Kondition prüfen oder weicht er nur den gefährlichen und überall verstreuten Glasscherben aus, Hinterlassenschaft von modernen Vandalen in einem ausgewiesenen Naturschutzgebiet?

Mitten im Großen Gegenstein, einem beachtlichen Felsmassiv auf grüner Wiese, Bestandteil der großen Teufelsmauer, entdecken wir eine in Stein gehauene Treppe. Am mutigsten und völlig schwindelfrei ist Oma, die schicken wir zur Erkundung himmelwärts. Unter einem großen Kreuz, 1863 errichtet zu Ehren des Herzogs Alexander Carl von Anhalt-Bernburg, kommt sie zum Stehen. Ihre Begeisterungsrufe über die schöne Aussicht beantworten wir mit rückwärtigem Knattern. Keine anrüchige Verdächtigung. Hinter uns befindet sich ein Schießstand. Wir genießen das Ballenstedter Panorama mit ehemaliger Parteischule, Schloss und Roseburg, der unser nächster Besuch gilt.

Die Roseburg liegt zwischen Ballenstedt und Rieder. Die historische Urform hieß Rodolvesburg. Die mittelalterliche Anlage diente vorrangig dem Schutz germanischer Stämme gegen eindringende Slawen. Übrig blieb in wechselvoller Geschichte ein mit Steinbrocken übersäter Hügel. Fasziniert von der turbulenten Vergangenheit erfüllte sich ab 1905 der berühmte Berliner Baumeister Bernhard Sehring einen Traum, die Errichtung der romantischen Roseburg.

Auf schmalem Pfad nähern wir uns im Gänsemarsch der schmucken Silhouette. Der zweite Dämpfer. Das Tor ist fest verrammelt. Besichtigung ja, aber erst am Nachmittag. Fragen aber sind schon jetzt erlaubt. Tony bombardiert mich mit Ritterfragen. „Gibt es in der Burg Kanonen, Geheimgänge und einen tiefen Brunnen?" Und: „Hat hier Albrecht der Bär gehaust?" Um mich nicht zu sehr in den Fallstricken der Unwahrheit zu verheddern, warum soll ich dem Kind sagen, dass die Burg kaum älter ist als die Sachsendorfer Neubauten im heimatlichen Cottbus, richte ich seinen Blick auf das Ballenstedter Schloss, unser in Reserve gehaltenes Ausweichquartier.

Beim Abstieg von der Roseburg erzähle ich, dass Baumeister Sehring auch das 1908 eröffnete Cottbuser Jugendstiltheater entworfen hat. „Im Theater war ich mit meiner Kindergartengruppe", zwitschert unser Sechsjähriger vergnügt. „Den kleinen Muck haben wir gesehen. Am meisten gefetzt hat der Sultan mit seinem dicken Bauch. Der hat beim Laufen richtig geschwabbelt." Die Erinnerung an den schnellfüßigen Muck und den lahmen Dickwanst zaubert ein fröhliches Lachen ins Kindergesicht.

„Ganz so lustig wird es auf dem Schloss Ballenstedt nicht", bereite ich meine beiden Urlauber auf die Visite der Nicolaikapelle mit der Grablege von Albrecht dem Bären vor. Eine weitere Enttäuschung kann ich mir nicht erlauben. Sofort ist Tony wieder hellhörig.

„Opa, erzählst du mir eine neue Rittergeschichte?" Wir haben alle Zeit der Welt, kein Termin drückt, kein Handy klingelt. Auf dem Weg zum erst teilweise sanierten Ballenstedter Schloss, seit 1765 war die barocke Dreiflügelanlage Residenz der Fürsten von Anhalt-Bernburg, erfahren Tony und Oma, dass Albrecht aus dem Geschlecht der Askanier stammt, in Ballenstedt seine Wiege stand, er ein treuer Kampfgefährte von Kaiser Rotbart war und Seite an Seite mit Barbarossa in Italien focht, wahrscheinlich dessen Schwester Sophie heiratete und nach der Niederschlagung des slawischen Widerstandes Markgraf von Brandenburg wurde.

1157 eroberte Albrecht der Bär die Slawenburg Brennabor. Deshalb gilt dieses Datum als Geburtsstunde von Stadt und Land Brandenburg, was im Jahre 2007 groß gefeiert werden soll. Wenn in der Stadtkasse noch ein Talerchen klimpert! Dass Albrecht eine Mitschuld an der Namensgebung unserer so fürchterlich geliebten Hauptstadt Berlin trägt, ist ein übles Märchen.

„Albrecht war ein kühner Recke, ein schöner Mensch, ein Ritter mit herrlichen Gaben an Verstand und Körperkraft, so jedenfalls will es die Legende." Meine Frau blickt mich bei der Aufzählung männlicher Tugenden mitleidig an. Tony unterbricht das tonlose und mir unerträglich abschätzige Mustern.

„Stimmt's, Opa, mein Papa ist auch stark?" Ich nicke.

„Der ist stärker als du."

„Da gehört ja wohl nicht viel dazu", murmelt meine Gattin und freut sich diebisch über mein empörtes Gesicht.

„Du liegst völlig richtig, mein Junge, Opa hat seine knackige Zukunft bereits hinter sich."

„Schon mal gewusst, Opa, in Aschersleben ist meine Mama geboren?"

„Du weißt ja gut Bescheid in unserer Familie, alle Achtung." Achtung sagt auch die besorgte Museumsführerin. Achtung Stufe. Wir schließen unsere Jacken und schlagen die Kragen hoch, es ist empfindlich kühl in dem alten Gemäuer. Kein Wunder, liegt Ballenstedt doch am Nordrand des Harzes.

Unsere museale Dame ist nicht nur besorgt, sondern auch belesen. Indem ich Wissenswertes notiere, ist Tony pausenlos auf der Suche nach Ritterherrlichkeiten. Völlig neu ist mir die Tatsache, dass es sich bei der von unbekannter Meisterhand geschaffenen berühmten Stifterfigur der schönen Uta von Naumburg um die Schwester des Grafen Esico von Ballenstedt und die Frau des Markgrafen Ekkehard gehandelt hat. Welcher Tat das edle Fräulein die Ehre, im Dom St. Peter und Paul zu stehen, verdankt, konnte ich nicht in Erfahrung bringen. Bewiesen scheint damit jedoch, dass das Grafengeschlecht der Askanier, abgeleitet aus dem Stadtnamen Aschersleben, im hohen Mittelalter zu den mächtigsten Dynastien Mittel- und Ostdeutschlands zählte. Die Askanier sind übrigens auch die Ahnherren der anhaltinischen Fürstenhäuser, deren Wiege das 1043 auf dem Ballenstedter Schlossberg gegründete Kollegiatsstift, später in das Benediktinerkloster St. Pankratius und Abundus umgewandelt, sein soll.

„Warum hat man Albrecht eingesperrt?", will unser *großer* Junge wissen. Das Grab des Bären befindet sich tatsächlich hinter Gittern.

„Damit der große Held ruhig schlafen kann." Ursprünglich wollte ich schnoddrig antworten: Damit man ihm nich dauernd off'n Kopp rumtrampelt. Aber der Junge soll ja Hochdeutsch lernen, sprachliche Defizite überlasse ich Kindergarten und Schule.

Wieder auf dem Schlosshof, wärmt uns die Sonne. Ihre Strahlen brechen sich an der gelben Fassade eines bisher unsanierten Seitenflügels. Die Fördermittel sind ausgegangen. In unserer Urlaubskasse herrscht noch keine Ebbe, wir können uns eine Beköstigung im Restaurant *Stadt Bernburg* leisten. Die noble Herberge liegt direkt an der Allee, die als gerade und sacht abfallende Sichtachse Residenz und Stadt verbindet. Ich tippe auf Magnolienbäume, die prallen Knospen scheinen jeden Moment aufspringen zu wollen.

Zuvor werfen wir aber noch einen hastigen Blick ins Schlosstheater. Gebannt schaue ich auf die nur schwach erleuchtete Bühne und stelle mir vor, die Scheinwerfer gingen an und der Vorhang hebt sich. Das zahlreiche Publikum klatscht begeistert. Applaus, Applaus. Ins Rampenlicht tritt *Tante Ruth*, die zweite Frau meines Schauspielervaters. Erwiesenermaßen trat die einst in Aschersleben engagierte Künstlerin Ende der vierziger Jahre hier auf. Sie spielte in einem banalen Lustspiel Seite an Seite mit Hans-Joachim Preil, der in Ballenstedt seine Gage bezog. Zeitchen drauf bildete der Humorist mit Rolf Herricht ein kongeniales Zwerchfell strapazierendes Sketchduo.

Über den Service des Etablissements *Stadt Bernburg* schweigt des Sängers Höflichkeit. Ein Minnelied würde es nicht werden. Die übergebührliche Wartezeit treibt mir Müdigkeit in die Augen. Tony hält sich krampfhaft wach. Mittagsschlaf ist eines Fastschulkindes unwürdig. Endlich satt, aber schläfrig zur Roseburg zurück.

In der Toreinfahrt auf dürrem Tischchen anstatt eines Fördertopfes nur ein Almosenteller. Von einer dazugehörigen Menschenseele keine Spur. „Uns gehört das Schloss, uns ganz allein", trällere ich vergnügt und lasse ein paar Münzen klimpern. Aber schon nach wenigen Schritten erstirbt mir der Gesang auf den Lippen. Gebäude und Parkanlage wirken ungepflegt und marode. Überall bröckelt der Putz. Die Gelder des Kulturbundes der DDR sind versiegt, der Strom werktätiger Urlauber verebbt. Mit mildtätigen Spenden allein wird die Sehringsche Hinterlassenschaft kaum zu retten sein.

Zurück in der Lausitz, telefoniere ich mit Hans-Hermann Krönert, dem befreundeten Redakteur des Cottbuser Heimatkalenders. Er sammelt Material für ein Heimatlexikon. „Weißt du, dass die Harzer Roseburg von Sehring stammt?"

„Aber ja, ich fahre in den nächsten Tagen zur Kur in den Harz und da will ich die Roseburg unbedingt besuchen."

„Hoffentlich ist sie bis dahin nicht eingestürzt", unke ich.

„Wäre nicht ganz so tragisch, Gerd Rattei, unser Heimatkalenderfotograf, hat sie bis auf das letzte Stückchen Mauer dokumentiert."

Gefährliche Einsturzgedanken verfolgen mich auch bei unserer abenteuerlichen Suche nach Geheimgängen.

„Die sollen geheim sein?", mosert Tony, „die findet doch jedes kleine Kind." Das Licht der neuen Zeit dringt augenscheinlich durch unzählige Mauerritze und Säulenfluchten.

„Das hat auch sein Gutes", sage ich. „In großer Dunkelheit würden wir garantiert über den Schutt und Unrat stolpern." Trotz Einsturzgefahr, ein rot-weißes Band will uns den Zutritt verwehren, promenieren wir an untätigen und verrosteten Wasserspielen, an geköpften oder armlosen Putten und geborstenen schäbigen Säulen vorbei.

„Wenn alles schön grün ist, wird mancher Schandfleck verdeckt", tröstet Oma. Hinter den Zinnen des Aussichtsturms verborgen, halten wir Ausschau nach dem Frühling. Südlich von uns scheint er wirklich über die Baumwipfel zu lugen. Unweit der Burg präsentieren sich gut sichtbar die bekannten Sehenswürdigkeiten von Ballenstedt und die gravitätischen Gegensteine. An einer Voliere kehrt endgültig unsere heitere Stimmung zurück. Tony zwitschert mit den Singvögeln um die Wette. Ein versöhnlicher Abschied.

In guter Absicht schlage ich vor, den ausgefallenen Mittagsschlaf, wenn auch deutlich verspätet, nachzuholen. Verdonnert dazu wird Tony. Er protestiert. Nur unter einer Bedingung geht er ins Bett: Omi muss ihn auf dem Gang nach Canossa begleiten. „Abmarsch, keine Widerrede. Opa hält Wache."

Meine Untergebenen verschwinden über die knarrende Hühnerleiter ins Dachgeschoss. Ich richte mich auf dem verstaubten Sofa im Parterre gemütlich ein und beginne in der Meisdorfer Chronik zu lesen. Bis zum Datum 1184 komme ich, dem schriftlichen Existenznachweis von *Meyßtorp*. Keine zwei Minuten später höre ich Geräusche, zischelnde Schlangen. „Was ist da oben los", knurre ich zum Spitzboden hinauf. „Warum schlaft ihr nicht, wie euch befohlen?"

„Wer soll denn bei deinem Geschnarche schlafen", grummelt meine Seismografin.

Ein Blick auf die Uhr treibt mir Schamröte ins Gesicht. Von wegen zwei Minuten, fast zwei Stunden habe ich verpennt. Ein Wachposten, der seine Pflichten vernachlässigt. Unerhört. „Und warum seid ihr nicht heruntergekommen?"

Klägliche Antwort: „Wir haben uns nicht getraut." Respekt, Respekt.

Das Klopfen an der Eingangstür spricht von deutlich mehr Selbstbewusstsein. Unser Vermieter möchte wissen, ob wir uns gut eingelebt haben. Wohl, wohl, schon, schon. Ja, wäre da nicht – das klitzekleine Wasserproblem. – Kein warmes Wasser? Das gibt es doch gar nicht. Noch gestern floss es heiß und munter! Nun ja, gut möglich, doch gerade jetzt? Hat da vielleicht jemand dran gedreht? – Egal. Gleich morgen wird der Schaden behoben. Wann wäre es den Herrschaften denn angenehm?

Bevor warmes Wasser verplempert wird, weise ich erst einmal einen Erfrischungsspaziergang an. Er führt uns zum Forsthaus, etwas oberhalb von Meisdorf gelegen. Zu sozialistischen Zeiten war es ein *Klassenstandpunkt* für einheitsparteiliche Gäste des Rates des Bezirkes Halle. Als Türöffner diente die marxistisch-leninistische Weltanschauung. Echt und geheuchelt. Heute geht es ganz ohne ideelle Werte, man braucht nur Zaster.

Während Oma sich an der Pracht erblühender Buschwindröschen erfreut, fechte ich mit Tony manch blutigen Strauß aus. Ununterbrochen krachen unsere Stockschwerter gegeneinander. Sobald ich Tony zu sehr mit Ausfallschritten und Paraden bedränge, schreit er Zeter und Mordio. „Das ist unfair. Du haust so doll zu, ich kann die Schläge nicht parieren. Der Treffer gilt nicht, Opa. Das ist feige. Warum muss ausgerechnet ich Heinrich der Löwe sein? Ich will auch mal gewinnen!"

Rückt er mir hingegen mit Finten und Schwertstreichen auf den Leib, dann schallt sein Kreischen weithin durch das Tal. „Ich bin ein Held, ein freier Römer. Der Römer schlägt die lahme Ritterente."

Wochen danach bringe ich meine kleine Flöte zum Unterricht ins Cottbuser Konservatorium. Tony ist diesmal nicht ganz bei der Sache. Er kaspert herum. Soll ich intervenieren? Unerwartet reißt er das Instrument aus dem Mund und funktioniert es zu einem Schwert um. Ausfallschritt und Angriff gegen die erschrockene Musikpädagogin. Finte und Stoß in die Luft. Attacke und Parade wechseln in schneller Folge. Frau Klempa weicht zurück. Beim

Abschied wertet sie das ungebührliche und ungewohnte Verhalten ihres Schützlings. „So habe ich dich ja noch nie erlebt!" Tony reckt sich und plappert völlig unbefangen. „Ja, manchmal bin ich lustig." Übermannte ihn die Erinnerung an Albrecht und Heinrich?

„Schon mal gewusst, Opa, dass Julius Cäsar, der römische Kaiser, viel, viel stärker war als dein mickriger Bär Albrecht?"

„Was?", tue ich entrüstet, „Cäsar soll stärker gewesen sein als Albrecht? Niemals!"

Oma hält sich aus unserem Wortgefecht heraus. Ohne fachkundigen Beistand wird unser Schlingel unsicher. Er grübelt. Dann bricht es trotzig aus ihm heraus: „Aber Marc Antonius war der Allerstärkste, der hat die ägyptische Königin Cleopatra locker umgelegt."

Kennt Tony etwa die ganze Wahrheit? Um das heikle Thema nicht zu vertiefen, gebe ich gerne zu, mit meinem Latein am Ende, also ebenfalls unterlegen zu sein. Fluchtartig verschanze ich mich hinter einem dicken Baum und – muss schallend lachen.

Mitten in der Nacht erwache ich mit einem unangenehmen Druck im Unterleib. Ich müsste dringend ins Bad. Aber die knarrenden Treppenstufen werden deine beiden Lieblinge aufwecken, denke ich und zögere den Abstieg Minute für Minute hinaus. Als mir das Wasser buchstäblich bis zum Halse steht, rolle ich relativ geräuscharm aus dem Bett. Nichts rührt sich im Haus. Behutsam drücke ich die Klinke der Verbindungstür nieder, die unsere beiden schrägen Schlafräume trennt. Trotz des trüben Dämmerlichts erkenne ich, dass Tonys und Omis Nester leer sind. Ausgeflogen die Vögelchen. Sie amüsieren sich eine Treppe tiefer über das zerknautschte Äußere ihres verspäteten Frühaufstehers. Von wegen Mitternacht! Die Sonne ist bereits aufgegangen. Im Osten!

In den Frühstückskaffee hinein klopft es. Die Tür quietscht. Am Öl kann es nicht liegen. Die Scharniere sind trocken. Der Vermieter, einen Elektriker im Schlepptau, wünscht einen angenehmen Tag. Seinem Wunsch entsprechend verspachteln wir genüsslich Herrlichkeiten aus dem Selkemarkt. Ein Fleischer aus dem Kyffhäusergebirge – Warum nicht gleich aus Bayern? – liefert die frische Ware täglich an den Nordrand des Harzes.

Während wir kauen, fachsimpeln die beiden Handwerker über unsere versiegte warme Quelle. „Au", sagt der Hüttenwirt.

„Fein", antwortet der Elektriker, „Strom liegt an." Nach mehreren „Ei, ei, ei" ergeht im Namen des frühstückenden Volkes folgendes Urteil: Für Nachtspeicherofen und Therme ist der Leitungsquerschnitt zu gering. Ein Fall für den Staatsanwalt, nicht aber für einen Elektriker.

Der Hausherr droht der Installationsfirma mit einer Klage, die sich gewaschen hat. Die Drohung hätte er sich verkneifen sollen, denn nun fällt ihm meine notorische Rechtsverdreherin ins Wort. „Wie soll ich ohne warmes Wasser die von Honig triefenden Teller meiner beiden Krümelmonster abwaschen? Das Zeug klebt doch wie Bärendreck!"

Das ist das Stichwort für Tony, der auf dem Weg zur Burg Falkenstein Albrechts Spuren suchen will. Aber, gut Ding will Weile haben.

„Ein klitzekleines Momentchen Geduld", sagt der Hüttelier, „geschwind komme ich mit einem Klempner zurück." Sein Verdacht richtet sich übergreifend auch auf verstopfte Rohre und Siebe. Wenn Morgenstund' Gold im Mund haben kann, darf Sand auch Rohre verstopfen.

Die erste Wartestunde vergeht wie im Fluge. Wir spielen zum Zeitvertreib „Ich sehe was, was du nicht siehst". Und fürwahr, einer sieht dies nicht, der andere das. Alle aber sehen wir weder Klempner noch Hauswart. Allmählich werden wir unruhig und fürchten um entschwindende Urlaubsfreuden.

Der rettende Engel heißt Fleck und ist Klempnermeister aus Staßfurt, der nicht ganz zufällig in Meisdorf zugange ist. Die gebeutelte Baubranche erholt sich im Harz! Unser Vermieter hat den Herrn der Rohre, Flansche und Ringe vom Fleck weg engagiert. Der Meister schraubt, stochert und schüttelt bedenklich sein fassungsloses Haupt. Nebenher erzählt er zur Aufmunterung lustige Geschichten aus seinem bewegten Zirkusleben. Ein Klempner als Artist?

„Nein, nein, trotz mancher Drahtseilakte bin ich kein richtiger Akrobat schöööön, allenfalls ein unauffälliger Sanitärkünstler", klärt er uns auf. „Die Düfte, die ich schnuppere, stammen aus keiner Manege."

Jedes Jahr im Frühling rührt sich Herr Fleck vom Fleck und rückt Rost und Frostschäden der Wasserversorgung des aus dem Winterschlaf erwachenden Zirkus Probst zu Leibe. Da gibt es alle Hände voll zu tun. Die Anlagen können nicht ständig erneuert werden. Ein Zirkus sei schließlich keine Arbeitsagentur. „Wenn Sie ein paar Wochen bleiben könnten, würde auch bei Ihnen wieder warmes Wasser fließen. Aber so!" Da uns für den Besuch der Burg Falkenstein nur ein Tag zur Verfügung steht, verabschieden wir uns hastig. Die Schotten dicht, die Rohre frei und nichts für ungut.

Die drei Kilometer bis zum Parkplatz der Gaststätte *Zum Falken* sind schnell zurückgelegt. Ehrfürchtiges Stehen am Fuße des Burgbergs. Mit frohem Sinn beginnen wir den Aufstieg, vergessen ist aller Ärger über den defekten Boiler. In Abständen verharren wir und genießen den zauberhaften Blick ins Tal. Mit jedem Höhenmeter nimmt der landschaftliche Reiz zu. Durch die weitgehend laublosen Bäume leuchten die Jugendherberge, die Talmühle und das blaue Geländer der Adelheids-Brücke. Die legendäre *Karat* Anzahl hat das Selketal nicht zu bieten. Der Wanderer überquert nur fünf Stege. Neben der erwähnten die Talmühlen-, Akkeburg-, Bröms- und Tidianbrücke. Obwohl sie sich hinter Felsen und Biegungen verbergen, wandert mein Fotoapparat von Hand zu Hand. Tony möchte, Oma soll und ich will den fantastischen Augenblick für eine kleine Ewigkeit fixieren.

Trotz des stetigen Anstiegs kommen wir nicht außer Atem. Zum Erzählen bleibt genügend Luft. Die bleibt uns erst weg, als sich die Burg Falkenstein hoheitsvoll vor uns erhebt. Auch wenn ich Allbekanntes schwärmend wiederhole: Sie ist romantisch!

Die Vormittagssonne leuchtet dem Falkenstein direkt ins Gesicht und überzieht ihn mit goldenem Glanz. Geschäftige Nebelweiblein weben hastig silberne Fäden hinein. Die Kraft der Sonne beschert ihnen nur ein kurzes Leben. Der nördliche Seitenflügel der Burganlage ist eingerüstet, grüne Sicherheitsnetze schlagen leichte Wellen im kühlen Wind.

Flink wie eine Zauneidechse klettert Tony die Stufen zum Denkmal hinauf. Es ist dem edelfreien Schöffen Eike von Repgow gewidmet, der zwischen 1220 und 1235 unter dem Schutz des Burgherrn das älteste deutsche Rechtsbuch, *Spigel der Saxen sal dis buch seyn genant*, in Quedlinburg verfasst haben soll. Das Epitaph für den Gesetzeskundigen befindet sich an der Kirche von Repichau bei Dessau.

Der Sachsenspiegel stellte eine Revolution in der deutschen Rechtsgeschichte dar. Ein Auszug gefällig: „Des Königs Straße soll so breit sein, dass ein Wagen dem anderen ausweichen kann. Der leere Wagen soll dem beladenen ausweichen, der weniger beladene dem schwereren. Die Reiter weichen dem Wagen und die Fußgänger den Berittenen." Klare Worte, jedem verständlich. Kein Vergleich zum unverständlichen juristischen Kauderwelsch der Gegenwart, erfunden, damit sich der Bürger im Paragraphendschungel verirrt.

Als Eikes Gönner gilt der berühmteste Falkensteiner, Graf Hoyer II. Etwa ein Jahrhundert nach ihm erlosch das Geschlecht der Falkensteiner Grafen, die Burg fiel in den Besitz des Hochstifts Halberstadt. Nach dem bischöflichen Zwischenspiel kamen seit 1437 die Herren von der Asseburg zum Zuge. Die wiederum bestimmten die Geschicke des Falkensteins bis zum Ende des Zweiten Weltkrieges.

Stets und ständig belagerten und erstürmten Feinde die wehrhaften Mauern, mal mit List und Tücke, mal kampflos oder mit roher Gewalt. Krautjunker Otto von Bismarck bestürmte auf dem Falkenstein mutig seine spätere Ehefrau. Die Burg war beiden Station auf einer Harzwanderung. Johanna von Puttkammer schrieb an ihre Mutter: „Hier auf dem Falkenstein, einsam auf hohen Felsen im köstlichen Buchen-, Eichen- und Tannenwald, hat man wirklich alles, was Herz und Auge begehrt, und wir haben diesen Tag in vollster Ruhe nur dem alten Schloß gewidmet, um es ganz auszunutzen von Innen und Außen. Abend saßen wir bis zehn Uhr unter hohen Linden auf der schönsten Seite des Schlosses auf einsamen Felsen und sahen in den Mond, der einen Kranz von grauen Wolken um sich versammelt hatte, die hin und wieder durch plötzliche Blitze erhellt wurden, – wir hörten die Eulen schreien und tief unten das scheue Wild an den Bach schleichen, – es war still und wundervoll, (…) dass wir an kein Schlafen denken, und sprechen und schreiben bis tief in die Nacht hinein."

Bismarck muss ähnlich kitschig empfunden haben, denn etliche Jahre nach der Reise verfasste er folgenden Brief an seine Braut: „Ich hatte so eine Idee, die mich in allem Getriebe verfolgt, in einem ganz einsamen tiefen Gebirgstal im warmen Sommer, dicht am Bach mit dem Kopf auf Deinem Schoß zu liegen und über mir durch den Dampf der Zigarre die grünen Buchenwipfel und den blauen Himmel anzusehn und von Dir angesehen (…) zu werden und so sehr lange gar nichts zu thun. Wann wird das einmal werden? Im Selketal oder wo?"

Außer dem späteren eisernen und beinahe allmächtigen Reichslenker weist das Gästebuch der Burg noch viele andere namhafte Jäger aus. Ob es beim Jagen ausschließlich um Hirsche und Wildschweine gegangen ist? Zweifel sind angebracht. Der Burgherr allein war fünf Mal verheiratet!

Anfang November 1843 verwandelte sich die Burg in einen geschäftigen Ameisenhaufen. Erwartet wurden drei Könige: Friedrich Wilhelm IV. von Preußen, der „Romantiker auf dem Throne", der Reaktionär Ernst August I. von Hannover und der *Gemietsmensch* Friedrich August II. von Sachsen. Im Meisdorfer und Pansfelder Revier sollten die Büchsen knallen. Graf Ludwig I. von der Asseburg-Falkenstein, Vice Oberjägermeister, erst 1840 in den preußischen Grafenstand erhoben – bis dahin existierte offiziell keine Grafschaft Falkenstein – reiste höchstpersönlich von Berlin nach Meisdorf an, um den Empfang vorzubereiten. Ansonsten wohnte der „von Jugend auf mit größter Jagdpassion und Lust zum Forstwesen" ausgestattete Graf nur in der Hirschbrunft auf dem Falkenstein, wo er durch „waidmännisches Glück sehr viel Vergnügen" fand. Auch die drei Monarchen amüsierten sich köstlich, was dem Grafen die Beförderung zum Chef des preußischen Hofjagdamtes eintrug.

Entlang der mächtigen Mantelmauer erreichen wir das Krumme Tor. „Aus war's mit der königlichen Herrlichkeit im Harz, die treulosen sächsischen Ritter waren stärker", setze ich beizeiten den verbalen Schlusspunkt unter die blutige Schlacht von Welfesholz. Tony möchte die Burg erobern – friedlich. Besonders die konischen Schießscharten wecken sein Interesse. Einige Atemzüge später haben es ihm kühne Greifvögel angetan. Sakerfalken, Hybridadler und Uhus sausen zur Schau durch die Lüfte. Mehrfach streifen sie im Flug fast unsere Köpfe. Bücken und Raunen. Mit verblüffender Präzision stoßen die gefiederten Räuber auf die vermeintliche Beute. Aus Ernst wird Spaß. Verantwortlich dafür sind Emma und Hugo, zwei drollige Eulen. Während Emma aufs Wort hört, prallen an Hugo alle fleischlichen Verlockungen des Falkners ab. Unser kleiner Spannemann freut sich diebisch über den Rüpel, der im Flug die Herzen der Zuschauer gewinnt. Die Sturheit, nach Auffassung meines weiblichen Vormundes eine typisch männliche Unart, gehört nicht zum Programm. Erst eine geschlagene Stunde danach, inzwischen haben wir im *Groben Johann* ritterlich gespeist, kehrt Hugo reumütig auf den Arm seines Dresseurs zurück. Sofort kommt die obligate Frage eines Zuschauers: „Wie alt können Eulen werden?"

„Im Allgemeinen so zwischen dreißig und vierzig Jahre", antwortet der Falkner. „Hugo allerdings könnte bei seiner Arbeitseinstellung bestimmt fünfzig werden!"

Auf dem Altan, der einstigen Geschützbastion an der Nordwestspitze der Burg, öffnet sich der Harz dem Betrachter wie eine wunderschöne alte Handschrift. Wer darin zu lesen vermag, blickt in die Seele der Landschaft.

Die bestens erhaltene Burg Falkenstein wurde ursprünglich vom Besitzer der Konradsburg, Burchard II., erbaut. Zeitgleich ließ er den Stammsitz des Adelsgeschlechts in Ermsleben in ein Mönchskloster umwandeln. Wie es die Sage will, soll die Klosterstiftung ein Akt der Sühne gewesen sein, denn um 1080 erschlug in einer Fehde Egino von der Konradsburg, Vater des Burchard, Graf Adalbert von Ballenstedt.

Auf die Ackeburg, schräg gegenüber der Burg Falkenstein, will Tony nicht wandern. Unvorsichtigerweise hat Onkel Mampfi sie einen trostlosen Steinhaufen genannt. Nur die Aussicht von da oben sei wunderschön. Tony möchte nicht mehr himmelwärts, er bittet um einen Abstieg in die Finsternis. Ihn locken die Rübeländer Tropfsteinhöhlen. Dafür hat er einen handfesten Grund. Im Harz macht Richard, sein kleiner Freund, mit seinen Eltern zu gleicher

Zeit Urlaub. Richard mit dem Löwenherz geht ganz bestimmt auch in die Höhle.

„Wenn wir drin sind, Opa, rufe ich ganz laut: Richard Schiemenz, bist du hier? Und wenn er fragt, wer da ist, dann schreie ich: Na, Tony aus deinem Kindergarten!"

Die große Baumannhöhle, 1646 entdeckt, ist zu so früher Jahreszeit noch geschlossen. Sie ist die weltweit älteste Sehenswürdigkeit dieser Art und wurde bereits durch Herzog Rudolf August zu Braunschweig-Lüneburg unter Schutz gestellt. In die Hermannhöhle, seit 1866 bekannt, dürfen wir eintreten. Gegen saftiges Entgelt. Es handelt sich um die erste Höhle in Deutschland, die 1890 mit elektrischer Beleuchtung ausgestattet wurde.

Wie vom Prospekt versprochen, sehen wir neben Tropfsteinschmuck und Kristallkammer auch den Grottenolm und den Höhlenbären, das Rübeländer Wahrzeichen. Tony bleibt an meiner Hand, wahrscheinlich traut er selbst dem Skelett des riesigen Tieres nicht über den schmierigen Weg. Von Richard Löwenherz nicht die geringste Spur. Mit einer knusprigen Sahnewaffel lässt sich Kummer besser ertragen. Den bereiteten ihm zusätzlich die winzigen Stalagmiten und Stalaktiten. „Die sind aber winzig, Opa. Im Fernsehen zeigen sie viel größere."

Die Größe der Rappbodetalsperre beeindruckt ihn da weit mehr. Ein sachkundiger *Wassergeist* stellt sich der Herausforderung und – beantwortet fast alle Enkelfragen.

Unseren weiteren Weg säumen Hexen und Teufel. Vor jedem Gehöft stehen originell geschmückte Walpurgisfiguren. Manche schauen aus Fenstern, andere erschrecken uns vom Dach. Wer die schönste Hexe entworfen hat, darf auf einen attraktiven Preis hoffen. Die Kommunen stehen in einem Wettstreit um das verhexteste Dorf. Spätestens seit Goethes *Faust* ist die Walpurgisfeier auf dem Blockberg in die Weltliteratur eingegangen. „Wenn die Hexen auf ihren Besen durch die Luft sausen, sind wir leider nicht mehr im Harz", bedauere ich.

Tony ist anderer Meinung. „Bloß gut, Opa", sagt er und kichert verschmitzt. „Vor alten Weibern muss man auf der Hut sein. Sagst du jedenfalls immer."

„Quassel Opa nicht alles nach, der redet viel Unsinn."

Die Rückfahrt von Rübeland führt uns über das idyllische Treseburg und von dort nach Alexisbad, Ort der heißen Phase eigenen Verliebtseins. Der Kurort verdankt Popularität und Namen dem Fürsten Alexius von Anhalt-Bernburg. Vorbei am schwefelhaltigen Selkebrunnen laufen wir auf verschlungenen Wegen bergan zum Friedensdenkmal. Ein symbolischer Akt in friedloser Welt. Von Ferne dringen Posaunenklänge an unser Ohr. Ein Unermüdlicher übt unter freiem Himmel schier endlos die gleiche Melodie. Wahrscheinlich will er die Nachbarn nicht vergrämen.

Tony ist Feuer und Flamme. Verstecken. – Erschrecken. Pausenlos springt er aus der Deckung dicker Bäume hervor und freut sich wie Bolle, wenn wir zusammenzucken. Erst am Birkenhäuschen fangen wir ihn ein.

In der Verlobungsurne, bei uns lebensfroher Vase geheißen, ist die Glut längst erloschen, zu Asche zerfallen. Sie steht auf hohem Sockel am steilen Abhang des Habichtsteins. Ein offener Blick auf die Landstraße und den Kurplatz mit neu entstandenen Hotelanlagen und Bronzehirsch bietet sich dem verzückten Auge.

Das Verlobungsdenkmal erinnert an mehrere Liebespaare: Cecilie und Otto, Clementine und Gustav, Henriette und Ludwig, Friederike und ach was weiß ich. Auf jeden Fall Stoff genug für neue Geschichten – von edlen Rittern und keuschen Burgfräulein.

In Quedlinburg, unter den Ottonen Zentrum der deutschen und europäischen Politik – neunundsechzig Kaiser- und Königsbesuche erlebte die Stadt bis zum Beginn des 13. Jahrhunderts – treffen wir nur Männer. Auf dem Markt den stolzen Roland und *Am Finkenherd* den tierlieben Heinrich I. An einer Hausfassade lese ich:

Herr Heinrich sitzt am Vogelherde
Recht froh und wohlgemut
Aus tausend Perlen blinkt und blitzt
Der Morgensonne Glut.

Der Reim hat unzählige weitere Strophen. Das Finkenherdareal soll die sagenumwobene Stelle sein, wo dem Sachsenherzog Heinrich einst die deutsche Kaiserkrone angetragen wurde. Ob selig wird, wer's gloobt? Zum Seelenheil ihres Gemahls ließ Königin Mathilde an seiner Grablege ein reichsunmittelbares Frauenstift errichten. Für Tony hat die *Quälinburg*, bei meinem Omchen hieß sie Quidlimburg, einen ganz besonderen Reiz. „Haben hier die Bösen die Guten gefoltert, gequält?"

Der Harzurlaub mit Enkel ist für uns nicht ein bisschen Not und Pein, nur pure Freude. Bei unserem Abschied weint der Himmel. Eine einzige Anklage gegen die Kürze der arbeitsfreien Zeit, wobei ich schon dauerhaft Licht am Tunnel sehe. Tony hingegen sieht vor lauter Regen und Dunst unser Auto nicht. Erschrocken ruft er: „Was ist, wenn Diebe unser Auto gestohlen haben, Opa?"

„Dann müssen wir uns von einem Bauernhof ein Pferd mopsen und damit heim reiten."

„Was, Opa, drei Leute auf einem Pferd? Da kommen wir ja nie an!"

Krölle Bölle

Unser diesjähriger Sommerurlaub, bei dem die globale Erderwärmung einen aussichtslosen Kampf gegen eine neue Eiszeit führt, steht ganz im Zeichen dreier Herren, die unterschiedlicher nicht sein können: Michael Rasmussen, Jörn Jörgensen und Ingvar Mogensen.

Zunächst verkürzt uns der schlanke Michael Rasmussen, zum aktivsten *Spritzenreiter* der französischen Apothekenrundfahrt gekürt, in aufputschender Manier die eintönige Autobahnanfahrt. Seine längst überfällige, aber freilich unerwartete Verbannung aus dem skandalösen Injektionsrennen beschert den Nachrichtensprechern von *Antenne Brandenburg* und *Radio MV* pausenlos Sensationsmeldungen und uns erfreuliche Abwechslung. Der Mensch weidet sich mit Vorliebe an Ereignissen mit katastrophalem Zuschnitt.

Die Stimmung in unserem Reisebus steigt in rasantem Tempo. Im Nu ist ein lebhaftes Gesellschaftsspiel im Gange. Die Preisfrage lautet: Wer findet die originellste Bezeichnung für die Tour de France.

Immer neue Wortspiele ergötzen die angehenden Urlauber. Etwas abgedroschen die Benamsung mit Tour de Doping. Besser, weil treffender, die Titulierungen Criminal Race, Tour de Farce, Gaunerfahrt, Tour de Schande und Spritztour. Meine Gattin, wie üblich mit von der Partie, sieht kurzzeitig von ihrem Strickzeug auf und stichelt: „Tour de Nadel".

Nicht eben fein, aber durchaus den Nagel auf den Kopf trifft eine großformatige bebilderte Zeitung: Dreckstour! Im Armstrongschlamm?

Gänzlich auszuufern droht die Stimmung bei der medialen Suche nach dem Toursieger. Wen man auch aufs Korn nimmt, keine Skandalnudel will die Fahrt gewinnen. Lieber in weißer Weste nach Paris als im schmutzigen gelben Trikot ins Dopinglabor. Ein Favorit, wenn ich mich nicht verhört habe, heißt er *Contra Tor*, wehrt sich vehement gegen jeglichen Manipulationsverdacht:

Ich bin klein,
mein Blut ist rein.
Die Nadel war schmutzig,
ist das nicht putzig?

Die reinsten Saubermänner sind die Tourbetreiber. Sie versprechen ab sofort einen gesunden Sport. Ein erster Schritt: Ab dem nächsten Jahr werden ausschließlich Rennfahrer mit extra dickem Fell zugelassen. Da verbiegt sich jede Nadel glatt vor Lachen. Egal, wie die Sache ausgeht: The show must go on. Uns ist alles egal, Hauptsache, die Zeit auf Rädern vergeht wie in einem Airbus. Im Fluge.

Noch stärker als der überflinke Däne Rasmussen versetzt uns sein Landsmann Jörn Jörgensen, seriöser Kapitän der Fähre Saßnitz-Bornholm, in einen rauschähnlichen Zustand. Jeden Fahrgast begrüßt er persönlich. Nicht per Handschlag, über den Lautsprecher. Dreisprachig: God dag – Hallo – Bon jour. Das Ostseewasser rauscht, Gischt spritzt vom Bug der *Schrankwand*, so jedenfalls nennt meine kesse Jette die klobigen stählernen Ungetüme, den Ranzen voller Autos und Busse. Dennoch schlagen die Wellen längst nicht so hoch wie im Sumpf der Grande Nation.

Neben mir an der Reling lümmelt ein halbfetter Bayer und stiert wortlos Löcher in die Luft. Plötzlich ein Gefühlsausbruch. Sauber, sag i, sauber. Die Tour de France meint er definitiv nicht, denn als ich seinem ausgestreckten Finger folge, sehe ich Land am Horizont. Das vielgepriesene Bornholm, Ziel unserer Wünsche.

In Rönne, der Inselhauptstadt, gehen wir an Land. Ein Städtchen mit Flair. Altehrwürdige Bausubstanz neben geschickt eingefügter Moderne. Grobe Bausünden fehlen. Von geradezu magnetischer Anziehungskraft der zauberhafte Marktplatz *Store Torv*. Und eine himmlische Ruhe in der Einkaufsmeile. Kein Schritt zu hören. Das liegt an dem schallschluckenden Gehwegbelag. Kippen, soweit das Auge reicht. Die gute Stube von Rönne, ein Eldorado für touristische und einheimische Raucher. Ich liebe sie alle. Nichtraucher aller Länder, züchtigt sie!

Unmittelbar vom Kippenmarkt fahren wir per Bus ins nördlich gelegene Sandvig und geraten in die Fänge von Ingvar Mogensen.

Ein mittleres Exemplar eines dänischen Butterbergs. Hier hätte Egon Olsen mit seiner Bande nach der gelben Überproduktion suchen müssen und nicht in Jütland. Dem ersten Eindruck nach scheint Bornholm jedenfalls im Fett zu schwimmen.

Massig steht Ingvar hinter dem Tresen und kanalisiert mit lockerer Hand den Bierstrom, der auf den wässrigen Namen Tuborg hört. Unter Umständen sucht er auch nur Schutz vor seiner Gattin, der spröden Kieler Sprotte. Wenn die ihre gestrengen Oberlehreraugen durch den Speisesaal des Hotels gleiten lässt, erstarrt einem fast das Blut in den Adern. Kein guter Ort für einen Suppenkasper. Von wegen, ich esse meine Suppe nicht… Wer mäkelt, wird kielgeholt!

"Wo habt ihr eure Butter denn nun wirklich versteckt?", frage ich Ingvar eines Abends. "Raus mit der Sprache, EU-Partner."

„Krölle Bölle", antwortete der Chef wortkarg und grinst breit, was ihm nicht sonderlich schwerfällt.

„Von wegen", stoße ich ihm Bescheid, „auf den Arm nehmen lasse ich mich nicht. An Kobolde, Trolle und andere Heinzelmännchen glaubt doch bloß ihr unterbelichteten Nordlichter. Wir mitteleuropäischen Leuchten hingegen sind helle." Um meine Aussage zu unterstreichen, krempele ich die Ärmel meiner *Kellnerjacke* auf. Da Ingvar voll und ganz damit beschäftigt ist, für mich Bierdeckel zu suchen, bricht er das Gespräch kurzerhand ab. Was bleibt mir anderes übrig, als auf eigene Faust zu spionieren.

Endlich ein erster verwertbarer Hinweis. Eine weiße Stange mit einem Fähnchen, weißes Kreuz auf rotem Grund. Ganz ähnlich hatte Käpr'n Flint seinen Schatz auf einer Insel markiert. Doch ganz so dämlich sind die Dänen nun auch wieder nicht. Um die Butterbergsucher in die Irre zu führen, haben sie an jeder Ecke solche Orientierungszeichen aufgestellt. Überall. Im Wald und auf der Heide. Ganz Bornholm ein Meer von Fahnen und Wimpeln. Wir zeigen nur zu Fußballweltmeisterschaften im eigenen Land Flagge. Ganz anders die Dänen, nicht einmal vor öffentlichen Bedürfnisanstalten schrecken sie zurück. Das stinkt zum Himmel.

Fortan konzentriert sich meine ganze Hoffnung auf Lore. Die berentete Buchhändlerin aus Radebeul weist am ganzen Körper, zumindest soweit ich das beurteilen kann, nicht ein einziges Altersfältchen auf. Alles gut unterfüttert. Mit dänischer Butter? Nicht auszuschließen. Zumindest strahlt ihr rundes freundliches Gesicht, umrahmt von silbergrauer Lockenpracht, einen Glanz aus, der mich in diese Richtung denken lässt.

Meine fettigen Erwartungen erfüllen sich nicht, Lore versteht nur Marmelade. Ungelogen, sie entpuppt sich als begnadete Früchteverwerterin. Von nun an fachsimpeln wir zu jeder Mahlzeit. Immer neue Obstmischungen kommen ans Tageslicht. Melone und Johannisbeere im Verhältnis eins zu eins. Birne und Holunderbeeren; Apfel, Banane und Kiwi. Das Wasser läuft einem im Munde zusammen. Ich krieche jedenfalls in die Rezepte wie eine Kirschmade. Ob Lore auch von meinen Kreationen profitiert? Quitte mit Rum, Apfel mit Cognac, Zitrone mit Whisky.

Noch mehr Gesprächsstoff als Konfitüre liefert uns eine Speise, von der ich bis heute nicht weiß, handelt es sich um eine dänische, eine Bornholmer oder eine Mogensenspezialität? Die nordische Allzweckwaffe ist farbintensiv, geschmacklos, geruchlos und zäh wie Sirup. Was ist das?

Ich sehe schon, Sie kommen nicht drauf. Es handelt sich um braune Sandvigsoße. Am ersten Abend bleibt davon reichlich übrig, unsere Liebe zu ihr entwickelt sich schleichend. Sie passt zu keinem Gericht, wird aber zu allen serviert. Wenn man sie nicht augenblicklich schluckt, versteift sie sich zu ungesüßtem Schokopudding. Schnittfest.

Nicht auszuschließen, dass die Soße bei der Organisation des inzwischen traditionellen *Etape-Küstenlaufs* Pate steht. Ein in Scheiben zerlegter Bornholmmarathon. Vorneweg ein afrikanischer Hase, hinter ihm her viele weiße Jäger. Hat er etwa das Rezept?

Um den Koch unserer schrecklich netten Wirtsleute zu keinen weiteren Beweisen seiner Kunst zu verleiten, langen alle Urlauber gehörig zu. Nur ich kriege das Zeug nicht runter.

Was wir auch anstellen, das Soßengeheimnis ist nicht zu lüften. Wo hat die Pampe ihren Ursprung? Sind die Normannen ihretwegen nach Frankreich ausgewandert? Wie hoch ist die Lebenserwartung nach ihrem Genuss? Alles Fragen, die uns brennend interessieren.

Die zunächst favorisierte Anlieferung mit einem Öltanker, der jeden Morgen dicht an unserer Klippenküste vorbeischippert, bestätigt sich nicht. Dann wiederum vermeinen wir, den Extrakt ausgekochter Nacktschnecken vor uns zu haben. Beweisen aber lässt sich auch dieser theoretische Ansatz nicht.

Renate, meine unmittelbare Tischnachbarin, pensionierte deutsche Ärztin aus dem Polen nahen Frankfurt, eine typisch englische Lady, vermutet in der braunen Masse ein uraltes Gleitmittel der Vikinger. Klingt irgendwie glaubhaft, denn damit wäre der Transport der schweren Runensteine, *Matzebakke*, ein reines Kinderspiel gewesen. Unsere britische Tweedjacken- und schottische Hochlandhutträgerin entwickelt zu dem Kleister jedenfalls eine besondere Affinität, was uns einen Mordsspaß einbringt.

Natürlich schämen wir uns auch ein wenig für unser respektloses Reden, denn der Gegenstand unseres Spottes bleibt der gasthäuslichen Suppenfee auf Dauer nicht verborgen. Enttarnt, würden wir uns am liebsten in einem Mauseloch verkriechen. Ein passendes finden wir nach längerem Umherirren unweit von Hammershus. Leider wimmelt es im *Moselökken* bereits von Nagern, überall Bagger und Schaufler. Der museumsreife Granitsteinbruch ist wider Erwarten in Betrieb. Die braune Soße kommt uns zwar hart an, mit Granit aber hat sie definitiv nichts zu tun. Eher schon mit Karamellen aus Gudhjem. Ohne Zucker und Bienenhonig könnte der zähe Kleister durchaus auch den Soßenrohstoff liefern.

In Gottesheim, die Einheimischen sagen *Gudhjem*, Außergewöhnliches auszuschließen, wäre die blanke Sünde, denn wir erleben dort ein Wunder, unser blaues. Im Handumdrehen verwandeln sich elf Euro in einhundert Gramm handgeschöpfte weiche Karamellen. Beim Bezahlen bekomme ich Schluckauf. Die wertvollen *Millionärsbonbon* bleiben unseren Kindern vorbehalten, die uns viel wert sind. Dafür gibt's nichts zu Weihnachten!

Zur regionalen Esskultur gehören weiter die althergebrachten übersüßen *Svaneke Bolcher* und vor allem geräucherter Fisch. Fischräuchereien gibt es auf Bornholm wie Sand am Meer. Hasle, ein rauschiger Ort, feucht umspielt von Ostseewellen und steifem Nordost, beherbergt eine sehenswerte historische *Rögeri*. Meine Leber spuckt nach der gut gewürzten Makrele Gift und Galle. Teils des triefenden Fettes, teils des gepfefferten Preises wegen. Die massenhaft anfallenden Gräten scheint man auf der Insel zu

Rundfunk- und Fernsehantennen zu verarbeiten. Auf jedem Dach sieht man die Kabel- und Satellitenschüsselvorläufer prangen.

Nach Tagen der hemmungslosen Lästerei fühlen wir unstillbaren Drang, ideelle Abbitte zu leisten. Wo kann man am besten Buße tun? Richtig. An heiligen Kultstätten. Vergnügt pilgern wir zu *Jons Kapel*, einer heiligen Felsnadel im Meer. Der Sage nach versuchte der Einsiedler und Missionar Jon vorzeiten von dort aus, den heidnischen Bornholmern das Evangelium einzutrichtern. Jon muss ein vorsichtiger Mann gewesen sein, warum sonst hätte er einen so großen Abstand zu Festland und Volk gewählt. Wahrscheinlich traute er den *Brüdern* nicht.

Dem Altar und Schöpfer wesentlich näher kommen wir in der Osterlarskirche und an der Ruine der Salomons-Kapelle, auf Veranlassung des Erzbischofs von Lund einst für Seeleute und Fischer errichtet. Rundheraus, die Gunst des Allmächtigen erlangen wir nicht. Im Gegenteil, er nimmt uns tüchtig ins Gebet und gibt mächtig Zunder. Drohend dunkle Wolken mit schweren Wasserbäuchen treiben ein raues Lüftchen vor sich her. Warum geradewegs in unsere Richtung? Gebannt starren wir auf die sich rasch nähernde Schlechtwetterfront. Das fahle Licht irrt zwischen bleigrau, anthrazit und schwefelgelb. Weltuntergangsstimmung. Ob hier gar der Gehörnte seine Hände im Spiel hat? Oder der Erfinder der Sandvigsoße? Schwarze Schafe gibt es auf Bornholm nämlich jede Menge!

Der Wind heult, die Brandung dröhnt und schäumt vor Wut. Die aufgewühlte See tobt. Brecher über Brecher rennen sich an den Felsen die Köpfe ein und zerstieben in meterhohen Fontänen. Wir stemmen uns auf dem sturmgepeitschten Klippenweg gegen die entfesselten Gewalten. Ach hätte ich doch mehr Butter und fettes Fleisch mit schnittfester Soße gegessen. Bevor ich Leichtgewicht wie ein Strohhalm in die Luft gewirbelt werde, tut sich die Erde unter mir auf. Geröll poltert in die Tiefe. Ich gerate auf die schiefe Bahn. Der Schrei meines Lieblings ist spitzer als die Steine, die mir glühende Tattoos in die Haut ritzen. Im Rutschen bekomme ich besagten Strohhalm, eine Krüppelkiefer ist's, zu fassen. Schraubstockgriff und Schnappatmung. Ich hänge buchstäblich in der Luft. Der Blick in den Vorhof der Hölle fasziniert. Ich kann mich einfach nicht losreißen. – Strampelnd bekomme ich festen Boden unter die Füße und krieche wie ein Hanghuhn auf sicheres Terrain.

Unseren ausgeprägten Sinn für fürchterlich Schönes bezahlen wir teuer. Denn noch sind der Schrecken nicht genug. Ehe Sandvig in Sicht kommt, fallen die ersten Regentropfen, hagelkorngroß. Jeder Treffer schmerzt. Die Luft knistert wie eine Hochspannungsleitung. Dann öffnen sich die Schleusen. Es gießt. Sichtweite Nasenspitze. Uns ist zumute, als stehen wir unter dem Döndaler Wasserfall. In Sekundenschnelle gibt es an unserem Körper keinen trockenen Faden mehr. In diesem Augenblick leiste ich einen heiligen Schwur. Nie wieder singe ich „Das Wandern ist des Müllers Lust …".

Halleluja trällern die *Moonshiner* – da regnet es aber nicht mehr. Die dänischen Volksmusikanten brennen auf dem Sandviger Marktplatz ein Feuerwerk irischer und schottischer Folklore ab. Erst entzünden wir uns an den heißen Rhythmen, dann trocknen nacheinander Angstschweiß und Sachen.

Schaut man auf eine Karte von Bornholm, weiß man gleich, wo der Hammer hängt. Nicht jeder Inselbewohner hat vielleicht alle Tassen im Schrank, dafür aber ein Schlagzeug. Zumindest dröhnt einem die Rübe vor lauter Hämmerei. Eine kleine Auswahl gefällig: Hammerknuden, rund geschliffener Steinkloß inmitten des Hammeren; Hammerhavn, Hammersö, Hammershus, Hammergranit, Hammer Odde Fyr.

Bei hochsommerlichen Temperaturen von reichlich achtzehn Grad Celsius und attraktiven Fotografierwolken entschließen wir uns zu einem Blick in die *Werkzeugkiste*. Derweil ich mehr an den technischen Details interessiert bin, treibt mein liebes Weib das pure Mitleid ins Hammershus. Die Burgruine, sie thront wie ein Adlerhorst auf steiler Felsenküste, gehört zu den größten mittelalterlichen Anlagen der Nordländer.

Im Mantelturm verwandelt sich meine Frau in Lieschen Müller. Sie findet rosaroten Pilcher-Stoff. Sogleich rinnen zwei winzige Tränen über ihr erhitztes Antlitz. Meine Holde ist gerührt vom Schicksal der dänischen Königstochter Leonore Christine und ihres Gatten Graf Corfitz Ulfeldt. Wegen Hochverrats – mithilfe der Schweden hatten sie den dänischen Thron erobern wollen –

schmachteten beide vorzeiten hinter seinen dicken und feuchten Mauern.

Deutlich prosaischer geht es auf dem Trödelmarkt von Sandvig zu. Aus Erfahrung klug, lassen wir unsere Geldbörsen im Hotel. „Denke dran. Wir brauchen nichts. Wir haben alles!" Warnung oder Drohung?

An den meisten Ständen der Seepromenade sieht es aus wie beim Gemischtwarenhändler von Vang. Dessen Angebot war derart gemischt, dass man nicht wusste, wo zuerst wegsehen. Auch in Sandvig scheinen alle Waren mit einer Nichtverkaufsgarantie versehen zu sein. Ein Sortiment zum Fürchten, nicht einmal als Verwandtengeschenk geeignet. Es ist einem schon peinlich, das verabschiedende *Farvel* kostenlos mitzunehmen.

Ach ja, beinahe hätte ich es vergessen. Auf einen Porzellanteller mit Dekor, gewidmet einem Jubiläum der königlich dänischen Marine, bin ich doch scharf. Der Spottpreis spottet jeder Beschreibung. Ganz Finanzhai, greife ich in die Tasche. Leer. Nicht eine müde Krone klimpert darin. Was Fürst Pückler konnte, kann ich schon lange. Ich pumpe mir vier Kronen. Die Sammlung von Dingen, die wir haben, aber nicht brauchen, erweitert sich um ein weiteres einmalig schönes Stück.

Betuliche Freude, allerdings auch Gelächter, löst Reiseleiterin Christine mit Freudschen Fehlleistungen aus. Unbemerkt sprudeln ihr ein asphaltierter Wasserfall und ein Wassergraben auf dem Fußballfeld über die Lippen. Dazu verwechselt sie regelmäßig die Seiten rechts und links. *Die* als Sprecherin satellitengestützter Navigationssysteme! Au Backe.

Beim Ritter Knegten werde ich hellhörig. Das riecht verdächtig nach wohlfeilem Stoff für Enkelgeschichten. Auf Ritter steht der holde Knappe. Diesmal liegt Christine richtig, sie hat den Empfänger auf dem falschen Ohr erwischt. Der *Rytterknägten* erweist sich als höchste Erhebung des Almindinger Waldes, einige wenige Meterchen höher als die *Kahle Glatze* in meinen heimischen Kaltenborner Bergen. Auf der 116 Meter hohen Erhebung stand jahrzehntelang ein trigonometrischer Punkt, eine beliebte hölzerne Kletterpyramide. Die dänische Hügelkuppe ziert der *Kongemindet*, ein Aussichtsturm, erbaut 1852 zur Erinnerung an den Besuch des

Monarchen Frederik VII. und der Gräfin Danner. Bestieg er beide?

Um eine schöne Geschichtenfigur gebracht, suche ich märchenhaften Ersatz. Den finde ich in den Ruinen von Lilleborg. Die königliche Zitadelle fiel 1259 dem wendischen Fürsten Jaromar von Rügen und dessen Raubgesellen Anders, Bruder des Bischofs Jacob Erlandsen, in die Hände. Kein Stein blieb auf dem anderen. Aus den Tränen der Geschundenen soll der *Borgesö* am Fuße der Burg entstanden sein.

Deutlich friedvoller und fantasiebeflügelnder die malerischen *Erbseninseln* Christiansö und Frederiksö. Ansonsten beeindruckt uns die Bornholmer Malerei nicht sonderlich, zu modern, zu schrill und bunt, zu abstrakt. Wer Bornholmer Glas, Keramik und Bilder mag, sollte nach Svaneke fahren, Dänemarks kleinster Stadt. Svaneke ist so klein, das es dem Brandenburger Innenminister nicht einmal als Gemeindezentrum durchgehen würde.

Auf die berühmten Inseln fährt man von Sandvigs Nachbarort Allinge aus mit dem Bornholmexpress. Der Inselname erwuchs übrigens nicht aus den ständig über Bord streichenden geräuschvollen Winden, von Erbsen verursachter Blasmusik, sondern aus der Winzigkeit der Eilande.

In Windeseile hüpfen wir von Insel zu Insel. Im Bug postiert, komme ich mir vor wie Pelle, der Eroberer. Dem und Martin Andersen sind wir in Nexö begegnet. Ganz so hehren Sinnes wie wir waren deutsche Besatzer und russische Kampfflieger nicht, als sie die Heimat des großen Dichters heimsuchten.

Von kurzweiligem Licht überflutet, gleicht das Meerwasser zerknittertem Stanniolpapier, in dessen Knittern sich die Sonne ihre Strahlen bricht. Es glitzert und funkelt wie in einer Amsterdamer Diamantenschleiferei. Zu unserem festlichen Empfang schmücken sich die Wellen kurz vor dem kleinen Hafen zusätzlich mit blütenweißen Schaumkronen. Ob das zauberhafte Inselpanorama Militär und Gefangene entschädigte, die hier einst ihre Lebenszeit totschlagen mussten? Wahrscheinlich nicht. In den ehemaligen schlichten Kasernen wohnen gegenwärtig etwa einhundert *Erbsen*, die tausende Touristen umsorgen. Alle strömen freiwillig hierher. Die reale Geschichte hat längst ihre Schrecken verloren. Auch die auf bröckligen Festungsmauern stehenden kolossalen Kanonen bedrohen niemanden mehr. Sie kämpfen allein gegen den Rost. Anstelle von Zellenschlössern klicken heute Fotoapparate. Ein besonders beliebtes Motiv ist der große Turm mit dem eingebauten Leuchtfeuer. Von dessen Plattform kann man seine entzückten Augen stundenlang im Paradies weiden lassen. Hier versagt die herz- und hirnlose digitale Technik.

Auffällig die vielen absonderlich gekleideten Naturliebhaber, Marke schlappige Biogurke. Mit Rucksack, Hut und Wanderstock wuseln sie zwischen den Felsspalten wie Lumme und Alke. Vor allem die jungen Frauen schleppen schwer – an ihren Bäuchlein. So viel schwangere Frauen und kinderreiche Familien wie auf Bornholm und Umgebung in einer Woche habe ich in meiner gesamten Zugehörigkeit zur Bundesrepublik nicht gesehen. Den Nordländern sind bekleidete Kinder offensichtlich mehr wert als nackter Mehrwert. Hier scheint die Liebe nicht den deutschen Umweg über das Bankkonto zu gehen.

Beinahe wäre ich in eine Keilerei verwickelt worden, bezeichnet mich doch eines dieser verwegenen Erdmännchen als *Gammle Tysk*. „Es passiert gleich ein ganz großes Ding", flüstere ich aufgebracht. Die Dänen sind eindeutig in der Überzahl. Im letzten Moment hält mich meine Astrologin zurück, obwohl ich mächtig an den Ketten zerre. Gammle Tysk sei gar kein Schimpfwort, eher anerkennend freundschaftlich gemeint. Wörtlich übersetzt hieße es alter Germane. Sinngemäß na du alter Sack oder na du alter Schwede! Trotz ihrer saloppen Bekleidung und der halsbrecherischen Mehrwertsteuer sind die Dänen ein sehr sympathisches Völkchen.

Was mich letztlich davon abhält, einen Einbürgerungsantrag als Erbse zu stellen, sind die offenen Wasserreservoire. Ob da nicht doch hin und wieder ein Tourist hineinpieselt?

Unsere Zeit auf Bornholm läuft unerbittlich ab wie eine Eieruhr, deren Sandfüllung man noch im vorigen Jahrhundert vom Kap Dueodde in alle Welt exportierte. Nein, feiner geht's wirklich nimmer. Im Schuh ruft der Feinkörnige keine Begeisterung hervor.

Stunden vor der Abreise leiste ich mir eine kleine Portion Softeis, schlappe fünfhundert Gramm. Meine Frau hat wie gewohnt gut gewirtschaftet und einige löchrige Kronen in Reserve, gut zu verwenden auch als Unterlegscheiben. Gebannt starre ich auf das

Schild am Eisstand. *Krölle Bölle.* Hat Ingvar, das Schlitzohr, doch recht? Krölle Bölle, der im Langeberg bei Hammershus wohnende ausgeflippte kleine Kobold mit dem Bauch voller Schabernack gibt dem berühmten Bornholmer Softeis seinen Namen, hergestellt in inseleigener Meierei. Endlich, endlich weiß ich, wo die Dänen ihre Butter verstecken.

Der west-östliche Iwan

Das Abenteuer beginnt an einem gebrauchten Montag. Die Nacht ist kurz. Der Wecker klingelt um drei Uhr. Kastrierter Frühsport, Katzenwäsche und hastiges Frühstück. Martin kutschiert uns zum Cottbuser Bahnhof. Unser Japaner bleibt im Stall. Des Freundes Bemerkung, dass unser Auto schneller in Litauen sein könnte als wir, hat mir zu denken gegeben. Das Baltikum gilt hierzulande als europäischer Autofriedhof.

Der güldene Reisebus steht längst parat. Die Müdigkeit verfliegt im Nu. Zu unserer Begrüßung sind Reiseleiter Mathias und Busfahrer Burkhard angetreten. Freudiges Wiedersehen nach einer sehr angenehmen gemeinsamen Pommerntour.

Bei der Platzsuche vergeht uns das Lachen. Sind Sie schon einmal mit zehn Lehrern in einem Reisebus in den Urlaub gefahren? Wünschen Sie es sich nicht! Pädagogen nehmen im Umgang mit ihren unmöglichen Schülern deren Eigenschaften an. Oder ist es genau umgekehrt? Auf alle Fälle hat man bei ihrem Geschnatter vielmals keine Chance, einmal zu Wort zu kommen. Weil ich mir aber trotz allem Gehör verschaffen möchte, habe ich das, was ich sagen wollte, aber nicht konnte, aufgeschrieben.

Montag, 4. August 2008: Cottbus-Giżycko (675 km).

Das Zusammentreffen mit der erschreckenden Anzahl von Kollegen ist rein zufällig, aber unvermeidlich. Frank-Rainer, der Feurige aus Werben, hat den Eklat ohne mein Wissen organisiert. Sollen wir zwei Hübschen im letzten Augenblick vor ein paar ausgeflippten Paukern zurückschrecken? Nein, und nochmals nein. Wir schnallen uns an.

„Die beste Bildung findet ein gescheiter Mensch auf Reisen!", behauptet zumindest der Geheimrat Johann W. Goethe. Und darauf wollen wir unter keinen Umständen verzichten. Nicht einmal unter Aufsicht von Lehrern. Fast viertausend gemeinsame Kilometer liegen mathematisch exakt geplant vor uns. Das kann ja heiter werden.

Vorweg. Das Baltikum ist keine Reise wert – für Bierdeckelsammler. Ansonsten haben Litauen, Lettland und Estland allerhand zu bieten. Bevor wir das Ziel unserer Wünsche erreichen, gilt es, Polen von West nach Ost zu durchqueren. Augen zu und den unterbrochenen Schlaf nachgeholt.

Ohne Frage, die Fahrt nach Masuren über einspurige enge und verstopfte Landstraßen ist ganz schön starker Tobak. Zeitweilig kommen wir nur im Radlertempo vorwärts. Ein altes masurisches Sprichwort spendet Trost: Überlebt die Kuh den Winter, überlebt auch der Bauer.

Seit die meisten Polen von Panjewagen auf Auto umgestiegen sind, ist die Weisheit allenfalls die Hälfte wert. Viele grenzenlos freie Autofahrer überleben ihr Fahrzeug nicht. Sommers wie winters. Jährlich fallen etwa siebentausend motorisierte Polen dem Kampf mit Raum und Zeit zum Opfer. Wegen einer *gesengten Sau*, sie versucht die Zeit zu überholen, stehen wir kurz vor Olsztyn (Allenstein) eine Ewigkeit im Stau. Feuerwehr, Polizei, Ambulanz und Rettungshubschrauber sind im Einsatz. Fahrer und Beifahrer sind ein Fall für die Pietät, maximal als Organspender auszuschlachten. Das Auto hat nicht nur Totalschaden, es ist atomisiert. Der Baum ist abgeknickt: Querschnittslähmung. Ein winziges Momentchen früher und unser Bus wäre in die Tragödie verwickelt worden.

Zwei zuvor beobachtete Unfälle bei Poznań und Brodnica verliefen vergleichsweise harmlos. Beim Crash Numero eins verbeulte sich ein schnittiger BMW die Schnauze wie ein Pekinese. Die Insassen kamen mit leichteren Blessuren davon. In den Unfall Numero zwei, eine wahre Bagatelle, waren ein Ford und ein Opel verwickelt. Verursacher und Opfer saßen einträchtig im Straßengraben und warteten auf die Polizei.

Gelbe Schilder mit dramatischer Unfallstatistik, schlichte Holzkreuze und tränenfeuchte Blumen der Hinterbliebenen an Straßenrändern ändern den Sinn der Unbelehrbaren nicht. Möglicherweise ist auch nur die Aufmerksamkeit zu sehr abgelenkt, denn in Polen sieht man den Baum vor lauter Schildern nicht. Was da an buntscheckiger Reklame wuchert, provoziert geradezu schwarz-weiße Traueranzeigen.

Unsere Ankunft in Giżycko (Lötzen) ist den Gastgebern zehn Böllerschüsse wert. Soldaten in Tarnanzügen feuern aus Panzerkanonen. Sie bereiten sich auf ihren Einsatz in Afghanistan vor. In wessen Namen?

Dienstag, 5. August 2008: Giżycko-Olecko-Suwałki-Nationalpark mit Kloster Wigry-Kaunas (248 km)

Der Tag beginnt mit einem Ausflug in die masurische Tierwelt. Beim Morgenspaziergang zum Ufer des noch schlafenden Löbentinsees rette ich per Hechtsprung einen kleinen Frosch vor einem riesigen Militärlaster. Im Land ohne Eile entscheidet der Bruchteil von Sekunden über Leben und Tod. Garantiert kein Ornithologe, zeigt mir der uniformierte Fahrer doch einen Vogel.

Baldig sehen wir schönere Exemplare, ganz, ganz viele. Das Grenzland zwischen Polen und Litauen ist Storchenland. Bis zu sechzig Weißstörche auf einem Fleck habe ich gezählt! Jeder vierte Storch auf dieser Welt ist ein Masure. Die Polen nennen alle Störche *Wojtek,* wenngleich im Wörterbuch *Bocian* steht. Litauen krönte den rotbestrumpften Stelzfuß sogar zum Vogel der Nation. Was den Litauern der Storch, ist den Polen der Pilz. Die Jagd auf ihn ist millionenfacher Volkssport. Pilzverkäufer stehen im Nachbarland mindestens so viele am Straßenrand wie Alleebäume.

Alles, was den Polen heilig ist, zeigen sie gern ihren Gästen. Dazu gehört der Wigry Nationalpark, malerisch gelegen in der nordöstlichen Wojewodschaft Podlaskie im Landkreis Suwałki in Grenznähe zu Litauen. Der große Wigry See ist von vierzig kleineren Waldseen umgeben. Man bezeichnet sie als *Suchary*, was so viel bedeutet wie Zwiebäcke. Für mich sind es eher strahlende blaue Augen im Gesicht einer ewig jungen, grünen Landschaft.

Der Blick vom Kirchturm des Kamaldulenserklosters Wigry, auf einer Halbinsel des Wigry Sees befindlich, schweift weit ins Land. Einst wurde der katholische Einsiedlerorden von König Johann Casimir ins Land geholt. Die anderwärts Romualdiner genannten weiß gekleideten Brüder sind bekannt für ihre äußerst strengen, beinahe autistischen Lebensregeln. Als Unterkünfte dienen ihnen spartanische Ereme.

Obzwar die Polen viel Wert auf ein eigenes Dach über dem Kopf legen, scheint das Interesse an den kleinen schmucken Holzhäuschen eher gering. Die meisten stehen ungenutzt. Den kurz aufflackernden Gedanken, mich hierher zum ungestörten Schreiben zurückziehen zu wollen, verwerfe ich im Angesicht der nicht abreißenden Touristenströme gleich wieder.

Das Kloster war nach der dritten Teilung Polens im Jahr 1796 von Preußen konfisziert worden, was die Vertreibung der Kamedulen bewirkte. Damit nicht genug, zerbarst die heilige Kultstätte im Zweiten Weltkrieg im Hagel zahlreicher Artilleriegeschosse. Bis 1949 hatte der Aufbauwille die Zerstörungswut besiegt. Seither zieht das Kamaldulenserkloster selbst Ungläubige wieder in seinen Bann.

Beim Grenzübertritt, der sich ohne jegliche Formalitäten vollzieht, werden wir von Vija, der lettischen Reiseleiterin, begrüßt. Sie wird uns knapp zwei Wochen mit Rat und Tat zur Verfügung stehen. Unterwegs nach Kaunas erfahren wir allerhand Wissens- und Nachdenkenswertes. Litauer, so Vija, lieben die Demokratie über alles. Sichtlich stolz sei man auf den ausgeprägten Meinungspluralismus, den unendlich viele streitende *Volksparteien*, die kaum jemand kennt, tagtäglich praktizieren. Mutmaßlich rührt der Hang zum Strausieren daher, weil sich die Litauer als Italiener des Baltikums fühlen. Auf alle Fälle reden sie gern, viel und laut. Russisch aber nur hinter vorgehaltener Hand und wenn sie sich unbeobachtet fühlen.

Wo zwei Litauer sind, da gründen sie drei Parteien, die vier unterschiedliche Ansichten vertreten. Alle Parteien aber schwören auf die Marktwirtschaft, die bisher wenige Gewinner und viele Verlierer brachte. Siebzehn Prozent Inflationsrate und eine ähnlich hohe Arbeitslosenquote seien zwar schlimm, aber immer noch besser als das versprochene kommunistische Schlaraffenland. An die Stelle des gleichmachenden Kollektivismus ist individueller Egoismus getreten.

Trotz aller Probleme seien die Litauer optimistisch. Sie hoffen auf paradiesische Zustände – in der Fremde und wandern aus. Der versuchte Sozialismus ist abrufbar positiv im Bewusstsein geblieben, zurück aber will ihn niemand. Generell nicht in sowjetischer Prägung.

Die Balten haben die Russen gefressen wie zehn Pfund Schmierseife. Litauen, Lettland und Estland betrachten sich als Schwestern, von verschiedenen Müttern geboren und dem Diktat des großen Bruders entwachsen. Die Bezeichnung der Russen als Großer Bruder oder Brauner Bär ist keineswegs liebevoll gemeint.

Vija führt die singende und betende Revolution täglich im Mund. Die Litanei klingt nicht melodisch rein. Unter den neuen Dirigenten haben sich zu viele Misstöne eingeschlichen. Egal, wohin wir kommen, die russische Minderheit wird diskriminiert. Auge um Auge, Zahn um Zahn. Biblische Zustände. Die überwiegende Zahl der litauischen und lettischen Bevölkerung ist inzwischen wieder katholisch.

Stärker als die Religion verbindet der Glaube an den Basketball, Litauens Sportart Nummer eins. Jeder Junge möchte Basketballspieler werden, jedes Mädchen einen Basketballspieler heiraten. Die verdienen viel Geld und sind selten zu Hause.

Von ganz ähnlichen Motiven beseelt waren die Deutschen Ordensritter. Allerdings griffen sie auf ein anderes Wettkampfgerät zurück. Es war spitz und messerscharf. Auch Kaunas fiel ihrem Schwert zum Opfer. Die im Rohbau befindliche Burg wurde 1361 eine leichte Beute der *frommen* Brüder. Inzwischen ist ihre Ruine restauriert und für Touristen zur Eroberung freigegeben.

Genau genommen gibt es in Kaunas viele kleine Burgen. Die meisten stehen auf dem *Grünen Berg*, dem Nobelviertel. In ihnen hausen vorzugsweise Glücksritter mit Fehl und Tadel. Fragwürdige Restitution von Grund und Boden, Korruption und Vetternwirtschaft erleichtern ihnen das süße Leben ungemein.

Kaunas ist eine ziemlich wässrige Angelegenheit. Die Zweistromstadt liegt am Zusammenfluss von Nemunas (Memel) und Neris. Regen fließt überall hin. Es gießt in Strömen. Die prasselnden Tropfen schlagen Blasen. Die veraltete Kanalisation wird der Wassermassen nicht Herr. Straßen und Plätze gehen unter, mit ihnen unsere Schuhe. Woher das viele Wasser kommt? Regen und Litauen haben den gleichen Wortstamm.

In Kaunas soll außer Wasser noch etwas stärker sprudeln als in Vilnius, der litauischen Hauptstadt. Die Intelligenz. Jurate, unsere Stadtbilderklärerin, muss es wissen. Ihr Name steht in der Wortbedeutung für Meeresgöttin. – Die Quelle der kaunasianischen Nabelschau heißt Maironis (Jonas Mačiulis), mit Denkmalen und

Museen verehrter Priester und Nationaldichter. Museen und Klöster gibt es in Kaunas mehr als Perlen am Rosenkranz. Mönchsorden, von Franziskaner bis Bernhardiner, und pseudoreligiöse Sekten wittern in ganz Litauen Morgenluft.

Für mich ist das selbsternannte geistige Zentrum Litauens eher ein weltlicher Schildbürgerort. Wie anders sonst ist zu erklären, dass die prächtigste Straße von Kaunas ausgerechnet Vilniusstraße heißt?

Zu fünfundzwanzig Städten rund um den Globus unterhält Kaunas partnerschaftliche Beziehungen. Mit dem vergleichsweise nahen Stettin aber liegt man im Clinch. Jede Stadt behauptet, die längste Brücke der Welt besessen zu haben. Die polnische Hafenstadt pocht auf die längste Bauzeit, die litauische Möchtegernhauptstadt auf die Dauer der Überquerung. Immerhin stehen dreizehn Tage zu Buche. Zweifel sind auch hier angebracht, diesmal aber unberechtigt. Die Milchmädchenrechnung ist ganz einfach. Einst befand sich die nämliche Brücke in Kaunas zu je einer Hälfte in polnischer und russischer Hand. Auf polnischer Seite galt der Gregorianische, auf der russisch-orthodoxen Seite der Julianische Kalender. Zwischen beiden Zeitrechnungen bestand ein Unterschied von exakt dreizehn Tagen.

Ursprünglich bedeutete Kaunas etwa *Stadt in der Niederung*. Die Wortherleitung passt wie die Faust aufs Auge. Wohin man schaut – morbide Schönheit und schäbiger Charme. Es werden voraussichtlich Jahrzehnte vergehen, ehe aus den tristen, gesichtslosen Häusern ansehenswerte Fassaden geworden sind. In die Zweistromstadt könnte ich mich allenfalls auf den fünften Blick verlieben. Lediglich der Marktplatz präsentiert sich auf Anhieb sympathisch. Unternehmungslustig erstürmen wir das Rathaus, wegen seiner hohen Gestalt und seines weißen Anstriches *Weißer Schwan* genannt. Warum nicht *Weißstorch*? Der Name würde deutlich besser zu den auffällig schlanken, ranken, langbeinigen und blonden Litauerinnen passen. Wie ich hörte, sind alle blonden Menschen wegen instabiler Gene vom Aussterben bedroht. Von mir aus. Aber bitte nicht die jungen Litauerinnen.

Dem größten polnischen Dichter Adam Mickiewicz, gesprochen Mitzkjewitsch, muss die Stadt noch ärger zugesetzt haben als mir, denn er bezeichnete Kaunas als Ort seiner Verbannung. Was ihn allerdings nicht hinderte, sich von den lieblichen Baltinnen über seinen Gram hinwegtrösten zu lassen. Von irdischen Musen inspiriert, soll er hier viele seiner schönsten Werke verfasst haben. Sein Versepos „Pan Tadeusz" umfasst allein elftausend Strophen. Auf eine dauerhafte Liaison legte der hochsensible Literat übrigens keinen gesteigerten Wert. Nach weitverbreiteter Meinung behalten die litauischen Mädchen ihre körperlichen Reize nur bis zur Hochzeit. Danach bewegen sie sich nicht mehr aus eigenem Antrieb. Sie lassen sich gehen!

Im schroffen Gegensatz zur blendenden Schönheit der Jugend stehen die unzähligen Elendsgestalten, die sich mit entwürdigender Bettelei über Wasser zu halten versuchen. Vor allem alte und behinderte Menschen sind betroffen. Ich schäme mich meiner Almosen. Was ist ein Staat wert, der die Schwächsten im Regen stehen oder sitzen lässt? Auf einer Bank in einer schmucken Einkaufspassage, sie heißt sinnigerweise Freiheitsallee, hockt ein völlig durchnässter Greis. Über sein Gesicht laufen Bäche. Die triefnasse Wolle seiner Pudelmütze verdeckt die Stirn. Ihm fehlen Kraft oder Wille, sich den Naturgewalten zu entziehen. Das grelle Licht der Luxusgeschäfte könnte das schreiende Unrecht nicht wirkungsvoller in Szene setzen.

Unmenschlich ging es in Kaunas auch zu, als Napoleon die Memel überschritt, um in Russland einzufallen. Nach Überquerung dreier Pontonbrücken stellte er seinen Soldaten einen Freibrief aus: Hinter der Memel könnt ihr tun und lassen, was ihr wollt! Das ließ sich die verrohte Soldateska nicht zweimal sagen. Ungeachtet dessen schätzt sich bis auf den Tag jedes Dorf und jede Stadt glücklich, wenn der Usurpator mit seinen Stiefeln dort die Erde berührte. Der Mensch betet seine Vernichter an!

Kürzlich wurde in Kaunas ein Massengrab entdeckt. Der erste und einzig mögliche Verdacht richtete sich auf die Rote Armee, denn alles Böse dieser Welt geht nach dem Selbstverständnis der Polen und Balten von Russland aus. Wie sich herausstellte, handelte es sich um verscharrte Franzosen der 1812/13 vernichtend geschlagenen Großen Armee. Die Erklärung für die gebrochenen Skelette: Man hatte die Verreckten gefroren in die Gruft geworfen.

Napoleon muss ebenfalls jämmerlich gebibbert haben. Auf alle Fälle sagt man ihm nach, dass er kalt wie Hundeschnauze gewesen sei. Sein Zelt stand für eine Nacht hinter dem Rathaus. Heute befindet sich dort das Postmuseum. Während der Kaiser frühstückte, schlugen seine Wachhunde an. Seelenruhig aß der Despot zu Ende, bestieg danach sein Pferd und gab ihm die Sporen. Kaum außer Sichtweite, galoppierten feindliche Kosaken heran, so jedenfalls will es die Legende.

Napoleon und Lenin gelten als die größten Bösewichte aller Zeiten. Einen davon verehrt man immer noch. Wen? Richtig geraten. Die Lenindenkmale sind beseitigt. Auf dem zentralen Platz tummeln sich gegenwärtig andere Helden. Der russische Revolutionär dient allenfalls als Humoreske. Ein riesiges Knopfmonument soll an ihn erinnern. Zumindest Scherzbolde behaupten, die zwei Knöpfe gehörten einst zu Lenins Uniform.

Mittwoch, 6. August 2008: Kaunas-Vilkija-Veliuona-Jurbarkas-Šilutė-Klaipėda/Memel (158 km)

Nach anstrengenden zwei Tagen kann ich endlich wieder einmal ausschlafen. Der Wecker klingelt erst kurz vor sechs Uhr. Meine Langschläferin stöhnt beim Frühstück: „Jetzt habe ich den Salat", gleichwohl sie nur Marmeladenbrötchen und Müslijoghurt isst. „Jeden Tag in anderen Betten aber stets mit demselben Schnarcher. Das ist selbst für eine starke Frau zu viel."

Ich weise den Verdacht, ich hätte sie urlaubsmäßig wieder übertumpelt, weit von mir. Die Bemerkung, dass es bei einer Rundreise nun einmal rund gehe, hätte ich mir allerdings rundweg verkneifen sollen.

Ich bin aufgeregt, lasse mir aber die brodelnden Empfindungen nicht anmerken. Auf mich wartet zwar nicht Ulla Lachauers *Paradiesstraße*, aber immerhin die magischste Gegend dieser Reise: Das Memelland. Von ihm erhoffe ich mir Inspiration für meinen Ostpreußenroman „Gestorbenes Land". Mein Wunsch: Einmal an der Memel stehen und dann…, erfüllt sich zum Glück nicht. Ich überlebe die zauberhafte Begegnung.

Kaunas verabschiedet sich mit tristem Wolkengrau und einer monströsen Investruine aus Sowjetzeiten am Memelufer, ursprünglich geplant als gigantisches Intourist-Hotel. Bei der Errichtung sollte ein neuartiger Baustoff Verwendung finden: Mikroton (zehn Prozent Beton, neunzig Prozent Mikrofone).

Ab Vilkija wird die Landschaft wildromantisch. Kein Wunder, ist der Name doch wölfischen Ursprungs. Urige Wälder, buschige Hügel, weitläufige Wiesen und goldgelbe Felder schmeicheln einem schlafenden Riesen, dem Nemunas. Kleinwüchsige Weiden und Sträucher an seinen Ufern ähneln großen Graskaupen. Der in Legenden ertrinkende Fluss liebt die Ruhe über alles. Nicht von ungefähr schmückt ihn im Russischen der Name Njeman, der Stumme. Bei Hochwasser aber kann er brüllen wie Perkunas, der heidnische Donnergott. Sein Tosen und Toben ist gefürchtet. Abgebrochene Uferkanten, ausgespülte Böschungen und entwurzelte Baumstümpfe können ein Trauerlied davon singen. Vija singt nicht, sie legt eine Kassette ein. Das Ostpreußenlied und andere schwermütige Volksweisen erklingen. Texte und Melodien sind eingewebt in die Härte und Entbehrungen des Lebens.

Wie in Trance gleiten meine Hände bei Veliuona in die Memel, die sich meine Liebkosung gefallen lässt. Eine unerklärliche Vertrautheit nimmt mich gefangen. Die zur Inkontinenz neigenden triefnassen Wolken drohen das stille Einvernehmen zu stören. Schwalben flitzen über die Wasseroberfläche, die ihre Farbe im gespenstischen Licht ständig wechselt. Von silbrig glänzend zu matt schwarz, von bräunlich gelb zu milchig grün. Viele hübsche Ausbuchtungen gaukeln pralle Busen vor. Das Anschmiegen misslingt. Ich gerate auf die schiefe Bahn und rutsche auf veralgten, glitschigen Steinen aus. Zum Glück ist der Fluss an dieser Stelle nicht königskindertief. Erst bringe ich das Wasser der Memel in Wallung, dann das Blut einer *Gewitterfront*. Wenngleich mein Liebling viel Wind macht, ein wahrer Sturm der Entrüstung bricht über mich herein, trocknen meine Sachen doch nur sehr langsam. Ich mutiere zum Gegenstand allgemeinen Mitleids.

Im Memelland, zeitweise als Kleinlitauen bezeichnet, scheinen die Uhren stehen geblieben zu sein. Anders als in Polen aber sind die meisten mit rostigem Blech gedeckten Holzhäuser baufällig oder verlassen. Ein Wohlstandsgefälle ist unübersehbar. Gleichfalls nimmt die Siedlungsdichte spürbar ab. Ärmliche Streusiedlungen und Einzelgehöfte dominieren das Landschaftsgemälde. Die Bauerngehöfte schwimmen als Inseln im Meer von Bäumen, Wiesen und Äckern. Auffällig viele Eichen säumen unseren Weg. Sie gelten den Balten als Symbol von Kraft und Stärke. Den Deutschen übrigens auch. Die verwechselten die lobenswerten Eigenschaften der Natur jedoch allzu oft mit roher Gewalt. Was sie zwischen Jurbarkas und Smalininkai (Schmallenigken) Russen, Polen, Juden und Litauern antaten, treibt einem bis in die Gegenwart Schuldgefühle hinter die Stirn.

Die Dächer vom Dörfchen Bittehnen und der Götterberg Rombinus, veredelt durch das ergreifende Schicksal der ostpreußischen Bäuerin Lena Grigoleit, vertreiben meine trüben Gedanken. Die Geschichte der schlichten Heldin, feinfühlig recherchiert und aufgeschrieben von Ulla Lachauer, hat mich außerordentlich beeindruckt. Nicht zuletzt deshalb, weil sich die Wege von Lena und Rudolf Feldberger, meiner Romanfigur, im wahren Leben kreuzten. Ich will Lena in Klaipėda unbedingt besuchen. Auf dem Friedhof.

Der Aufstieg auf den heiligen Berg bleibt mir verwehrt. Seine Besteigung würde den Zeitplan gefährden. Nicht einmal Napoleons Kriegskasse kann die Reiseleitung umstimmen. Sie soll auf dem Gipfel verbuddelt sein. Der Volksmund dichtet dem Kaiser unzählige an. Gefunden wurde bisher keine.

Die Silhouette von Sowjetsk, ehemals Tilsit, verführt nicht gerade zum Schwelgen. Der Königin-Luise-Brücke sind die meisten Zacken aus der Krone gebrochen und der unangenehme Geruch stammt nicht vom *Suris*, dem Tilsiter Käse. Er entströmt Fabrikschloten.

Ab Šilutė, dem ehemaligen Heydekrug, früher bekannt wegen seines berühmten Pferdemarktes, werde ich hibbelig und schaue alle fünf Minuten auf die Uhr. Ich bin verabredet. In Klaipėda. Mit Ännchen von Tharau. Das Symbol der Liebe, Geborgenheit und Schönheit verdreht noch nach über 300 Jahren den Männern aus aller Welt die Köpfe.

Meine Göttergattin will unbedingt mit zum Rendezvous. Warum? Vielleicht aus Eifersucht. Vielleicht aber auch nur um zu sehen, wie die Geliebte ihres Mannes angezogen ist.

Wir treffen uns auf dem Theaterplatz. Ännchen lächelt huldvoll vom Simon-Dach-Brunnen. Ich schaue ihr tief in die Augen und streichle ihre bronzene Haut. Im Gegensatz zu mir reagiert die Angebetete erschreckend kühl.

Gela zeigt menschliche Größe und verzeiht den unschuldigen Flirt. Ja, sie entzündet sich sogar an meiner Glut. – In einer deutschsprachigen Buchhandlung fällt uns die Broschüre: „Rätselraten um Ännchen von Tharau" von Antanas Stanevičius in die Hände. Tauchen wir ein in das märchenhafte *Es war einmal...*

Im 17. Jahrhundert lebte in dem kleinen Dorf Tharau, unweit von Königsberg, Pfarrer Neander mit seiner wunderschönen Tochter Anne. Frühzeitig Waise geworden, heiratete die siebzehnjährige Jungfer 1636 Johannes Portatius, den Prediger von Trempen. Zur Hochzeit war der in Königsberg lebende Dichter Simon Dach geladen. Nach Künstlerart verliebte sich dieser unsterblich in die Braut. Zu spät, denn die Messen waren gesungen. Was blieb dem in Flammen stehenden Poetenherzen anderes übrig, als sich literarisch nach *seinem Ännchen* zu verzehren. Seine preußisch-plattdeutsche Liebeserklärung wurde nach Johann Gottfried Herders Übertragung ins Hochdeutsche, selbiger suchte für seine Sammlung „Stimmen der Völker in Liedern" geeignetes Material, und der Vertonung von Heinrich Albert und Friedrich Silcher zum Volkslied.

Originalanfang
Anke van Tharaw öß, de my geföllt,
Se öß mihn Lewen, mihn Goet on mihn Gölt.

Anke van Tharaw heft wedder eer Hart
Op my geröchtet ön Löw' on ön Schmart.

Anke van Tharaw mihn Rihkdom, mihn Goet,
Du mihne Seele, mihn Fleesch on mihn Bloet.

Hochdeutsche Übersetzung
Ännchen von Tharau ist, die mir gefällt,
Sie ist mein Leben, mein Gut und mein Geld.

Ännchen von Tharau hat wieder ihr Herz
Auf mich gerichtet in Lieb' und in Schmerz.

Ännchen von Tharau, mein Reichtum, mein Gut,
Du meine Seele, mein Fleisch und mein Blut!

Simon Dach (1605–1659) gilt als bekanntester ostpreußischer Dichter seiner Zeit. Neben Martin Luther und Paul Gerhardt wurde er zum populärsten Verfasser protestantischer Kirchenlieder. Dach erhielt in Königsberg eine Poesieprofessur. Verantwortlich für die dichterische Ausgestaltung akademischer Feste entwickelte er sich zum Lohnschreiber. Er verfasste tausende Texte. Von seiner inflationären weltlichen Literatur überdauerte nur „Anke van Tharaw". Und gerade sie, die heutige litauische Aniké, bewahrte ihn vor dem Vergessen.

Mir ist Simon Dach noch aus einem anderen Grund lieb und teuer. Einer seiner Schüler war der aus einem alten Patriziergeschlecht stammende Johann Frank (1618–1677) aus meiner Heimatstadt Guben. Fünfzehnjährig ging der Jüngling auf studentische Wanderschaft. Zunächst mit seinem Lehrer Benedikt Müller nach Cottbus, dann nach Stettin und später nach Thorn. Aber erst in Königsberg erhielt seine dichterische Begabung Feinschliff. Frank, beide Männer verband eine herzliche Freundschaft, erlag bereitwillig der Kunst des Meisters. Seine frühesten Gedichte zeigen die frische Natürlichkeit der Gesänge Simon Dachs.

1642 nach Guben zurückgekehrt, verfasste Frank zahlreiche religiöse Gedichte und Liedtexte, darunter: „Jesu, meine Freude", das Abendmahlslied „Schmücke dich, o liebe Seele", „Herr Gott, dich loben wir" und „Herr Jesu, Licht der Heiden".

Franks Lieder, in viele Sprachen übersetzt, sind allgemeiner Besitz der evangelischen Kirche. Sie fanden Eingang in etwa einhundertzwanzig Gesangsbücher, gedruckt in Berlin, Königsberg und Frankfurt am Main. „Jesu, meine Freude" zählte Zar Peter der Große zu seinen Lieblingsliedern. Das Lied „Nun danket alle Gott" hat sogar die konfessionellen Schranken durchbrochen und gehört zum geistigen Eigentum zumindest aller deutschen Christen.

Entscheidenden Anteil, dass Franks fromme Dichtungen

überlebt haben, hat Johann Crüger aus Groß Breesen bei Guben (1598–1663). Erst seine innigen Melodien verliehen Franks nur ansatzweise formengewandter Lyrik Ewigkeitswert. Crüger gilt als bedeutendster Komponist geistlicher Lieder nach Martin Luther. Frank nennt ihn Freund und seinen Assaph (biblischer Sänger zur Zeit Salomos) und rühmt: „Durch Deinen Ton, mein Freund, wird alles Gift vertrieben… Wenn Deine Harfe klingt! Wohl Dir, Du edler Geist!"

An den 1677 verstorbenen Dichter Johann Frank, vorübergehend Bürgermeister von Guben und Landesältester der Niederlausitz, erinnert heute der Poetensteig in der Neißestadt. Warum wird er lexikalisch verschmäht?

Um Simon Dach, den großen Sohn von Memel, gebührend zu würdigen, gab die Stadt ein Denkmal in Auftrag. Der Berliner Bildhauer Künne erhielt den Zuschlag und begab sich sogleich auf Motivsuche nach Ostpreußen. Auf der Fähre von Sandkrug nach Memel entdeckte sein geschultes Auge die dreizehnjährige Gerda Schiecke, Tochter des Sandkruger Dünenmeisters. Mit geübter Hand verwandelte sich das Kind aus Fleisch und Blut in sein mit flinken Strichen zu Papier gebrachtes Modell. Von all dem bekam das Mädchen nichts mit. Sie hatte genug damit zu tun, sich zu ärgern. Über den fremden Mann, der ihr den widerspenstigen blonden Zopf partout auf die Brust zu legen versuchte. Gerda leistete Widerstand und warf das geflochtene Haar zurück, mehrfach.

1912 wurde der Simon-Dach-Brunnen mit der krönenden Ännchen-Statue auf dem Theaterplatz von Memel eingeweiht. Sobald sich der Schleier hob, rief eine überraschte Stimme aus dem Publikum: „O Gott, das ist doch unsere Gerda!"

Das Original war nicht anwesend. Es wusste nichts von der Inspiration des Künstlers. Erst an ihrem vierzehnten Geburtstag ließ sich Gerda Schiecke stolz vor ihrem Ebenbild fotografieren.

An die Macht gekommen, verging sich der schreckliche Adolf an Künnes Kind. Es soll den Führer mächtig erregt haben. Der Volksmund spottete: Ännchen wagte es, ihm bei seiner Brandrede auf dem Theaterplatz die kalte Schulter zu zeigen!

Lebende Historiker sind sich einig. Ännchen wurde auf Befehl des Diktators gnadenlos vom Sockel gestürzt, um sich selbst zu erhöhen. Die Mädchenstatue verschwand an unbekanntem Ort. Erst nach der Befreiung Ostpreußens vom Faschismus tauchte sie kurzzeitig wieder auf. Auf einem Schrottplatz in Tharau, inzwischen sowjetisches Wladimirow im Oblast Kaliningrad. Welch Ironie des Schicksals. Die Buntmetallschmelzer rührte Ännchens Schönheit nicht.

Ganz aus dem Bewusstsein der Menschen aber verschwand das holde Mädchen nie. Das Glockenspiel des Münchener Rathauses, gestimmt nach den ersten Takten des Ännchenliedes, bewahrte es vor dem Vergessen. 1954 entstand ein historischer Heimatfilm nach Motiven aus dem Leben von Anne Neander. Eine Rosensorte erhielt den Namen *Ännchen von Tharau*. Und auch der Literaturnobelpreisträger Günter Grass griff in seiner Erzählung „Das Treffen in Telgte" das Thema auf.

Der Prinz, der Ännchen letztlich wachküssen sollte, aber hieß Heinz Radziwill aus Offenburg. Den ehemaligen Ostpreußen, seine Vorfahren waren dereinst dahin ausgewandert, trieben keine revanchistischen Gelüste in die verlorene Heimat. Befragt nach seinen Gründen, antwortete Heinz Radziwill: „Litauen ist das Land meiner Vorväter, es war einmal die Heimat vieler Generationen, die den Namen Radvila trugen, und ich würde mich freuen, wenn mein Vorschlag in die Tat umgesetzt würde. Damit könnte ich einen persönlichen Beitrag zu Frieden und Völkerverständigung leisten."

Was spukte Heinz Radziwill, dessen Schwester in Klaipėda wohnte, im Kopf herum? Er wollte bei der Wiedererrichtung des städtischen Wahrzeichens helfen. Seine in der BRD initiierten Spendensammlungen für den Wiederaufbau der Orgel der Danziger Marienkathedrale und einige polnische Schlösser waren erfolgreich verlaufen. Der Stadtsowjet ignorierte sein aufrichtiges und uneigennütziges Angebot. Radziwill gab nicht auf und wandte sich an die Presse, an Antanas Stanevičius. Vollgestopft mit Angst und Bauchschmerzen entschied sich der Journalist für Ännchen. Sein Artikel löste eine Welle der Begeisterung und Spendenbereitschaft aus. Mit fieberhafter Leidenschaft und kriminalistischer Akribie wurde ein Modell gesucht und gefunden.

Allmählich rückte die Errichtung des Touristenmagneten in greifbare Nähe. 1989 war es soweit. Menschen aus aller Herren Länder strömten herbei, um dem Simon-Dach-Brunnen mit Ännchen Statue, geschaffen vom Berliner Bildhauer Harald Haacke, und dem zum Ehrenbürger von Klaipėda erhobenen Heinz Radziwill die Ehre zu erweisen. Diesmal musste Lenin, bewacht von vier Panzern, weichen.

Nachsatz:
Kurz nach der Hochzeit brachte Anne Portatius, geborene Neander, einen Sohn Friedrich zur Welt, der gleichfalls Pfarrer und Dichter wurde. Er und sein Vater Johannes gelten bis auf den Tag als hervorragende Vertreter des litauischen Schrifttums. Da ihr Mann bereits nach zehn Ehejahren starb, heiratete Anne seinen Nachfolger im Amt, ehedem eine übliche Praxis zur Versorgung der Pfarrwitwen. Als auch ihr zweiter Gemahl vorzeitig von ihr ging, setzte sich ein weiterer Amtsbruder ins gemachte Nest. Ihren Lebensabend verbrachte Anne bei ihrem Sohn Friedrich in Insterburg, wo sie 1689 starb. Unter ihren Nachkommen sollte der berühmte E.T.A. Hoffmann, der bekannte Dichter der Romantik, sein.

Donnerstag, den 7. August 2008: Klaipėda-Kurische Nehrung mit Juodkrantė und Nida-Klaipėda (107 km)
Der Tag beginnt mit einem Spruch: „Unser Demel sitzt in Memel". Im selben Atemzug beißt meine Frau wütend in ihr mit Schaumgummiflocken gefülltes Kopfkissen. Die als Klimaanlage getarnte Flugzeugturbine hat ihr den Schlaf geraubt.
Da der Spottvers unmöglich mir gelten kann, tippe ich auf Friedrich Wilhelm III. Die Alternative gefällt mir. An dem Oberpreußen lässt sich trefflich herummäkeln. Dämlack und Hasenfuß mag stimmen. Ihn einen Schlappschwanz zu schimpfen, geht aber selbst mir zu weit. Schließlich zeugte er mit Luise zehn Kinder. Permanent mit Nachwuchs beschäftigt, mischte sich die Königin der Herzen ansonsten selten in das Leben ihres Schlapp..., pardon, ihres Gatten, ein. Beneidenswert der Mann. Weibliche Zurückhaltung, wo gibt es die heute noch?! In Klaipėda jedenfalls nicht. Hier werden Männer buchstäblich angekettet. Ein hübscher Hochzeitsbrauch.

An jedem Brückengeländer hängen schlüssellose Vorhängeschlösser mit Initialen und den Daten der Gefangennahme.

Der Preußenkönig war mit Frau, Kindern und Hofschranzen 1807 vor Napoleon von Berlin nach Ostpreußen geflohen. Aus dem Exil schrieb Luise, sie starb mit 34 Jahren an Lungenentzündung, einen beachtenswerten Brief. In ihm bewies sie, was ihrem Mann fehlte: Weitblick.

„Bester Vater! Mit uns ist es aus, wenn auch nicht für immer, doch für jetzt. Für mein Leben hoffe ich nichts mehr… Die göttliche Vorsehung leitet unverkennbar neue Weltzustände ein, und es soll eine andere Ordnung der Dinge werden, da die alte sich überlebt hat und in sich selbst als abgestorben zusammenstürzt. Wir sind eingeschlafen auf den Lorbeeren Friedrichs des Großen, welcher, der Herr seines Jahrhunderts, eine neue Zeit schuf. Wir sind mit derselben nicht fortgeschritten, deshalb überflügelt sie uns. Das siehet niemand klarer ein als der König… Es wäre Lästerung zu sagen, Gott sei mit Napoleon; aber offenbar ist er ein Werkzeug in des Allmächtigen Hand, um das Alte zu begraben… Es kann nur gut werden in der Welt durch die Guten. Deshalb glaube ich auch nicht, daß der Kaiser Napoleon Bonaparte fest und sicher auf seinem, jetzt freilich glänzenden Thron ist. Fest und ruhig ist nur allein Wahrheit und Gerechtigkeit, und er ist nur politisch, das heißt klug, und er richtet sich nicht nach ewigen Gesetzen, sondern nach Umständen, wie sie nun eben sind…Dabei ist er ohne alle Mäßigung, und wer nicht Maß halten kann, verliert das Gleichgewicht und fällt. Ich glaube fest an Gott, also auch an sittliche Weltordnung. Diese sehe ich in der Gewalt nicht; deshalb bin ich der Hoffnung, daß auf die jetzige böse Zeit eine bessere folgen wird…"

Das hoffe ich aus tiefster Seele, denn ein Ausflug auf die Kurische Nehrung, im Jahr 2000 ins UNESCO-Weltkulurerbe aufgenommen, steht bevor. Um die Laune meiner Göttergattin zu heben, sorge ich für ausreichend Proviant. In der Empfangshalle des Hotels steht eine Schüssel mit Schokowaffeln. Die sind einfach köstlich. Weit köstlicher ist das Verhalten anderer Naschkatzen. Einige schleichen sich förmlich an. Andere wittern erst unauffällig, bevor sie blitzschnell ihre Krallen in die Beute schlagen. Dreiste bedienen sich ungeniert. Eine ganz Zaghafte mit Dackelaugen umkreist den Freudenspender dreimal, getraut sich aber erst zuzugreifen, hochrot im Gesicht, nachdem sie vom Personal ermutigt wird. Ein älterer Herr postiert sich, einen Prospekt studierend, in Schüsselnähe. Völlig *geistesabwesend* langt er zu, wieder und wieder. Den Vogel aber schießt ein *Mannequin* ab, eine Prachtlibelle. Beim ersten Angriff versteckt die auffällige Erscheinung ihre lüsternen Augen hinter einer riesigen Sonnenbrille. Kurzzeitiger Abgang. Der nächste Auftritt wird mit Kopftuch getarnt. Ich habe alle Mühe, das hübsche Gesicht zuzuordnen. Erneuter Rückzug in den Fahrstuhl. Dann erscheint die Modepuppe stadtfein im Mantel. Wie viel Süßes in dessen Taschen verschwindet, kann ich beim besten Willen nicht erkennen. Die Waffelstudie erheitert mich. Wie müssen sich erst die Kontrolleure der Überwachungskamera amüsieren.

Auf der Fähre holt uns die Vergangenheit ein. Zuerst die sozialistische, dann die germanische. Vija überrascht uns mit einem offenherzigen Geständnis: „Zu Sowjetzeiten fühlten wir uns wie Bettler, arbeiteten aber wie Könige. Mit anderen Worten: Wir haben den Sozialismus kaputtgefaulenzt." Die Reiseleiterin strahlt. Deutlich ernster und leiser fügt sie hinzu: „Heute sind viele Menschen gezwungen, auf zwei oder drei Arbeitsstellen Geld zu verdienen, um zu überleben."

Weiter erfahren wir vom verdeckten Widerstand gegen die rote Fahne mit Hammer und Sichel. Verschenkten mutige Litauer einst Blumen, so in den Landesfarben. Gelb wie die Sonne, grün wie die Natur und rot wie der Patriotismus, der das nationalgesinnte Herz blutrot färbt.

Der litauische Nationalismus ist demonstrativ bis aggressiv. Oder wie soll man das 2003 geschaffene Denkmal für die Einheit Litauens an der Börsenbrücke in Klaipėda anders deuten? Ein Tor mit abgebrochenem Deckstein symbolisiert: „Ein Volk, ein Land, ein Litauen". Wobei der Abbruch heißt, dass Königsberg noch zum vollständigen Glück fehlt!

Die deutsche Vergangenheit ist eher sagenhaft. Neringa, ein hübsches Fischermädchen, wuchs zur Riesin heran. Um die armen

Fischer vor den oft verheerenden Stürmen zu schützen, schaufelte sie mit bloßer Hand Sand in ihre Schürze. Den schüttete sie kurz hinter der Küste ins offene Meer. So entstand ein natürlicher Wellenbrecher, dreiundneunzig Kilometer lang und maximal vierzig Kilometer breit. An der schmalsten Stelle sind es nur siebenhundert Meter. Weil von den Kuren besiedelt, Kurische Nehrung genannt. Die Hilfe wurde ihr mit Undank vergolten. Neringa sollte einen Drachen heiraten, den sie verabscheute. Sie sträubte sich und rief in den Dünen nach einem Hünen. Der befreundete Riese schlug dem Scheusal die Köpfe ab, reihenweise. Die beiden Helden wurden ein Paar. Das junge Glück währte jedoch nicht lange. Ein unvorstellbar grässliches Ungeheuer nahte: der Deutsche Ritterorden. Gegen den war kein Kraut gewachsen. Neringa starb im Kampf mit ihm.

Die wissenschaftliche Entstehungsvariante der Landzunge hat selbstredend auch etwas für sich, ist aber deutlich prosaischer und unterkühlter, also eiszeitlicher.

Wir schwimmen wie auf einem Suppenteller, dessen Ränder man von jedem Standort gut einsehen kann. Das stille Wasser glänzt wie polierter Stahl. Die Schiffsschraube hat Mühe, es in Bewegung zu versetzen. Ruhe legt sich aufs Gemüt. Neben uns ist eine Gruppe weißhaariger Sehnsuchtstouristen in tiefstes Schweigen versunken.

Im Miniaturhafen von Juodkrante, besser zu merken als Judokante, ist die Apathie wie weggehext. Im ehemaligen Schwarzort wimmelt es von märchenhaften Gestalten. Der Hexenberg ist übersät mit kunstvollen Xanthippen- und Teufelsskulpturen. Und wieder gibt es jede Menge Legenden. Eine missfiel dem Lehrer in mir vortrefflich: Eine kleine Hexe passt im Unterricht nicht auf. In der Prüfung soll sie Regen hexen, hat aber die passende Zauberformel vergessen. So zaubert sie anstatt Regen Frösche. Das reichliche Nahrungsangebot lockt Störche an. Die wiederum sorgen für viele Kinder. Fazit: Faulheit zahlt sich aus!

Beeindruckend die Figur des Geschichtenerzählers Pasakorius. Soll ich Ihnen mal eine Story erzählen?

Überredet. Also, manche Männer besuchen den Hexenberg nur deshalb, um ihre Frauen dort in Verwahrung zu geben. – Aber in Schwarzort legt man nur Wert auf liebe Hexen! – Ende.

Mitten im Märchenhain mit seinen gespenstischen Krummholzkiefern verblüfft uns Vija mit litauischen Volksliedern, die sie mit schönem Sopran vorträgt. Unser Beitrag beschränkt sich auf das ergriffene Erlauschen der sich in den Wipfeln verlierenden anmutigen Melodien.

An den zahlreichen Amberständen unweit der Promenade geben zumindest unsere Frauen ihre Sprachlosigkeit auf. Sie produzieren eine Sinfonie der Töne zwischen Ah und Oh!

Bernstein wird auf der Kurischen Nehrung angeboten wie Sauerbier. Wie kann man herausfinden, ob es sich wahrhaftig um Bernstein handelt? Ganz einfach. Man brennt ihn an. Der Schmuck ist dann zwar hin, aber man weiß sicher, dass er echt war.

Absolut echt und wunderschön sind die in den Sand geduckten weißblauen, einstöckigen Fischerkaten. Sie dienen als Fangnetze für betuchte Sommerfrischler. Fürwahr, in den luxuriösen Apartments lässt sich gut aalen. Um die Gleichen unterscheiden zu können, stehen individuell hübsch bemalte Laubsägeschilder davor. Eine uralte Tradition. Wie die Schotten den Clan am Stoffmuster des Kilt, so erkannten die Kuren an den Figuren und Ornamenten die Hausbesitzer.

Der Bus bringt uns nach Nida (Nidden) auf die Haffseite, nur vier Kilometer von der russischen Grenze entfernt. Die *Hauptstadt* der Kurischen Nehrung ist vollständig umgeben von Wald, Heide und Dünen. Ihre ursprüngliche Anlage, Dokumente der Kreuzritter erwähnen sie 1385 erstmals, ist versandet. Drei Versuche, den Ort original wieder aufzubauen, scheiterten. Wind und Sand besiegten Menschenfleiß. Ein Paradies auf Zeit.

Zu Fuß stiefeln wir den Schwiegermutterberg zum Thomas-Mann-Haus hinauf. Die Verbretterung trägt einen dunkelbraunen Anstrich. Die Fensterrahmen sind blau und weiß abgesetzt. Gespannt schaue ich aus dem Fenster des kleinen Arbeitszimmers und wundere mich über die prophetischen Worte, die der große Mann am nördlichsten Zipfel Preußens gesprochen haben soll: „So weit war ich noch nie von Europa entfernt." Alles, was ich sehe, ist nichts. Breitkronige, pinienförmige Kiefern versperren die Sicht.

Thomas Mann zog in das von Einheimischen *Onkel Toms Hütte* genannte Anwesen im Jahr 1930. Drei Jahre später musste er vor den Nazis emigrieren. Die Zeit reichte gerade so, um „Joseph und seine Brüder" zu schreiben. Die Museumsräume sind dem Charakter des außergewöhnlichen Schriftstellers angepasst. Sie strahlen Kälte aus.

Von einem Hügel zum anderen. Der Aufstieg zur Hohen Düne, der zweithöchsten Europas, ist beschwerlich. Viele Maler, darunter so bedeutende wie Lovis Corinth, Max Pechstein und Karl Schmidt-Rottluff, suchten hier ihre Motive. Wenn weitere Künstlergenerationen Inspiration finden sollen, dann muss das Naturdenkmal zukünftig pfleglicher behandelt werden. Am besten ab sofort!

Der von Vija häufig betonte Naturschutz scheint auf dem Papier streng, in praxi aber sehr lax gehandhabt zu werden. Die Düne wird pausenlos begangen, ungestraft sogar außerhalb der Markierungen. Viele Anpflanzungen liegen zertreten, Zigarettenkippen verunzieren den Sand. Verkohlte Baumstümpfe sind ebenfalls das Werk des Menschen. Feuerteufel versuchen auf diese Weise billiges Bauland für Hotels zu gewinnen. Bisher allerdings erfüllten sich ihre gierigen Hoffnungen nicht.

Im nahen Jachthafen werden wir Zeugen einer Regatta. Der aufgefrischte Wind verfängt sich in weißen Segeln. Die Schiffchen schießen wie Taumelkäfer übers Wasser. Uns bläht die steife Brise Hemden und Blusen. Die Kälte ist verdammt unangenehm.

Erwärmung bringt der groß angekündigte Folkloreabend im Restaurant *Memelis*. Gesang, Tanz und Musik bis zur Erschöpfung. Die Buben fesch, die Trachtenpüppchen süß. Den trockenen Wein aber hat man womöglich aus ganz sauren Gurken gekeltert.

Freitag, 8. August 2008: Klaipėda-Palanga-Riga (318 km)

„Solch einen Urlaub habe ich mir schon immer mal gewünscht", haucht meine Bettnachbarin und gähnt herzhaft. Die Zeppelinos vom Vorabend, Klöße mit Hack, haben sie sichtlich milde gestimmt. Ich starre in eine Vorkriegslandkarte. Ohne mir etwas dabei zu denken, nenne ich den nächsten Haltepunkt unserer Reise: Nimmersatt.

Ganz im Vertrauen. Ich habe die Attacke überlebt. Durch einen kühnen Sprung ins Bad. Durch die verschlossene Tür kläre ich meinen wildgewordenen Handfeger auf. Der sinnige Name bezieht sich auf einen kleinen Ort, in dem einst das Deutsche Reich endete. Der Sturm legt sich.

Nicht so in Palanga, dem schönsten Kur- und Badeort des Baltikums. Zum Schwimmen pfeift mir der Wind zu sehr, heftig umbraust er die L-förmige Seebrücke. Die See aufgewühlt, das Wasser sandig braun. Uns zieht es in den Park des Grafen Juozapas Tiškevičius. Er hält zwar keinem Vergleich zu Pücklers Kunstwerken stand, beeindruckt aber dennoch. Die raue Luft verursacht in den hohen Bäumen wehmütige Klänge. Will man die Touristen damit auf den Berg der Kreuze einstimmen? Es gelingt. Gedanken verdichten sich:

In Litauen war's
auf dem Berg der Kreuze.
Hier sahen die Frauen endlich ein:
Engel können nur männlich sein.

„Soll das ein Witz sein?", fragt meine Schutzpatronin ironisch. Wenn nicht, dann könne sie darüber nur lachen.

Die Religiosität der Balten kommt unausweichlich daher, meist aber diskreter als in Polen. Das gilt vor allem für Estland. In Litauen und Lettland eilen wir von Tempel zu Tempel. Am Berg der Kreuze, unweit von Siauliai, aber halten wir inne. Ein mehrfach überlebensgroßer verwitterter Holzjesus breitet schützend seine Arme über uns aus. Sich besinnen sei ein sicheres Zeichen für die Suche nach der Wahrheit, meint Vija. Und genau aus diesem Grund hätten zaristische und sowjetische Apparatschiks den Hügel gefürchtet wie die Pest. Sie entfernten die Kreuze. Doch, welch ein Wunder, was am Tage ausgerissen, wuchs über Nacht noch üppiger. Aus einem Ort des zivilen Ungehorsams ist inzwischen eine Gedenkstätte für die Opfer von Fremdherrschaft und Gewalt, ein litauisches Nationalheiligtum und Mekka für Touristen entstanden. Anlässlich des Besuches des inzwischen seligen Papstes Johannes Paul II. entstanden sogar Toiletten. Vorher, so die Reiseleiterin, habe es hier manche Sintflut gegeben. Ansonsten konzentriert sich das nationale Aufbauwerk fast ausschließlich auf Kirchen und Paläste, nicht auf Hütten. Eine Ausnahme bilden die Straßen. Sie dienen allen und befinden sich, anders als in Brandenburg und Polen, in tadellosem Zustand.

Am späten Nachmittag erreichen wir die Hauptstadt Lettlands. Das Wort Riga bedeutet *Stadt im Wasser.* Über dem Daugava Fluss erhebt sich das mächtige Schloss, einstmals Burg der Ordensritter. Frappant ins Auge sticht der Turm der Petrikirche. Er dominiert die Stadtsilhouette. Nach dem Willen vieler Reiseveranstalter soll Riga die schönste Ansicht weltweit bieten. Nein, nein, das hat Dresden nicht verdient.

Der Maler ist russischer Herkunft. Er steht vor der St. Jakobi Kirche, geschmückt mit dem einzigen erhaltenen gotischen Turm. Seine öligen Stadtansichten faszinieren. Gefeilscht wird nicht. Ware und Preis sind anständig. Beide Parteien glücklich. Wir aber nur für kurze Zeit. Unsere Gruppe ist weg. Was nun?

Mich befällt Panik. „Bei einem trockenen Riesling fällt mir garantiert etwas ein", beruhigt mich meine mit allen vergorenen Reben gewaschene Globetrotterin. Das Weinlokal bei den *Drei Brüdern* ist gemütlich. Zwischen der polnischen und baltischen Gastronomie bestehen gravierende Unterschiede. Man kann in Litauen, Lettland und Estland bequem drei Gänge verspachteln, ehe man von einem Ober mit Getränkewünschen belästigt wird. Serviert werden maximal zwei Gläser auf einmal, denn mehr Hände hat der Mensch schließlich auch nicht. Tablett und Geldtasche sind unbekannt. Die Rechnung zu bekommen ist nicht leicht. Kassiert wird grundsätzlich einzeln. Mit jedem Schein läuft die Servicekraft zur Kasse. Ungeduldiges Warten aufs Wechselgeld. Wir sind bedient.

Nicht aber von der Stadt. „Wenn wir jetzt den Busfahrer anrufen oder zur Miliz gehen und uns zur Fahndung ausschreiben lassen, sehen wir von Riga gar nichts. Also lass uns bummeln." Ein kluges Kind, meine Frau.

Wir marschieren los. Die Zeiger meiner Uhr stehen auf dreiviertel vier. Hä? Schon gut. Viertel vor vier. Dass Riga einmal Hansestadt war, seit 1282, erkennt man maßgeblich an zwei prachtvollen Patriziergebäuden. Dem Schwarzhäupterhaus und dem Schnapshäupterhaus. Ersteres erbauten ledige Hansekaufleute zu Ehren des dunkelhäutigen Schutzpatrons St. Marinus. Das deutlich kleinere ist eine Gaststätte. Bei ihm standen Säufer jeden Standes Pate.

Die Bummelei ermüdet. Gerade, als ich denke, es geht nicht mehr, stehen wir vor einem Sarggeschäft. Der schwarze Kasten jagt mir eine gehörige Portion Angst ein. Er wartet zum Glück nicht auf mich. In ihm liegt die einst unsterbliche Sowjetmacht begraben. Die patinierte Kupferhülle beherbergt das Okkupationsmuseum. Umräumen musste man kaum, allenfalls neu beschriften. So dicht stehen Böses und Gutes selten beieinander. Das betrifft die gesamte Altstadt von Riga. Im Zentrum wechseln sich reichverzierte Bürgerhäuser und schmucklose, protzige, klobige, pathetische Kolosse ab. Fassaden und revolutionäre Ungetüme aus Stahl, Beton und Granit neben filigranem Backstein und ornamentaler Plastik. Auf dem Rathausplatz steht ein gewaltiges Monument *Die roten lettischen Schützen*. Sie verkörpern Lenins Leibwache. Ihr Anblick schreckt ab. Sicher beabsichtigt. Kontraste wohin man sieht. Alte schwedische Kasernen sind zu puppigen Geschäften umgebaut. Studenten erwarben einen im Siebenjährigen Krieg zerstörten Festungsturm für einen symbolischen Rubel. Das Geld für die Sanierung brachten sie mit Taubenkot auf, den man als Dünger verkaufte.

Gänzlich wohltuend aus dem Rahmen fällt die Alberta iela, eine Straße mit kunstvoll restaurierten Jugendstilhäusern. In keiner anderen Stadt dieser Welt soll es mehr davon geben.

Der berühmteste Architekt des Rigaer Jugendstils ist Michael Eisenstein, Vater des noch berühmteren Sergej. Der wiederum ist der Schöpfer des legendären Filmepos „Panzerkreuzer Potemkin". Vijas Auffassung zum Jugendstil ist drollig und typisch zugleich. „Es gibt zwei Arten des Jugendstils, aber nur einer gefällt uns. Der russische ist kitschig, überladen und farblich geschmacklos. Blau mögen wir Letten überhaupt nicht."

Meinen Nerv trifft dunkelbraun. Halbbitter und von der Firma *Laima*. Die Schokoladenmarke hat es tatsächlich geschafft, sich gegen die schier übermächtige softige Konkurrenz aus dem Westen zu behaupten. Leicht vorstellbar aber auch, dass ich Vija nicht richtig zugehört habe. Eine Lehrerunart, sagt eine mir sehr nahestehende Person. Damit Laima auch zukünftig nicht in der

Versenkung verschwindet, stecke ich sieben Tafeln in meinen Brotbeutel. Sieben ist meine Glückszahl.

Im *Bauch* von Riga hoffen wir unsere Gruppe zu finden. Die Hoffnung zerschlägt sich. Das Gewirr der Marktstände, untergebracht in vormaligen Zeppelinhangars und unter freiem Himmel, ist zu groß. Der Markt an der Maskavas iela ist fest in russischer Hand. Die verbiesterten Gesichter der Händlerinnen assoziieren Sibirien. Freundlichkeit scheint kein Wesenszug russischer Menschen zu sein. Der Bär ist brummig. Er will weder gefällig sein, noch lettisch sprechen. Beides Voraussetzung für die neue Staatsbürgerschaft.

Ich möchte Pflaumen kaufen. Gegen Skorbut. Die Halbpension ist ziemlich vitaminarm. Die Verkäuferin, Typ Matrjoschka, schaut mich nicht an. Sie unterhält sich mit einer Nachbarin. Nebenbei aber tütet sie das Gewünschte ein. Für mich? Die Füllmenge wird per Hand abgeschätzt. Minuten später landet die Tüte auf einer richtigen Waage. Jetzt wird ein Taschenrechner von gewaltigen Ausmaßen zu Rate gezogen. Erwin Strittmatter flüstert mir ins Ohr: „Ooch eene Handelsfrau sollte rechnen kenn', am besten im Koppe!"

Zwei Früchte raus. Erneutes Kalkulieren. Gut? Nein, eine weitere Pflaume fliegt in die Stiege zurück. Die anderen schüttet das Stoneface in eine Papiertüte. Ohne mit der Wimper zu zucken nimmt die Ungnädige den Zehnlatschein. Aufreizend langsam kramt sie in einer Pappschachtel nach Wechselgeld und entlässt mich grußlos. Ein Vorurteil hat neue Nahrung. Im baltischen Dienstleistungsgewerbe sind ausschließlich Russen tätig!

Ohne das gigantische Turmhaus im stalinschen Zuckerbäckerstil unweit der Markthallen, das dem Warschauer Kulturzentrum wie ein Ei dem anderen gleicht, hätten wir die Orientierung sicher verloren. Was einst den sowjetischen Kolchosbauern gewidmet war, beherbergt nunmehr die lettische Akademie der Wissenschaften. Wurde hier die Bauernschläue erfunden?

Inzwischen schmerzen meine Füße derart grässlich, dass ich mich glatt aufs Pflaster werfen könnte. Und wieder weiß meine Frau besseren Rat. Auf ihr Geheiß setzen wir uns in den Dom. Dort ist die Chance am größten, die lenkende Stimme des Herrn zu vernehmen. Kaum gedacht, hören wir Mathias. Die Führung durch die heiligen Hallen ist gerade zu Ende. Er zählt seine Schäfchen. Sechsunddreißig, siebenunddreißig, achtunddreißig. Vollzählig. Man hat unser Fehlen nicht einmal bemerkt.

Am Abend sehen wir die Eröffnung der Olympischen Sommerspiele in Peking und hören ausführlich von der dominierenden Wettkampfdisziplin: Störfeuerschießen. Zielscheibe ist Tibet. Was die Chinesen auch tun, sie ernten westliche Kritik. Auf den anderen Reisestationen sehen selbst die Fernseher schwarz. Deutschsprachige Programme oder weltbewegende Sportereignisse werden nicht ausgestrahlt. Olympia ade!

Sonnabend, 9. August 2008: Riga-Pärnu-Tallinn (323 km)

Behutsam ziehe ich die Vorhänge auf. Ein Wetter zum Fröhlichsein und Singen. Mein Weckruf: „Wach auf, Verdammte dieser Erde", bleibt unkommentiert. Ist die frühe Stunde für meine Frau inzwischen gewohnter Alltag? Die Ruhe täuscht. Wir proben den Aufstand. Die Revolte bricht im Hotel *Tomo* aus. Das Haus fehlender Gastlichkeit befindet sich fest in deutscher Hand. Anlass für die revolutionäre Situation ist der Kampf um Butter, Brot und Marmelade.

Für sechs Busladungen Touristen und zahlreiche Individualisten steht ein Frühstücksraum von etwa fünfzig Quadratmetern Fläche zur Verfügung. Der Hotel Aljoscha ist ein dickbäuchiger Russe mit Granitgesicht, Stiernacken und blinkenden Goldzähnen. Der Natschalnik schaut den Barrikadenkämpfen grimmig aber völlig tatenlos zu. Ein Ehepaar aus unserer Gruppe, ich nenne es Familie Frosch, ist aus anderem Holz geschnitzt. Aus Lausitzer *Fichte*. Weibchen und Männchen quaken unentwegt: „Der Stuhl ist meine. – Hinten wird angestellt. – Vordrängeln gibt es bei mir nicht. – So viel Ehrlichkeit muss schon sein. – Ich kann sehr unangenehm werden."

Was heißt werden?! Ein Herr aus dem Spreewald wagt zu widersprechen. „Aber, da vorn ist doch meine Frau."

„Das spielt überhaupt keine Rolle. Warten kann man schließlich auch allein!" Der Ochsenfrosch bläht sich auf. Er rollt die Augen und spitzt die Zunge. Ich fürchte, sie schnellt jeden Moment heraus und leckt mir den Honig vom Teller.

Unerwartet kriegen wir alle unser Fett weg. Von Bayern. Mit und ohne Tracht. „Warum regt's ihr aus der DDR euch überhaupt's auf? Ihr seid's das Warten doch gwöhnt!" Wie lange sind wir vereint?

Damit die Auseinandersetzung nicht eskaliert, setze ich mich auf den Platz des Administrators und fordere von jedem Hungrigen eine schriftliche Legitimation. Nie was von deutscher Zucht und Ordnung gehört? Der Spaß gelingt. Die Zornesfalten glätten sich. Befreites Lachen beruhigt die Gemüter. Nach vierzig Minuten sitzen alle friedlich am Tisch.

Vermutlich muss der Hotelchef massenhaft mit unzufriedenen Gästen zu tun haben, denn auf dem Hof parkt vorsorglich ein alter Moskvitch mit KGB-Kennzeichen. Angst und Schrecken verbreitet das Vehikel allerdings nicht mehr. Im Gegenteil. Die Gäste lassen sich davor scharenweise gefangen nehmen. Es klickt in einem fort. Fotoapparate, keine Handschellen.

Im Bus fühlt sich Vija bemüßigt, die Schlacht am Buffet zu kommentieren: „Auch wenn ihnen an Lettland einiges nicht gefällt, für mich ist es das schönste Land der Welt. Was zählen Organisation und materielle Dinge? Auf die geistig-kulturellen Werte kommt es an. Und davon haben wir genug." – Wie lange noch?

Inzwischen rollen wir durch ein Neubauviertel mit *Chruschtschowkas*. Die genormten Wohnblöcke aus weißem Backstein wurden in der Zeit des gleichnamigen Kremlchefs gebaut. Wegen des hohen Standards ausschließlich für russische Arbeiter. Letten hatten darin nichts zu suchen. Heute wollen sie nicht hinein. Das Viertel ist verrufen. Wegen der Russen. Wiewohl verachtet und von Leitungspositionen ausgeschlossen, wollen die meisten *Okkupanten* in Lettland bleiben. Trotz Diskriminierung geht es ihnen im Baltikum immer noch besser als unter der Schürze von Mütterchen Russland. Spricht man im Baltikum von russischer Minderheit, so bezieht sich der Begriff nicht auf einen Zahlenwert. Man meint minderwertig. Nach Auffassung der Balten sind alle Russen faul und trunksüchtig.

So ausgeprägt der Hass auf den einstigen Großen Bruder, so innig die Liebe zu Onkel Sam. Die Balten lieben die Amerikaner über alle Maßen. Die wiederum scheinen den zahllosen Gunstbeweisen aus aller Welt nicht recht zu trauen. Ihre Botschaften gleichen Trutzburgen. Verrammelt und verriegelt mit stählernen Palisaden und eisernen Fenstergittern.

Pärnu, das schönste Ostseebad Estlands, empfängt uns miesepetrig. Dauerregen färbt die Sommermetropole in tristes Grau. Viele Holzhäuser befinden sich in einem erbarmungswürdigen Zustand. Wenige sind restauriert. Die See liegt ruhig wie abgestandenes Abwaschwasser in einer Emailleschüssel. Von den Linden der großzügigen Parkanlagen trommeln dicke Tropfen auf unsere Regenschirme. Die Geschäftsstraße mit dem nach Schweiz klingenden Namen *Rüttli* ist fast menschenleer. Übersetzt ist es die Ritterstraße. Einen abgehärteten Herrn stört das Sauwetter anscheinend nicht. Er liest vor einem Geschäft seelenruhig die Zeitung. Die Skulptur wirkt frappierend lebensecht. Noch ein Lichtblick ragt aus der Trübnis: die Kapelle für Katharina II. von Russland. Für mich ist Pärnu je zur Hälfte schwedisches Dorf und russisches Garnisonsstädtchen. Schmuckloser gelber Backstein dominiert. Der Eindruck ist unvollkommen. Ein weinender Himmel vermasselt uns die Tour.

Ankunft in Tallinn, Estlands Hauptstadt, um 18.45 Uhr. Das urbane Zentrum am Golf von Finnland liegt nur achtzig Kilometer Luftlinie entfernt von Helsinki. Unser Hotel ist modern und heißt ebenfalls *Tallinn*. Die Welt scheint sich in Tallinn zu treffen. Kaum eine Nation fehlt. Zu meiner Freude gibt es auch Zigeuner. Feurig und scharf, aber sehr zart. Von wegen. Beim Steak gilt das Wort nicht als Beschimpfung. Der Frühstücksfrust von Riga ist gegessen. Als Absacker gibt es *snaps*. Die Esten kennen keine Zischlaute. Dass wir gleich zehn *Gorbatschow* auf einmal vernichten, freut den Barkeeper. Das *Wässerchen* heizt die Atmosphäre auf. Lehrer sind nicht öde. Lehrer können ganz gehörig auf die Pauke haun. Achtundvierzigprozentig!

Sonntag, 10. August 2008: Tallinn-Stadt (7 km Busfahrt, 8 km Fußmarsch)

Die größte logistische Herausforderung einer Busreise ist die Planung von hydrotechnischen Pausen. Während bei Männern regelmäßig alles schnell abläuft, haben die Frauen einiges auszusitzen. In Tallinn plagen uns andere Bedürfnisse. Es riecht verführerisch nach gebrannten Mandeln. An jeder Straßenecke wird frisch geröstet. Knabbernd laufen wir durch Vanalinn, die besterhaltene Altstadt des Nordens. In ihr wurde von Amtswegen bis 1889 Deutsch gesprochen. Frank-Rainer spottet und schiebt sich einen Glimmstängel zwischen die Lippen: „Räucherware hält sich länger." Assoziiert er den alten deutschen Namen Reval mit der gleichlautenden Zigarettensorte?

Innerhalb der Stadtführung quält uns nicht nur Esslust, sondern auch Wissensdurst. Die finnisch orientierte *Dänenstadt* wirft allerhand Fragen auf. Vija wird bestürmt, wie einst das Brigittenkloster von den Schweden. Momentan wohnen dreizehn indische Nonnen darin. Der Toompea genannte Domberg mit dem festungsähnlichen Schloss befand sich ebenso selten in estnischer Hand. Deutsche Ordensritter, Dänen und Russen hielten ihn abwechselnd besetzt. Hätten die Russen nach der Befreiung vom Faschismus nicht vergessen wieder nach Hause zu gehen, wäre man ihnen echt dankbar. Sagt man. Gegenwärtig liegt sich das estnische Parlament hinter den dicken Mauern ständig in den Haaren.

Wir sind gespannt, ob sich seit unserem Besuch vor mehr als zwanzig Jahren viel verändert hat. Unser Bummel beginnt auch diesmal am Viru Tor. In Tallinn liegen günstigerweise alle Sehenswürdigkeiten gleich um die Ecke. Normaalne! Also prima oder cool. Pupsgescheite deutsche Städteplaner sprechen von optimaler fußläufiger Durchwegung! Bekloppt, oder?

Durch sanft ansteigende enge und winklige Kopfsteinpflasterstraßen gelangen wir in die Oberstadt. Die von einstigem Reichtum kündenden Patrizierhäuser, Kontore und Kirchen haben sich farblich herausgeputzt. Zwischen Sehen und Staunen springen wir in Geschäfte. Sonnenschein und extreme Regengüsse wechseln einander ab. In die *Oleviste kirik* kehren wir ein. Das nach dem norwegischen König Olaf II. benannte Münster war bis zum Brand von 1629 mit seinen einhundertneunundfünfzig Metern das höchste Bauwerk der Welt.

Erwähnenswert die Domkirche mit ihren einhundertundsieben Wappenepitaphen, meist für schwedische und schottische Admirale. Aber auch andere illustre Namen sind vertreten. Darunter der vom Weltumsegler und Entdecker Adam Johann von Krusenstern.

Den dicken Kanonenturm *Kiek in de Kök* (Guck in die Küche) lassen wir links liegen. Nicht aber das Ziel unseres Spazierganges: die Patkuliaussichtsplattform. Von ihr bietet sich ein Blick, der jeden Maler zum Pinsel greifen lässt. Bis zum Hafen kann man sehen.

Mich fasziniert besonders die *Dicke Margarethe*. Na und. Ich liebe dralle Frauen. An diesem Weibsbild würde ich mir aber garantiert die Zähne ausbeißen. Und außerdem hat die fette Trulla schon einen Freund, den *Langen Hermann* vom Palast. Der feminine Wehrturm gehört zu einem schönen Rest der Stadtmauer. Von den einst sechsundvierzig Bastionen sind sage und schreibe sechsundzwanzig gut erhalten!

Zurück in die Unterstadt. Die hiesige Ritterstraße, estnisch Rüütli, beherbergte in blutroter Vorzeit das Anwesen des Scharfrichters. Der hatte oft alle Hände voll zu tun. Wer gegen die Gesetze der Stadt verstieß, den ließ der Rat enthaupten. Eine Order lautete: Stadtluft macht frei. Entlief früher ein Leibeigener seinem Herrn und schaffte es, sich unentdeckt ein Jahr und einen Tag in Tallinn zu verstecken, war er frei. Als einmal ein Baron seinen Diener nach dieser Zeitspanne aufgriff und köpfte, war es auch um seinen Kopf geschehen. Ließ man die Großen früher etwa nicht laufen?

Wir bewundern das einzigartige Rathaus mit Drachenköpfen als Wasserspeier und achteckigem Turm, auf dessen Spitze der Wächter *Vana Toomas*, der Alte Thomas, thront. Das Wahrzeichen der Stadt ist geschmückt mit üppigem Schnurrbart und Wetterfahne. Imposant auch die *Krambude Olde Hansa*. Zum Anbeißen die Mamsell an der Kasse mit weißem Häubchen, rotem Mieder über grünem Barchenthemd und mittelalterlichem Leder an den Füßen.

Eine Beutelschneiderin lernen wir in voller Größe kennen. Die diebische Elster, die Geldbörse einer Dame unserer Reisegruppe bereits in der Hand, hätte sich klüger ein anderes Opfer ausgesucht. Mit pensionierten deutschen Lehrern ist nicht zu spaßen. Seinem Aufschrei nach zu urteilen, wird das Luder ganz bestimmt bis zum Sankt Nimmerleinstag an den Fehlgriff denken. Heiliger Bimbam, das war ein Schlag. Von einem *Knirps,* nicht von einem Ritter! Ansonsten bleiben wir während der ganzen Reise unbehelligt.

Vor der 1900 erbauten Alexander-Newski-Kathedrale, Sinnbild der Russifizierung Estlands, werde ich Zeuge einer Inszenierung von Leid und Mitleid. An die Schlossmauer gelehnt, beobachte ich unauffällig das Trauerspiel. Vier erbarmungswürdige Muttchen stehen am Fuße der breiten Kirchentreppe. Bittend halten sie den zahlreichen Gläubigen und Touristen normierte Plasteschachteln unter die Nase. Hier würden für viele *Spatzen* Brosamen abfallen, aber weit und breit ist kein weiterer Bettler zu sehen. Der Claim ist abgesteckt. Die großzügig gereichten Geldscheine verschwinden fingerfertig aus den Schachteln in die weiten Manteltaschen. Estnische Kronen links, fremde Währungen rechts. Ich fresse einen Besen, wenn hier nicht Auftragsbettelei im Spiele ist. Ich bin unangenehm berührt. Auf in die 1422 eröffnete Apotheke am *Raekoja plats* (Rathausplatz). Anstatt dort das Allheilmittel Alka-Seltzer zu kaufen, entscheide ich mich für Marzipan.

Unwohl, aber aus ganz anderem Grund, ist mir am Denkmal für das Führunglück der *Estonia* im Jahr 1994 sowie bei einer kleinen Demonstration gegen den Krieg in Georgien. Ein Gottesmann wettert wider den Satan, den russischen. Der Auflauf wirkt professionell und wird gefilmt. Wie für Touristen inszeniert. Wer für die Eskalation der Gewalt verantwortlich ist, spielt keine Rolle. Man drischt den Sack und nicht den Pfeffer.

Der *Peppersack* ist proppenvoll. In der urigen Mittelalterschänke speisen wir zu Abend. Kaum dampft das Schwein auf dem Tisch, bricht erneut Tumult aus. Zwei Kavaliere ziehen blank und balgen sich um eine leichtgeschürzte Kokotte. Die Hatz geht über Tische und Bänke, treppauf und treppab. Die Fetzen fliegen. Freilich sind wir zum Schluss erleichtert. Die Fechterei endet in friedlicher Sauferei. Als der klapperdürre Tod zur Tür hereinschaut und anstatt Menschenleben Bier fordert, lösen sich die Raufbolde vor Schreck in Schall und Rauch auf. Und das bei striktem Rauchverbot in Gasthäusern. Ohne Ausnahmen und Palaver wie in Deutschland. Zum Dessert entpuppt sich die gerade noch umworbene Braut als Bauchtänzerin mit griffsympathischen Rundungen. Alles am rechten Fleck. Ihre rauflustigen Mantel-und-Degen-Helden schlüpfen in unschuldig weiße Kellnerjacken.

Tallinn ist als baltisches *Las Vegas* verschrien. Die Geister, die man rief, wird man nicht mehr los. Glücksritter aus ganz Europa strömen in die Ostseemetropole. Viele Esten sind spielsüchtig, sie verzocken ihr letztes Geld. Familientragödien und Selbstmorde sind an der Tagesordnung. Knapp hundert Spielhöllen sind offiziell registriert und rund um die Uhr geöffnet. Regierung und Behörden geben sich beunruhigt, unternehmen aber nichts. Wegen der Steuereinnahmen. Über sie will man ein makabres Denkmal finanzieren. Von den Opfern für die Opfer! Normaalne? Nach London und Dublin ist Tallinn die gefragteste Zockeradresse. Von Monte Carlo ist längst keine Rede mehr. Der persönlichkeitszerstörende Pokerschwachsinn wird täglich stundenlang im Fernsehen kultiviert.

„Die westliche Lebensweise hat auch negative Konsequenzen hinter sich gezogen", fasst Vija nachdenklich zusammen. Neben der ausufernden Spielsucht hält Tallinn den Aidsrekord im WHO-Bereich.

Nach der Besichtigung des Rotermannquartiers ist mein Kronjuwel *fußläufig breet*. Das moderne Geschäftsviertel mit zeitgenössischer Architektur liegt zwischen Altstadt und Hafen. Geli bittet mich, an ihr die estnische Sportart *Ehefrauentragen* auszuprobieren. „Fuffzehn Kilo früher gern", entgegne ich. Meine unselige Bemerkung stürzt die Bittstellerin in tiefe Depression, die nur durch Glückshormone abzubauen ist. Der Spaß kostet mich eine ganze Tafel Laima.

Schokolade und Aussicht auf Kadriorg wecken neue Lebensgeister und beschleunigen unsere Schritte. Schloss und Park ließ Zar Peter I. vom italienischen Baumeister Michetti für seine aus ärmlichen Verhältnissen stammende zweite Frau erbauen. Heute beherbergt Katharinental ein Kunstmuseum und die Residenz des estnischen Präsidenten. Es stimmt schon, die unzähligen Könige und Herrscher waren Ganoven. Aber ohne sie hätten wir kaum sehenswerte Baudenkmale.

Montag, 11. August 2008: Tallinn-Gauja Nationalpark-Sigulda-Turaida-Cēsis (343 km)

Es geht wieder früh aus den Federn. Nach dem obligatorischen Morgengruß denkt Mathias bereits an die Mittagsversorgung. Ich bin pappesatt und lehne sein beliebtes Dreigängemenü ab: Zartes Filet im Darm an Senfrosetten und Sättigungsbeilage. Knacker sind parallel im Angebot. Suppen sowieso. Einige Männer bestehen auf flüssiger Nahrungszufuhr. Danach zieht Ruhe ein. Die Nacht war kurz.

Der Grenzübertritt bei Valga bleibt weitgehend unbemerkt. Ich registriere ihn nur, weil mein Kassenvorstand die Geldbörsen wechselt. Ab sofort sind wieder lettische Lats gefragt. Beim Erreichen des Gaujanationalparks in der Livländischen Schweiz, 1973 gegründet, sind alle ausgeschlafen. Sigulda und Turaida, gepflegte und beliebte Urlaubsorte, liegen an den malerischen Ufern der mäandernden Gauja.

Aus der Vielfalt botanischer Gewächse sticht eine Blume heraus. Die *Rose von Turaida*. Das Grab des schönen Mädchens May (1601–1620) konfrontiert uns mit Romeo und Julia von Lettland, einer zu Herzen gehenden Liebesgeschichte.

Schwedische Truppen hatten 1601 das Schloss Turaida (Treyden) eingenommen. Die Widerstand leistende Besatzung wurde gnadenlos erschlagen. Der mit der Erfassung der Opfer beauftragte Schlossschreiber Greif fand zwischen den leblosen Körpern einen halbverhungerten Säugling weiblichen Geschlechts. Er wusste weder wie das Kind hieß noch wer seine Eltern waren. Aus Barmherzigkeit nahm er die Waise in seine Familie auf, ließ sie taufen und gab ihr den Namen May. Er hatte das Mädchen im Wonnemonat gefunden.

May entwickelte sich prächtig, wurde eine hübsche junge Frau, die viele Freier anlockte. Sie aber verliebte sich tief und innig in den jungen Gärtner Heil aus Sigulda (Segewold). Die Liebe wurde erwidert. Zu Michaelis sollte Hochzeit sein.

Zum Turteln trafen sich May und Heil in einer großen Höhle, zum ehrenden Andenken Gutmannshöhle genannt. Aus lauter Liebe hatte der Bräutigam für sein Mädchen über der großen zusätzlich eine kleine Höhle aus dem Stein gehauen und mit Blumen geschmückt. Von dort konnte May den Verehrer schon von Weitem sehen, wenn sie zuerst am Treffpunkt war. Sommers trafen sich die Verliebten täglich, wenn die Tagesarbeiten erledigt waren.

Am 6. August 1620 erhielt May eine merkwürdige Nachricht. Sie sollte sich zu ungewohnter Mittagszeit in der Höhle einfinden. In großer Sorge lief May, in Begleitung ihrer achtjährigen Stiefschwester Lenta, zum Rendezvous.

Vater Greif erschrak auf den Tod, als Heil am Abend in sein Haus stürzte, rasend vor Schmerz. Von Schreikrämpfen und Weinen geschüttelt, erzählte er Schreckliches. Seine geliebte May liege grausam ermordet in der Höhle. Alle Bewohner des Turaidaer Schlosses eilten herbei und sahen das Unglück mit eigenen Augen. May lag reglos auf dem Boden, das hübsche Tuch, ein Geschenk ihres Geliebten, um den Hals geschlungen. Darunter befand sich eine klaffende Wunde. Der Blutstrom war inzwischen versiegt. Die Ermordete wurde ins Schloss getragen. Der Gärtnerbursche Heil war untröstlich.

Wegen der Dringlichkeit des Falles nahm der Landrichter die Untersuchung zügig auf. Seiner Ansicht nach war die Wunde durch einen Axthieb verursacht worden. Man untersuchte den Tatort. In der kleinen Höhle fand man die blutverschmierte Handaxt des Gärtners. Heil führte sie stets in seinem Leibgurt.

Der Landrichter hielt sie für die Tatwaffe. Der Gärtner wurde verhaftet und zur Vernehmung vorgeführt. Heil erschien mit verhärmtem Gesicht. Die Augen rotgeweint. Der Landrichter begann die Befragung:

„Erkennt Ihr die Axt als Eure an?"

Heil antwortete ohne zu zagen. „Allerdings." Darauf stürzte er auf den Richter zu, riss ihm die Axt aus der Hand und schrie: „Ach, meiner liebsten May ihr Blut!"

Unbeeindruckt von dem Gefühlsausbruch des Delinquenten fuhr der Advokat fort: „Habt Ihr sie am 6. August dieses Jahres bei Euch geführt?"

Antwort: „Ja, ich habe sie immer bei mir, also auch an jenem Tage."

Frage: „Habt Ihr morgens am 6. August dieses Jahres Eurer Herzliebsten May Nachricht gegeben, dass sie an diesem Tage gleich nach dem Mittage in der kleinen Höhle sein möge, weil Ihr abends heim sein müsstet?"

Antwort: „Nein, das habe ich nicht getan. Ich bin erst abends zur Höhle gegangen. Dort habe ich meine Herzliebste in ihrem Blute tot gefunden."

Nun ließ der Ankläger den alten Greif vortreten. Herzzerreißende Szenen spielten sich ab. Vater und Geliebter greinten und rangen die Hände. Ein Geständnis gab es nicht.

Der Jurist entschied sich für die Folter. In letzter Minute verhindert durch wichtige Zeugen. Der Schlossverwalter Schildhelm hatte vor einem Jahr zwei Deserteure aus der polnischen Armee zu sich in Dienst genommen. Adam Jakubowsky und Peter Skudritz, zwei liederliche und trunksüchtige Gesellen. Jakubowsky, Schulmeisters Sohn, war bei einem polnischen Regiment Standartenjunker gewesen. Er verstand zu lesen und zu schreiben, weshalb er sich zu Höherem berufen fühlte. Die militärische Karriere endete abrupt, als der kräftige und jähzornige Bursche seinem Offizier eine Maulschelle verpasste. Um der Strafe zu entgehen, war er mit dem einfältigen Soldaten Skudritz desertiert. Schildhelm wollte beide nach Ablauf des einjährigen Vertrages aus dem Dienst jagen. Skudritz klärte die Sache vor Gericht auf.

Sein Kumpan Adam war hoffnungslos in May verliebt. Sie wies seine plumpen Annäherungsversuche jedoch stets zurück. Unbeeindruckt von den Abfuhren machte er der Angebeteten einen Heiratsantrag. Wieder ein Korb. Rachsüchtig beschloss er sie zu notzüchtigen. Der Unhold rechnete damit, dass May aus Scham schweigen würde. Zeuge Peter versprach dem Vergewaltiger zu helfen. Er überbrachte der Jungfer die Nachricht. Da man sich bisher nicht geschrieben hatte, kannte sie die Handschrift von Heil nicht. Justament als May zur Höhle eilte, versteckten sich die Übeltäter und versperrten ihr schließlich den Rückweg. Adam zerriss ihr den Brustlatz. Skudritz hielt sie fest. Ein ungleicher Kampf. Trotz heftiger Gegenwehr unterlag das brave Mädchen. In seiner Not rief es nach dem Heiland. Der ließ sie im Stich. Nun bot sie dem Verbrecher einen weltlichen Handel an: „Lass ab von mir! Ich will dir das größte Geschenk machen, das dir kein König geben kann." Jakubowsky lockerte für einen Augenblick den Griff und fragte, was das wohl Schönes wäre. Anstatt einer Antwort riss May ihr blassrotes Tuch vom Hals und sprach: „Das Tuch besitzt Zauberkräfte. Wenn du es umlegst, kann dir weder Lanze noch Schwert etwas anhaben.

Der abergläubische Skudritz glaubte ihr. Adam nicht. Er höhnte: „Wie kann ein Tuch besser schützen als ein Panzer?" Sprachs und stürzte sich gemein auf das Opfer. Ein letztes Mal versuchte May ihn abzuhalten: „Halt ein und überzeuge dich selbst. Ich lege das Tuch um, und du schlägst mit deinem Säbel zu. Er wird mir nichts anhaben können!" – Adam griff zur Waffe. Das Mädchen band das Tuch um, faltete die Hände zum Gebet und schaute ergeben zum Himmel. „Das wäre ja was Prächtiges. Das will ich gleich versuchen; gewiß bleibst du mir doch!", entgegnete Adam und holte mit voller Kraft aus. Der Streich war gewaltig. Das Mädchen sank tonlos zu Boden. Blut spritzte. Adam schien erst jetzt zu begreifen. Verzweifelt schrie er: „Das habe ich nicht erwartet, sie hat ihrem Bräutigam treu sein wollen, und ich war ein Vieh, ein rasendes Tier!" Wie von Sinnen stürzte er aus der Höhle, schleuderte seinen Säbel in einen kleinen See und brüllte Skudritz an: „Komm mir nicht nah, ich erwürge dich!" – „Warum hat Er den Adam nicht gehindert, den Hieb zu führen?", wollte der Richter vom Zeugen wissen. „Ich glaubte, was May sagte. Erst später habe ich erkannt, dass sie lieber sterben wollte, als sich entehren zu lassen." – Nun wurde auch die kleine Lenta befragt. Sie bestätigte Peters Aussage. Heil wurde freigelassen. Sein Beil war ihm vor Aufregung aus dem Gürtel in die Blutlache gefallen. Man untersuchte das Wasser in der Höhle und fand tatsächlich das Corpus Delicti. – Kurz darauf entdeckte man den Jakubowsky im Wald. Erhängt an einem Baum. Sein Leichnam wurde mit der Tatwaffe und all seinen Habseligkeiten in einem Morast verscharrt. Der Gärtner Heil und sein Fastschwiegervater baten, den Skudritz nicht zu verurteilen. Sie wollten das reine Andenken an das unschuldige Mädchen nicht mit dem Blut des entsetzlich dummen Mittäters besudeln. Peter Skudritz wurde über die Grenze nach Polen abgeschoben, Mays sterbliche Hülle mit allen christlichen Ehren und Ritualen bestattet. Heil setzte auf ihr Grab ein prächtiges Kreuz. Doch sein Herz konnte keine Ruhe finden. Traurig kehrte er in sein Vaterland Württemberg zurück.

Die „Rose von Turaida" galt lange Zeit als schönes Märchen. Mitte des 19. Jahrhunderts aber fand man bei Sanierungsarbeiten im Keller des Rigaer Schlosses Gerichtsakten aus dem 17. Jahrhundert, die jedes Wort urkundlich bestätigen. Seither pilgern Jungvermählte und romantische Schwärmer zu ihrem Grab, verneigen sich tief in stillem Gedenken und legen der *May-Rose* Blumen zu Füßen. Zu allen Jahreszeiten.

Nach dieser ergreifenden Geschichte suchen wir Trost im jetzigen musealen Bischofspalast von Turaida, einst Sitz des Bischofs von Riga. Nicht ganz zufällig stehen Steffen und ich an einer Schautafel dicht beieinander. Fast gleichzeitig haben wir das Bild des Cottbuser Reformators Briesmann entdeckt, der Mitte des 16. Jahrhunderts in Turaida missionarisch wirkte. Steffen, Chef des Cottbuser Stadtmuseums, ist beruflich interessiert. Mich treibt hobbymäßige Neugier um. Leider finden wir auf die Schnelle nichts sensationell Neues zur geheiligten Person von Johannes Briesmann.

Es dämmert, als wir Cēsis, unser heutiges Nachtquartier erreichen. Gela will sich nach Frauenart zum Abendmahl rüsten. Das kann dauern. Mich hungert eher nach Informationen. Weder anstrengende Fahrt noch späte Stunde halten mich von einem Ortserkundungsbummel ab. Unsere Hotelanlage *Kolonna* beeindruckt stark. Auf einem gepflegten Teich schwimmt ein Trauerschwanpärchen. Mir wird ganz blümerant. Die *Rose* spukt in meinem Kopf. In Gedanken versunken, stehe ich unvermittelt vor der Johanniskirche. Es heißt: Wer ihre Scheiben putzt, sieht sein Glück in der Ferne. Ich sehe nah und finde eine verstaubte Gesetzessammlung. Sie enthält einen „Befehl seiner Kaiserlichen Majestät v. 9. Januar 1850 des Selbstherrschers aller Reußen". In Ermangelung „rekrutenfähiger Subjecte" zum Kriegspielen, ordnete der Zar an, dass Gemeinden bis dreihundert Seelen ab sofort nur noch einen Postknecht stellen durften. Seiner Meinung nach suchten zu viele junge Männer, hoch auf dem gelben Wagen dem Militärdienst zu entgehen.

Cēsis gilt als Stadt der Laternen. Die erste flackert in der Hand des Nachtwächters, der vor der Basilika Stellung bezogen hat. Bald sind alle Straßen und Plätze hell erleuchtet, was mir außerordentlich zugutekommt. So finde ich problemlos die fein säuberlich restaurierten Reste der einstigen Hauptburg des Livländischen Schwertordens und das angestrahlte Gutshaus.

Den Besuch von Araisi bleibe ich zu meinem Leidwesen schuldig. Das rekonstruierte Inseldorf mit Holzbauten der Lettgaller, einem slawischen Stamm der Wenden, liegt am Araisisee. An den archäologischen Ausgrabungen der Siedlung aus dem 9. bis 12. Jahrhundert war Professor Rudolf Virchow maßgeblich beteiligt. Virchow war nicht nur ein berühmter Mediziner, sondern nebenher ein begnadeter Altertumsforscher. In der Niederlausitz ist sein Name unvergessen. Die sensationelle Freilegung der Pfahlbauanlage von Lübbinchen bei Guben Ende des 19. Jahrhunderts ist eng mit seinem Namen verknüpft.

Dienstag, 12. August 2008: Cēsis-Rundāle-Vilnius (414 km)
Hurra, die Geschäfte in Cēsis sind zeitig offen. Laimanachschub ist gesichert. Das süße Zeug schleckert sich weg wie nichts. Viele Kilometer liegen vor, viele schöne Eindrücke hinter uns. Trotz Schuckelei fertige ich Notizen – am laufenden Band.

Für die Freunde von Reisetagebüchern gibt Mathias die Fahrtroute bekannt. Ein Blick auf die Karte verrät, dass wir durch die fruchtbare Ebene Semgallens fahren werden. Plötzlich habe ich Hummeln im Hintern. „Könnten wir nicht dem Schloss Rundāle, Sommerresidenz der Herzöge von Kurland, einen Besuch abstatten? Wir fahren ganz dicht daran vorbei und die nächste Rast ist fällig." – Reiseleiter und Busfahrer beraten. Die Gruppe nickt ab. Ich bin glücklich.

Kaum der Schlosskulisse ansichtig, geraten ausnahmslos alle ins Schwärmen. Francesco Bartolomeo Rastrelli, der berühmte Baumeister am Zarenhof, hat nach der Ermitage von St. Petersburg ein weiteres Kunstwerk projektiert. Majestätisch schreiten wir durch das Löwentor des Kurländischen Versailles.

Die Zeit ist großzügig bemessen. Ein Besuch des *Pils Muzejs* ist möglich. Mein Herz hüpft vor Freude auf und davon. Am Eingang des Palastes bin ich der Erste. Immer zwei Stufen auf einmal nehmend, haste ich die breite Freitreppe im Ostflügel hinauf. Nach wenigen Schritten stehe ich im Goldenen Saal. Der Prunk überwältigt. Das Deckengemälde, die Seidentapeten, die Spiegel und den Stuck haben russische Restauratoren erst in den 1980er Jahren erneuert. Dringend nötig, denn innerhalb des französischrussischen Krieges hatte es 1812 Randale in Rundāle gegeben. Kronleuchter, Spiegel, Bibliothek und Möbel gingen zu Bruch oder wurden gestohlen. Was überlebte, fiel künftig deutschem Militär und kommunistischen Bilderstürmern zum Opfer. Das Barockschloss verfiel zur Ruine.

Eine Premiere steht an. Erstmals verwende ich ein elektronisches Diktiergerät. Ein Geschenk meiner Technik liebenden Frau. Ein stummer Freudenschrei. Alle Exponate sind deutschsprachig erklärt. Mein pausenloses Gequassel belustigt einheimische Museumsbesucher. Oder nerve ich sie? Egal, es gibt viele Neuigkeiten zu besprechen.

Dass sich Johann Ernst Biron über das Bett von Anna Iwanowna, Nichte des Zaren Peter I., auf den Thron des Herzogtums Kurland geschlafen hat, war mir bekannt. Auch, dass er nach ihrem Tod 1740 in Ungnade fiel und für mehr als zwanzig Jahre nach Sibirien verbannt wurde. Für meine Studien weit wichtiger ist sein Sohn und Nachfolger Peter. Von der Existenz eines zweiten Sohnes Karl Ernst wusste ich bisher nichts. Vermutlich geht auf ihn ein Abkömmling zurück, der heute in München lebt. Das scheußliche Gemälde, das diesen Ernst Johann Prinz Biron von Curland zeigt, stammt aus dem Jahr 2007.

Mein literarischer Favorit, Peter von Biron, war dreimal verheiratet. Zum Ersten mit Karoline Luise, geb. Prinzessin von Waldeck. Zum Zweiten mit der russischen Fürstin Jewdokia Jussupowa. Und im dritten Anlauf 1779 mit Anna Charlotte Dorothea, geb. von Medem. Er fünfundfünfzig, sie achtzehn Jahre alt. Auf das unterschiedliche Aussehen ihrer vier Töchter, Wilhelmine, Pauline, Johanna und Dorothea, angesprochen, gab Anna Charlotte frivol Bescheid. „Nicht sonderlich kurios bei verschiedenen Vätern!"

Faszinierend für den Niederlausitzer Heimatforscher ist die 1793 auf Schloss Friedrichsfelde bei Berlin geborene Dorothea. Wäre ein Junge geboren worden, hätte Katharina II. von Russland ihn aus dynastischen Gründen wahrscheinlich ermorden lassen. Ein Mädchen konnte der Zarin aus dem Hause Zerbst nicht gefährlich werden. Auf Dorothea, die letzte Herzogin von Sagan – Papa Peter erwarb das schlesische Herzogtum 1786 – reflektierte Hermann von Pückler-Muskau. Die Erbin eines Riesenvermögens wäre dem verarmten Grafen gerade recht gewesen. Pücklers Wunsch ging nicht in Erfüllung. An der Seite einer schillernden Figur der Weltgeschichte, des berühmt-berüchtigten französischen Ministers Charles Maurice de Talleyrand-Périgord, entwickelte sich Dorothea zunächst zu einer Femme fatale, bevor sie in Sagan zu einer seriösen Landesmutter reifte. In Gedanken sehe ich meine deutsch-polnischen Reisegeschichten „Naherholung" Seite um Seite wachsen.

Was ich nicht mehr zu Gesicht bekomme, ist meine Schmuckschachtel. Sie hat im Boudoir der Herzogin die Flucht nach vorn angetreten. Wieder einmal habe ich Raum, Zeit und Geliebte vergessen. Gewissensbisse plagen mich. Aber nur kurzzeitig. Dann beginnt der Ärger. Meine Frau ist mit den Eintrittskarten durchgebrannt. Wie komme ich jetzt in den französischen Garten? Er soll wunderschön sein. Einem gereizten Löwen gleich, gehe ich am Zaun entlang. Laut Flüsterpropaganda ist das Areal zwar von einem Kanal umschlossen, nicht aber vollständig umfriedet. Aus schnellem Schritt wird Laufen, aus Laufen Sprint. Die Angst des Menschen ist die Zeit! Gleich meiner Frau droht auch sie mir davonzulaufen. Völlig außer Puste finde ich hinter dem Gärtnerhaus ein Schlupfloch.

In Eile durch ein Labyrinth von Alleen, Pergolen, Bassins und Bosketten. Der Sonnenkönig lässt grüßen. Für die Orangerie bleibt gleichfalls nur ein flüchtiger Blick. In einem blumigen Wandelgang treffe ich auf meine Eintrittskarte. Nun ja, was soll ich sagen. – Wenigstens komme ich ungeschoren an den Parkwächtern vorbei. Strenge Kontrolle auch am Ausgang!

Auf die Sekunde sinke ich überglücklich in die Sitzpolster. Mein Akku ist leer. Dafür sind elektronischer Informationsspeicher und Notizbuch randvoll. Was kann es für einen Schreiberling Schöneres geben?!

Das positive Gefühl hält bis an die Stadtgrenze von Vilnius, Wilnjus, Wilno oder Wilna, vierzig Kilometer von Weißrussland entfernt. Man nennt die Stadt einen ethnischen Waschkessel. Siebzig bis einhundert verschiedene Nationalitäten plus russische Antichristen, sollen hier heimisch sein. Weil es vor dem Krieg eine jüdische Hochburg war, hieß man Vilnius damals Jerusalem Litauens.

Allmählich wächst die Zahl der Juden wieder. 1991 waren etwa viertausend registriert. Die Metropole beherbergt reichlich eine halbe Million Einwohner und ist katholischer Erzbischofssitz. Für mich kein ausreichender Grund, Touristen religiös zu malträtieren. Irma, unsere Stadtführerin, dagegen ist Vija personifizierte Toleranz, prägen zwei Eigenschaften – antirussischer Nationalismus und fanatisch-missionarischer Eifer in maiorem Dei gloriam.

Aus Irmas Sicht besteht Vilnius aus sechsundvierzig Kirchen und Straßen, die sie miteinander verbinden. Mehr gäbe es über Vilnius nicht zu sagen. Ihrem ausgreifenden Schritt nach zu urteilen, will sie uns in drei Stunden mindestens vierzig davon zeigen.

Der Weg nach Canossa beginnt auf dem überdimensionierten Kathedralenplatz mit einem separaten Glockenturm und der St. Stanislawkathedrale. Ihr klassizistischer Stil erinnert an einen griechischen Tempel. Von dort pilgern wir zu St. Anton. Weitere Gotteshäuser von europäischcm Rang folgen: die gotischen Bauten der Bernhardiner und St. Annakirche, die Missionarierkirche, die Johanniskapelle im Universitätskomplex sowie Peter und Paul, ein Meisterwerk des Barock. Im schneeweißen Inneren mit zweitausend noch helleren allegorischen Figuren zelebriert ein Priester in grüngoldenem Gewand eine Totenmesse. Wir schleichen mucksmäuschenstill auf Zehenspitzen. In jeder der Stätten christlicher Nächstenliebe teilt Irma gehässige Bemerkungen über russische Kunst aus. Angewidert verzichtet sie auf Namen. Egal wie berühmt und wie alt, jeder Künstler ist nur ER. „ER hat sich sicher bemüht. Aber das Ergebnis? Na ja, sehen Sie ja!"

Am Tor der Morgenröte (Osttor) mit dem Bild der wundertätigen Schwarzen Madonna, einem Wallfahrtsort vorzüglich für polnische Katholiken, passiert Bedenkliches. Wir verschwinden unbemerkt von der Bildfläche. Mehr heilige Stätten verkraftet selbst der freisinnigste Atheist nicht. In einer Stadt, die 1323 vom litauischen Großfürsten Gediminas gegründet wurde, seit 1579 Universitätsstadt und seit 1994 Weltkulturerbe ist, muss es außer Kirchen auch andere Sehenswürdigkeiten geben.

Richtig vermutet. Von der Burgruine auf dem Gediminasberg, dem Zentrum der Altstadt, bietet sich ein weiter Blick auf die Stadt. Die Verehrung für den Stadtgründer (1323) ist grenzenlos.

Der litauische Herrscher Gedimin, ein Nachfahre des Großfürsten Mindowe, der Mitte des 13. Jahrhunderts die litauischen Stämme zum Großfürstentum vereinigt hatte, brachte Litauen auf den Weg zu einer europäischen Großmacht. Er starb, vom Schwert eines deutschen Kreuzritters getroffen. Sein Erbe trat 1377 der ehrgeizige Enkel Jogaila (polnisch Jagiełło) an, der 1385 mit Polen die Union von Krewo einging. Der Preis war die Christianisierung Litauens. Jogaila löschte das ewige Feuer auf dem Hügel in Vilnius und zerstörte den dazugehörigen heidnischen Tempel. 1386 ließ er sich taufen, heiratete die polnische Königin Hedwig und bestieg als Wladyslaw II. den Thron des neuen mächtigen Großreiches Polen-Litauen, die spätere Rzeczpospolita.

1410 kam es zur legendären Schlacht von Grunwald. König Władyslaw Jagiełło und der Großfürst Witold schlugen mit ihrem vereinigten litauisch-polnisch-russischen Heer den deutschen Rittern kräftig aufs Haupt. Der erste und letzte Sieg der Polen über die Deutschen. Ein herausragendes Datum in der polnischen Geschichtsschreibung. Das Spektakel wird alljährlich nachgestellt. 1411 schlossen beide Seiten den ersten Thorner Frieden, der den Niedergang des Deutschen Ordens besiegelte.

Kasimierz, ein listiger polnischer Busfahrer, denkt pragmatisch. „Wenn ihr uns Autobahnen baut, lassen wir euch nachträglich die Schlacht von Grunwald gewinnen."

Nach der dritten Teilung Polens fiel Litauen fast gänzlich an Russland. Die soziale und nationale Unterdrückung durch den Zarismus gilt als Nährboden für den permanent lodernden Hass auf alles Russische. Von 1920 bis 1939 okkupierte Polen nach der Staatsneugründung das Gebiet um Vilnius. In dieser Periode wurde Kaunas provisorische Hauptstadt.

Wir laufen durch Vilnius bis die Socken qualmen. Rotwein löscht den größten Brand. Wer sich nicht vorzeitig absetlte, hat weder das prächtige gotische Rathaus, das avantgardistische Künstlerviertel *Hinter dem Fluss,* das Nationaltheater noch das Historische Museum gesehen.

Irmas verbale Attacken sind verklungen, unsere Rekatholisierung ist gescheitert. Eine herbe Enttäuschung für die Missionarin. – Ausschwimmen im Hotelpool. Danach kuschle ich mich in die

Federn und falle trotz Schnellstraße neben dem Bett in abgrundtiefen Schlaf. Mein Herzchen verzichtet auf nächtliche Erholung. Sie reguliert meine geräuschintensive Atmung. „Au! Nicht so derb."

Mittwoch, 13. August 2008: Vilnius-Trakai-Toruń (567 km)

Nach freundlichem Morgengruß und Tagesspruch „Ein Dummer auf Reisen wird oftmals zum Weisen. Ein Dummer zu Hause, bleibt meist ein Banause" (Wilhelm Cowper), zählt Mathias gewohnheitsmäßig seine Schäfchen. Danach lässt er eine Schnurre aus bewegtem Reiseleiterdasein folgen.

Bevor er zu zählen begann, so Mathias, habe er immer nur abgefragt: „Wird jemand vermisst?" Abschlägige Antwort. Einmal aber, nach gut siebzig Kilometern Richtung Bukarest, habe sich dann doch ein schüchterner Gast gemeldet. „Herr Kirsten, meine Frau ist weg." Entsetzen. „Warum haben Sie das denn nicht gesagt, als ich gefragt habe?" – „Dazu bestand keine Veranlassung. Sie wollten nur wissen, ob jemand vermisst wird!"

Abwechslung in den Tag der vielen Kilometer bringt die Wasserburg Trakai, nur knapp dreißig Kilometer von Vilnius entfernt. Es soll die einzige Festung ihrer Art in Osteuropa sein. Lügt der Reiseprospekt, sei ihm die Prahlerei verziehen. Unser Bus parkt auf der mit schmucken Häusern bebauten Halbinsel. An ihren Ufern stehen dichtgedrängt Souvenirstände. Höre ich Bill Ramsey singen? Kauft ihr Leute, kauft sie ein!

Die sagenhafte Dreiseenstadt Trakai, vorzeiten Residenz litauischer Großfürsten, bedient selbst die ausferndste Fantasie in alten Rittersagen. Als Gründer von Trakai verbürgt ist Großfürst Vytautas, Sohn der schönen Vestalin Biruté und des Großfürsten Kęstatis, Sohn des Gediminas. Vytautas der Große symbolisiert bis heute die staatliche Unabhängigkeit Litauens.

Die zum Schutz gegen den aggressiven Deutschritterorden errichtete Bastion liegt auf einer felsigen Insel im malerischen Galvé See. Zu erreichen ist sie über zwei lange Holzstege, die vor einer Zugbrücke enden. Die ist bei unserer Ankunft geschlossen. Auch wer zu zeitig kommt, kann spät dran sein. Dieses Licht wird uns aber erst im weiteren Tagesverlauf aufgesteckt.

Bis die Brücke heruntergelassen wird und die hinter den Mauern befindlichen Museen öffnen, bleibt genügend Zeit, die Burg zu umrunden. Drei wehrhafte Rundtürme, der Bergfried und der Palas, nach französischem Vorbild aus rotem Backstein gemauert, blicken erhaben auf uns herab. Ruderboote und grüne Inselchen bedecken das Wasser wie Sommersprossen ein Gesicht.

Es wird ein heißer Tag. Die Sonne lugt in aller Frühe flirrend über den Horizont. Endlich stehen wir im Innenhof. Die Restaurateure haben hervorragende Arbeit geleistet. Die Unterschiede zwischen Vorherbildern und Realität sind gravierend. Der Reiseleiter drängt auf Tempo. Seine Angst, dass das Museum für Haushaltsgeräte und Gebrauchsgegenstände obendrauf Tupperware im Angebot hat, ist unbegründet. Unsere Frauen bringen seine Reiseplanung nicht in Gefahr.

Auf der Fernverkehrsstraße 105 rollen wir Richtung Marijampolė. Der Ort ist uns von der Hinfahrt bekannt. Vija hält ihre letzte Lektion im fahrenden Klassenzimmer. Auf dem Lehrplan steht der Umgang mit Volkseigentum nach dem Zusammenbruch des sozialistischen Weltsystems. Das vom Volk erarbeitete Vermögen wurde unter der Bevölkerung aufgeteilt, die dafür Wohnungen oder Betriebsanteile erwarb, berichtet sie. Eine Treuhandgesellschaft und die Abspeisung mit Begrüßungsgeld hätten sich die Balten nie und nimmer gefallen lassen.

Wir sind traurig. Vija verabschiedet sich an der Grenze. Die Kulturbesessene ist uns ans Herz gewachsen. Tschüss und Winkewinke.

Der erstere größere polnische Ort ist Suwałki. Ich hätte nie gedacht, dass ich einmal sagen würde: Wir fahren in den Westen und meinen Polen.

Namenlose Straßen, Dörfer und Ebenen ziehen auf der Straße Nummer 16 an uns vorüber. Die Strecke streckt sich – unendlich. Wir quälen uns über Augustów nach Ełk (Lyck) und von dort nach Olsztyn (Allenstein). Viele schlafen, bei mir sind es nur die Beine. Sie kribbeln und krabbeln unangenehm wie Ameisen. So oft es geht, bemühe ich mein Frühsportprogramm.

Am späten Nachmittag erreichen wir Ostróda (Osterode), biegen auf die Landstraße 52 nach Brodnica ein. Zeitweilig geht es nur im Schritt voran. Die Nacht zieht herauf und Toruń liegt noch immer in weiter Ferne. Spruchbeutel Mathias gehen die Pointen aus. Thomas springt mit dem kürzesten Witz ein, den die Welt je gehört hat: Brennholzverleih!

Zwanzig Kilometer weiter der letzte Gluckser. Bei mir fällt der Groschen gleichsam in ganz kleiner Stückelung. Nach der intellektuellen Heimtücke schlägt die Stimmung endgültig um. Es kommt zum in die Weltgeschichte eingegangenen *Thorner Tumult*. Zuerst drohen wir mit Singen. Da jedes Volkslied nach der ersten Strophe endet, folgen üble Sprüche. Wir haben die Faxen dicke. Inzwischen ist es zweiundzwanzig Uhr. Entspannung tritt ein, als wir trotz vorgerückter Stunde lächelnd empfangen werden. Den Spruch „Je später der Abend, desto freundlicher das polnische Hotelpersonal" muss ich mir unbedingt merken.

Donnerstag, 14. August 2008: Toruń-Poznań-Cottbus (435 km)

Die Koffer werden täglich schwerer. Sie sind inzwischen prall mit gewichtigen Erlebnissen gefüllt. Der angekündigte Stadtführer erscheint nicht. Ungewohnte Freizeit. Mathias setzt die Abfahrt in die Heimat auf dreizehn Uhr fest. Das Rathaus und das Nikolaus-Kopernikus-Denkmal sind gute alte Bekannte. Selbst den schiefen Turm kennen wir schon. Gela hat das Wilam-Horzyca-Theater noch nicht gesehen. Ich möchte ihr den Musentempel, in dem der Gubener Intendant Hans Fiala während des Zweiten Weltkrieges wirkte, unbedingt zeigen. Wie beim ersten Mal ist das Haus zu früher Stunde geschlossen. Schauspieler sind Nachtschwärmer.

Der Sehenswürdigkeiten überdrüssig suchen wir ein Plätzchen zum Entspannen. Der Weg ist weit, das Ziel ist lohnend. Das Weichselufer. Wir erreichen es durchs Seglertor. Hinter uns der wuchtige Johannesdom. Von den zum Boulevard ausgebauten alten Kaimauern bietet sich ein freier Blick auf die Weichsel. Auf einem Restaurantschiff herrscht rege Betriebsamkeit. Direkt neben uns sitzt ein Liebespaar eng umschlungen auf den Stufen. Sie vielleicht zwanzig, er geschätzte fünf Jahre älter. Gela grüßt höflich: „Dzień dobry".

Der Gruß wird freundlich erwidert. Dann schauen die beiden wieder verträumt aufs Wasser. Ich störe dreist: „Jak tam?" Will doch mal hören, ob auch junge Polen mit der landesüblichen Floskel „Stara bieda" antworten. Wörtlich übersetzt: Die alte Armut. Zu gut deutsch: Beschissen ist geprahlt oder Man kann gar nicht genug klagen.

Elena, so heißt das Blondchen, antwortet gut verständlich: „Sieht man das nicht?" Sagt's und kuschelt sich noch dichter an ihren Bogdan. Wir haben es mit Germanistikstudenten der Toruńer Kopernikusuni zu tun.

Meine Verblüffung ist echt. „Woran haben Sie erkannt, dass wir Deutsche sind?"

„Am Latschen."

„Gehen Deutsche anders als Polen?"

„Wieso? Ich meine am Latschen." Elena zeigt auf meine neuen Lederpantoffeln in durchsichtigem Plastikbeutel.

„Ach so. An *den* Latschen!"

„Ja. Fast alle deutschen Touristen kaufen Hauslatschen in Polen."

„Szerokiej drogi", wünscht Bogdan zum Abschied, als hätte er vergessen, woher wir kommen. Einen breiten Weg werden wir gut gebrauchen können. Wir wollen vor Weihnachten zu Hause sein.

Vom sehenswerten Toruń lenkt Burkhard den Bus nach Inowrocław und von dort über Land bis Gniezno (Gnesen). Die Eindrücke sind flüchtig. Auf dem letzten Teilstück, der E 261, kommen wir gut voran. Die eingesparte Zeit schreibt uns Mathias gut. Er ermöglicht eine Stippvisite auf dem Marktplatz von Poznań. Viel sehen in kurzer Zeit? Unmöglich. Wie die Hörner der zwei Ziegenböcke im Rathausturm so prallen unsere Vorstellungen aufeinander. Der Klügere gibt nach. Geli stimmt der Besichtigung des ursprünglich als Kaiserpfalz erbauten Schlosses zu.

Just in dem Moment, in dem ich das Opfer als solches erkenne, ist mein guter Ruf als Frauenversteher bereits irreparabel ruiniert. Nach dem Tupperbüchsenfiasko von Trakai die nächste Pleite in Poznań. Alle Frauen, außer meiner, haben die Freizeit sinnvoll genutzt. Aus ihren Einkaufstüten quellen Blusen, Kleider, Hosen, Schals und Schuhe. Einige Mädels scheinen den Urlaub im Schmuckladen verbracht zu haben. Meiner Liebsten Frust entlädt sich in einem einzigen untröstlichen Satz: „Anstatt einmal nach Herzenslust einkaufen zu können, muss ich mir immer nur alte Klamotten ansehen."

Ein weit verbreitetes Vorurteil bescheinigt den Deutschen ein vergleichsweise größeres Einsamkeitspotenzial als den Polen oder Balten. Die Folge wäre ein permanenter Gefühlsstau mit Leidensdruck. Einfacher ausgedrückt: Je weniger soziale Kontakte, desto verklemmter der Mensch. Das kann ich so nicht stehen lassen. Alles völkerpsychologische Makulatur. Vor allem, wenn man mit mehr als einem Lehrer auf Reisen geht. Cornelia, Steffen, Frank-Rainer, Siegrun, Annette, Renate… werden es Ihnen gern bestätigen.

P.S.: Die Reiseeindrücke zu Papier zu bringen, strengt mich sehr an. Um mich vom Schreiben etwas abzulenken, lese ich zwischendurch Erwin Strittmatter. „Der Laden", dritter Teil. Blanke Bestürzung auf der Seite 159: „Es gibt keine Zeit, in der nichts geschieht, denn geschähe nichts, gäbe es keine Zeit, aber beim Erzählen wird Chronologie zum Mistbeet für Langeweile. Ich will euch nicht langweilen, und verzichte auf Chronologie." – Dein methodischer Hinweis kommt Zeitchen zu spät, lieber Erwin.

Horror in Bayern

Indem das ich die Gschicht zu Papier bringe, bin ich mit Bayern ausgesöhnt. Zum Zeitpunkt des traumatischen Reiseerlebnisses sah die Welt nicht so rosig aus.

Auf das Urlaubsziel hat mich Christina gebracht. Das dralle Dirndl vertrat ihre Chefin auf einer Reisemesse in Cottbus. Unsere Stände befanden sich im Foyer des Radisson-Hotels zufällig nebeneinander. Sie präsentierte pralle Äpfelchen im Trachtenmieder, ich aufreizende Lektüre in Klarsichtfolie. Unsere Offenherzigkeit wurde vom Publikum nur in den Tanzpausen und nach der Schlacht am Büfet honoriert. Zwischendurch verdrießliche Öde. Dem unbeteiligten Anstarren folgte personengebundene freundliche Mimik. Belanglose Worte hin, nichtssagende Antworten retour. Ganz allmählich vereinigten sich Worttropfen zu sprudelndem Redestrom. Jawohl, wir hatten uns viel zu sagen, der alte Mann und das Mädchen. Zum Abschied lockte die fesche Maid mit Essing, Emsing, Titting und Kinding. Kein unmoralisches Angebot in bayerischer Mundart, sondern Stationen einer Rundreise durch den Naturpark Altmühltal. Wir nahmen die Einladung an.

Das Hotel Dirsch liegt direkt an der Hauptstraße von Emsing und lässt sich gänzlich ohne Navigator leicht finden. Immer der Nase nach. Während ich in der exklusiven Anlautertherme Bahn um Bahn schwimme, dringt durch die Schleuse zwischen Innen- und Außenbecken der irre Duft von Gülle und Silage. In der *Alpha Laval Agri*, gleich nebenan, wird gesunde Milch für Zott produziert. Die *Pinguine*, die uns im Hotel begegnen, sind nicht ausschließlich wegen der gesunden Kuhmilch da. Die stocksteifen Allianzmitarbeiter in Schwarz und Weiß lassen sich in Gewinnmaximierung schulen. Ein wenig mehr Zahlenkenntnisse hätten mir genauso gutgetan, denn christinamäßig ist Emsing ein Reinfall. Meine Cottbuser Bekanntschaft befindet sich im Urlaub. Zum Glück habe ich drei Frauen in der Hinterhand.

Beim Anblick zweier intakter Münzfernsprecher, so etwas gibt es im Handyzeitalter zweifellos noch, ärgere ich mich trotzdem, nicht angerufen zu haben. Ein Jungbrunnen ist versiegt, bevor er sprudeln konnte. Zu meiner Schande muss ich gestehen, dass ich, im Gegensatz zu meinem Freund Ulli aus Briesen, auf junge Dinger bezogen schwächele. Dagegen ist mir die Historie gewogen. Im Handumdrehen habe ich die Tradition unserer Herberge entschlüsselt. 1879 erwarb Johann Paul Dirsch Gastwirtschaft und Land. Ein Jahr später begann er mit dem Bierbrauen. Mit viel Mühe rettete sich die Schänke über die Kriege. Nachdem die Vorfahren lange in den Mond geschaut hatten, wollten die Nachfahren endlich Sterne sehen. Heute bieten Hotel und Gästehaus für Erholungsuchende himmlische Verhältnisse. Die vier Sterne sind blitzblank geputzt.

Auch Emsings urbane Genetik ist schnell entschlüsselt. Der ursprünglich *Omesingen* geheißene Ort wurde 1158 erstmals erwähnt. In einer Urkunde sprachen Bischof Philipp und Domkapitel Eichstätt Recht „über ir selbes leut und gut". Auf die weit frühere Besiedlung der Gegend weisen die Steinfundamente zweier Wachtürme des römischen Limes hin. Er wird der rote Faden unseres Urlaubs. Seit 1972 ist Emsing ein Ortsteil der Gemeinde (Markt) Titting.

Die Freude über die historischen Quellen verfliegt beim undefinierbaren Frühstück einheimischer Urlauber. Es dampft und ist fadweiß. Die Wissenslücke wurmt mich. – Genau. Was die Krachledernen mit Appetit verspachteln, ähnelt fetten Mehlwürmern. Der Gedanke erscheint mir jedoch derart garstig, dass ich nicht zu fragen wage. Also zermartere ich mir eigenständig den Kopf. Im stillen romantischen Anlautertal sitze ich auf einer Rundbank unter prächtiger Linde und schaue auf die Untermühle mit Mühlsteinen, Mühlgraben, Fischrinne, Brücken und Rohrkolbeninsel. Die Einsamkeit tut gut, führt indes nicht zum Ziel.

„Was haltet ihr von München?", frage ich Geli, Heidi und Annemarie. Vorsichtshalber weihe ich meine Begleiterinnen nicht über die wahre Ausflugsabsicht ein. Ich stehe unter Kuratel. Nach Meinung der drei soll ich mich wieder einmal vom Recherchieren und Schreiben erholen.

In der bayerischen Hauptstadt stelle ich die verdeckten Mehlwurmermittlungen vorübergehend ein. Schuld daran ist Erika, unsere Stadtbilderklärerin. Die freischaffende Künstlerin hat an der Seite der unvergessenen Ruth Drexel den *Bullen von Tölz* gehütet. Die Frau ist eine Granate. Sie explodiert zwar nicht, spuckt aber mächtig Zunder. Weltfremd aber lebensnah. Wir sehen die *Arroganz Arena* des Fußballrekordmeisters und hören von der bescheiden schönen Wohnungsnot. Erika ist direkt betroffen. Nach dreißig Jahren Mietrecht wurde ihr wegen Eigenbedarfs die Bleibe gekündigt. Eine bezahlbare neue zu finden, ist im Bussi Bussi München so gut wie aussichtslos. Mein Angebot, nach Brandenburg überzusiedeln – hier warten unzählige Plattenbauten auf neue Mieter – lehnt Erika rundweg ab. Der in Schloss Nymphenburg sehr beengt residierende Franz von Bayern ist da nicht so wählerisch. Das heutige Oberhaupt der Wittelsbacher kehrt gern in der Niederlausitz ein. Als Gast von Hermann Graf von Pückler logiert er ab und an in Branitz im schlichten Inspektorhaus.

König Ludwig II. bekämpfte seine permanente Raumnot mit dem Neubau vieler Schlösser im Stile eines Ludwig XIV. „Manche davon stehen leer", gebe ich der Komödiantin einen zweiten heißen Tipp. Erika winkt wieder dankend ab. „Zu gefährlich für meinen guten Ruf. Eine Lola Montez ist für die Geschichte des Freistaates mehr als genug."

Blauweiße Skandale und Skandälchen gab es im bayerischen Königshaus entschieden mehr als ein Straßenköter Flöhe hat. Erstens war Ludwig II. zur Hälfte ein *Saupreiß* und zweitens nicht ganz dicht. Anstatt in Luxusappartements campierte der Märchenprinz ganz nach Belieben wie weiland Dionysos in einer Tonne. Die Konstruktion aus Glas und Eisen soll direkt über dem Schlafgemach seiner Mutter gestanden haben. In der Tonne entfaltete sich eine exotische Landschaft mit Kokos- und Dattelpalmen um einen künstlichen See. Weil der See unanständig und respektlos ins Bett der Königin tropfte, sprach selbige ein Machtwort: „Des geht fei net, Bua!"

Zweifel gibt es nicht nur am Verstand des Opernkönigs. Nicht ausschließlich, weil er Richard Wagner wie närrisch verehrte. Nein, sein königliches Geblüt kippelt. Zum Zeitpunkt seiner Zeugung litt Vater Maximilian bereits unheilbar an der elenden Hosenkrankheit. Jedenfalls gibt der Tod des ausgeflippten Monarchen mancherlei Rätsel auf. Der 1845 Geborene fand am 13. Juni 1886 bei Schloss Berg im Starnberger See unter mysteriösen Umständen den Tod. Jüngste Gerüchte, nicht das Jüngste Gericht, sprechen vom Tod durch Erschießen. Egal. Eines scheint sicher: Entweder wurde der *Kini* ermordet oder er schied nicht freiwillig aus dem Leben.

Ungereimtes auch von seinem Großvater Ludwig I. Der Souverän hievte seinen unglücklichen Sohn Otto auf den Thron von …, na? Richtig, auf den Thron von Griechenland!

Die bajuwarische Hauptstadt hat andererseits viel Fröhliches zu bieten: Liesl Karlstadt und Karl Valentin. Über dem Eingang zu ihrem Museum am Isartor steht: „99-jährige haben in Begleitung ihrer Eltern freien Eintritt". Wir berappen 2,99 Euro pro Person. Zu den absonderlichsten Kuriositäten, welche *ma sehn tateten*, zählen ein Winterzahnstocher mit Fell und ein Nagel, an den der Komiker seinen Beruf hängte.

Uns gefällt es in München derart gut, dass wir in der Marienkirche spontan beschließen, in Bayern um Asyl zu bitten. Diesmal ist Erika mit gutem Rat zur Stelle. Sie empfiehlt das Hofbräuhaus als vorübergehende Bleibe. Es gelingt auf Anhieb, zwei gute Plätze zu bekommen.

In der weltberühmten Kaschemme herrscht täglich Oktoberfeststimmung. Jubel, Trubel, Heiterkeit. Ein Inferno von Tönen, Farben und Ausdünstungen. Menschen aller Herren Länder und Einheimische in *Diandl*, *Trachtenblusn* und *Ledahosn*. „A jeds hot a scheens Gwand o. Bloasmusi spuilt und Alpnjodla klingn", freut sich Erika.

Wir bevorzugen Kalorien. Mein Dirndl bestellt eine kleine Portion Leberkäse. „Und ich hätte gern einen halben Broiler", ergänze ich.

„Ja vareck. Wos wuist jetzt du?" Wastl, der dickbäuchige Kellner, schaut mich fassungslos an. „Broila? Wos is nacha dös?" Pikiert wendet sich der schwergewichtige Ober an eine Kollegin: „Host ghört, Stasi. Der gute Mo mecht a Broila – in Mingn. Net zum glaam." Kopfschütteln in meine Richtung. „Do is nix zum macha."

„Dann bringen Sie mir bitte ein Paar Wiener mit Brot."

„A poor Wiena wuist ham? Im Hofbreihaus? Kruzitürken, s derf do net wohr sei. A Weißwurscht koannst kriegn und danoach a Schnapsl."

Schockiert zucke ich zusammen wie nach einem Stromschlag. Dank dem Chiemgauer Volkstheater, ich bin ein Bauernstück-Konsumierer, entfährt es mir in urwüchsigem Bayerisch: „Pfui, Deifi, dos ko ma do net essa!"

Gerade noch rechtzeitig bemerke ich, dass auf allen Tellern um uns herum blasse, dicke Mehlwürmer liegen. Grad wie im Hotel Dirsch. Fluchtartig verlassen wir das Hofbräuhaus. Im Abgang höre ich die Bedienung schreien: „Hoit! Bleibts do! D Maß is no offa."

Ganz so leicht entkommen wir Hansi nicht. Der Herr Ökonom ist ein Temperamentbolzen. Ein falsches Wort und er dreht am Rad, von Null auf Hundert im Bruchteil einer Sekunde. Hans-Georg Luber aus Pollanten ist zudem schwarzhaarig, drahtig und langnäsig. Sein französisches Erbe, wie er stolz berichtet. Just in Napoleonischer Zeit vereinigten sich Bayern und Franzosen zur Blutauffrischung. Je sieben Frauen und Männer wurden zur Zucht ausgewählt. Die Nachkommen leben parallel in Bayern und Frankreich.

Vorderhand lenkt uns der *gschnappige Hanswurscht* mit Treideln auf dem arg gestutzten und verlodderten König-Ludwig-Kanal von seinem geplanten Angriff auf unseren guten Lausitzer Geschmack ab. Das künstliche Gewässer verband einst Donau und Main miteinander. Von den ehemals einhundert Schleusen ist nur noch die Nummer fünfundzwanzig funktionsfähig. Wir besteigen die *Alma Victoria*, einen alten Blechkahn. Baujahr 1933. Das Schiffchen wird von einem Brauereipferd, einer Magd und einem Knecht getreckt. Wir treideln durch eine karge Wacholderlandschaft, die in einiger Entfernung in tiefgrünen Mischwald übergeht.

Um beim Blick in die trübe Kanalbrühe nicht schwermütig zu werden, unterhält uns Trachtlerjoppn Hansi mit Weisheiten und Sprüchen. „Wissens, wos a bayrische Todsünd is? – Oan schwarzn CSU-Politika mit Weisheit schlagn." Weiter erfahren wir, dass Politiker alle Rindviecher, Deppen oder Zigeuner sind und es nur zwei Sorten von Radfahrern gibt. Welche mit und ohne Schutzblech. Die ohne sind Idioten, die am Abend auf den Tacho schauen und sich über die vielen geschrubbten Kilometer freuen. Von der Landschaft haben sie nichts gesehen. Bei Regen werden sie *dreckert* und *noss*. Regen ist sauer und Bioprodukte sind Betrug. Ungewöhnliche Auffassungen für einen bayerischen *Hiesl*.

Am besten gefällt mir der Spruch „Herr, setze dem Überfluss Grenzen und lasse die Grenzen überflüssig werden. Nimm den Ehefrauen das letzte Wort und erinnere die Männer an ihr erstes. Gib der Regierung ein besseres Deutsch und den Deutschen eine bessere Regierung. Mache, dass wir alle in den Himmel kommen – aber bitte nicht sofort!"

Aber gerade darauf scheint es der Luber-Bauer abgesehen zu haben. Während er einen Angestellten aus Thüringen beauftragt, uns seine Kutscher-Alm zu zeigen, reiten er und seine vierte Frau Barbara eine Attacke. Sie bereiten für uns eine deftige Brotzeit vor. Noch ahnen wir nichts davon und erfreuen uns am süddeutschen Kaltblut des preisgekrönten Züchters, an dem herrlichen Zaumzeug und den prächtigen Kutschen, Made in Poland.

Nachdem das Hansi a Schmalzler gschnupft hot, rückt er mit den Schmalzstullen raus. Er lädt zu einer Weißwurstmahlzeit. Habe ich mich verhört? Nein. Die blasseste Versuchung der Welt köchelt dampfend in einem riesigen Waschkessel. Mir wird schon vom Hinsehen schlecht. „Wie kriegen die nur die ekelhafte Farbe hin?", flüstere ich Richtung Frau.

Meine Metamorphose beginnt. Der friedfertige Tourist verwandelt sich in einen aggressiven Widerstandskämpfer. „Wollen Sie mich vergiften? So etwas Abartiges kann man doch nicht essen!"

Der *Gschaftlhuber* ist erbost, hat er doch versprochen, einen jeden, ich betone JEDEN Menschen, zum Weißwurstverzehr bringen zu können. Man müsse nur die richtige Technik anwenden. Nicht schneiden und beißen, sondern nuckeln und zutzeln. Dann hat man den höchsten Genuss. Trotz des wohlgemeinten Ratschlags weigere ich mich wie ein störrischer Esel, auch nur einen Bissen in den Mund zu nehmen. „Nein und nochmal nein!"

Hans-Georg wettert: „D Leit san schlecht. Dös is net zum Soagn. Eahm is unse Weißwurscht zwida. Ja, do leckts mi do glei am …!" Eine Entschuldigung wegen des Fluches kommt für den Grobian nicht in Frage. „I hob mei Sach gsagt. Nu bist dua dra, Weiberl."

„Dös wird aa guat sei", nimmt Barbara das Wort. „Mei Mo moants net bees. D gscherte Hammi is zeitweis a Biffl. Sei hinterkünftiga Ausdruck is koa Schimpf net bei uns. Aba ma muaß aa net sei Kopf aufsetze und eigensinni sei wuin. Ma muaß dös tua, wos Hans verlanga tuat. A bissl muaß ma dem bayrischn Gschmack scho entgegakomma. Host mi?"

„Geschmack hin, Geschmack her", verteidige ich mich. „Aber Weißwurst ist einfach geschmacklos. Bereits der Name ist eine Provokation."

„So awas soagt a heftlinga Goast net."

„Feigroad, wenns wohr is."

„Oh, oh, oh." Barbara staunt nicht schlecht über mein loses oberbayerisches Mundwerk.

Irgendwann bin ich des Streitens müde. Ich gebe mich kompromissbereit. „Die Brezel würde ich essen. – Allerdings nur mit guter Butter."

Grantler Hans ist dagegen. „Doa drauf is gpfiffa. Koa habete Sacha."

Meine unübertreffliche Kritikerin jammert zwischen zwei Bissen in die unaussprechliche weiße Masse: „Hoffnglich geht dös guat naus!

Luber Enkel Martin erkennt die heikle Situation und greift zu *Zuichharmonika* und Zither. Zittert die ganze Familie vor Hans-Georg, dem Prinzipal? Egal. Friede zieht ein auf dem *Rösslhof.* Nur mein Magen rebelliert weiter. „Pfüat di Good, Barbara, pfüat di Good, Hansi, pfüat di Good, Martin."

Bis zur Schiffspassage zum Kloster Weltenburg bleibt reichlich Zeit. Ob ein Brandenburger in der Wittelsbacherstadt Kelheim etwas Vernünftiges zu essen bekommt? Einen Versuch ist es wert. Ich steuere die erstbeste *Fasslwirtschaft* an. Vor dem Eingang steht eine schwarze Tafel. Wie hypnotisiert starre ich auf die weiße Kreideschrift: Heute Weißwursttag! „Geh weida, des hätts jetzt aa net braucht."

Weiß dominiert auch in der Befreiungshalle. König Ludwig I. ließ das achtzehneckige Polygon mit Siegesgöttinnen und Schlachtentafeln zum Gedenken und zur Mahnung an die Opfer der Befreiungskriege 1813–1815 erbauen. Drückte ihn das schlechte Gewissen? Seine Kumpanei mit Napoleon hatte ihm die Königswürde eingetragen. – Der Aufstieg zum Aussichtsrondell lohnt sich. Ich fühle mich dem Himmel ein Stück näher.

Die anschließende Dampferfahrt durch strudelreiches Gewässer aber ist ein noch erhebenderes Erlebnis. Der Donaudurchbruch zwischen Kelheim und Weltenburg wurde als großes Naturwunder mit dem Europadiplom ausgezeichnet. Hier hat sich der zweitlängste Strom unseres Kontinents durch mächtigen Jurakalk gefressen und bizarre Felsgebilde geschaffen. Auf dieses beeindruckende Landschaftsgemälde trifft voll zu, was Markgraf Friedrich einst beim Anblick des Felsengartens Sanspareil, unweit der Burg Zwernitz, ausgerufen haben soll: „C'est sans pareil!" Was unsere Augen schauen ist wahrhaft ohnegleichen.

In der Weltenburger Enge steigen die zerklüfteten Gesteinsformationen an beiden Ufern senkrecht auf. Die Felsen tragen fantastische Namen: Napoleons Reisekoffer, Räuberhöhle, Bienenkorb, Römer, Versteinerte Jungfrau, Lange Wand, Heiliger Nepomuk. Beim Nepomuk handelt es sich um den Schutzpatron für alle Fälle. Überhaupt muss man in Bayern aufpassen, nicht aus Versehen einem Heiligen auf die Füße zu treten. Es wimmelt nur so von ihnen. Zwei Felsspitzen heißen Peter und Paul. Sind sie es, die zu unserem Empfang die Glocken läuten?

Das Kloster Weltenburg wurde um 600 nach Christus von Kolumbanermönchen gegründet. Aus ihm ging zwischen 1716 und 1751 ein Juwel barocker Baukunst hervor. Die heutige Benediktinerabtei wird von siebzehn Mönchen unterhalten. Ich blättere in einem farbigen Prospekt. Er verspricht geistliche und weltliche Genüsse, innere Einkehr und gemütliche Atmosphäre im prachtvollen Biergarten der Klosterschänke. Gepriesen werden die freundliche Bedienung und köstliche Speisen sowie dunkles Klosterbier aus hauseigener Brauerei, der ältesten Klosterbrauerei der Welt. Gebraut wird dort seit 1050!

Anstatt in ein Kloster laufen wir zu einem Jahrmarkt unfrommer Heiligkeiten. Das letzte Stück Weg säumen Verkaufsstände für Klingelfax. Zu Andacht und Gebet scheint niemand gekommen zu sein. Wir auch nicht. Mich quält inzwischen entsetzlicher Hunger.

In der Klosterschänke unter freiem Himmel brodelt es wie im Vorhof zur Hölle. Da ist der Teufel los. Nach fünfzehn Minuten ergattern wir endlich vier Plätze. Nach weiteren zwanzig erscheint Mia, eine mit Drachenmilch gesäugte Bedienung. Das *Weibaleit* schleppt schwer an Tellern und Krügen. Bevor wir eine Bestellung aufgeben können, bleibt genügend Zeit für das Studium der Speisenkarte. An bayerischen Spezialitäten aufgeführt sind: Saure Lüngerl aus Feuchtwangen, Weltenburger Stierl, Possenhofer Schweinshaxen, Eischwammerln aus Filzmoos, Schrobenhausener Spanferkel, Leberkas aus Mingharting und Backhendl aus Oberammergau. Das Sonderangebot Original Münchener Weißwurst überlese ich.

Endlich baut sich Mia drohend vor uns auf. „Wos wünschn de Herrschaftn?"

Mei Madel entscheidet sich für *Leberkas*. Heidi und Annemarie bevorzugen Geflügel. „Und der noblige Herr?"

„Mir bringen Sie bitte Eisbein mit Bayrischkraut und Dampfnudeln."

„Wos wuist? A Schweinshaxn. Dös i net loach. So a kloans Mandl. Allaweil nimm lieba a poor Weißwürscht. Vertroagst bessa."

„Steigns ma dn Buckl nauf, spinnerte Goas, spinnerte."

„Mi scho aa, Hirsch damischer."

Ein Mordsweib vom Nachbartisch mischt sich empört in unseren *Diskursch*. „So a ausgschamte Person." Meint der Ilse-Aigner-Verschnitt Mia oder mich?

Endlich wird serviert. Beim Anblick des sich auf meinem Teller auftürmenden Fleischberges rutscht mir vor Schreck der linke Sockenhalter. Respekt. Respekt. Erst unter tatkräftiger Mithilfe mehrerer *Jägermeister* überstehe ich mit Hängen und Würgen die Fressorgie.

Auf Umwegen gelangen wir nach Riedenburg, Eichstätt, Ellingen, Berching und Weißenburg. Zurück in Emsing erwartet mich die schrecklichste Nacht meines an dramatischen Ereignissen wahrlich reichen Lebens. Bevor ich, wie Pfarrer Braun, zu kriminalisieren anfange und in zwielichtiges Milieu abgleite, auf die Schnelle ein klärendes Wort zur Weißenburger Wülzburg. Sie entstand zwischen 1588 und 1605. Für einen geschichtsinteressierten Brandenburger weit interessanter aber sind Auftraggeber und Bauherr der besterhaltenen Renaissancefestung im deutschen Sprachraum: Markgraf Georg Friedrich d. Ä. von Brandenburg-Ansbach und Kulmbach, seit 1578 auch Herzog in Preußen, und der aus Italien stammende preußische Militärbaumeister Rochus Graf zu Lynar, berühmt durch die Zitadellen von Spandau, Dresden, Küstrin und Peitz. Seit Kurzem sind dessen Spreewälder Ableger im Schloss Lübbenau wieder präsent.

Nach dem aufregenden Tag in Kelheim und Weltenburg finde ich keinen Schlaf. Unruhig wälze ich mich quer und längs durchs Bett. Die Nacht ist huckeduster und mild. Der Atem meiner Frau geht leicht, das Fenster steht sperrangelweit offen. Unser Zimmer befindet sich im Hochparterre. Ein laues Lüftchen spielt mit den Gardinen. Plötzlich ein schleifendes Geräusch. Ganz nah. Ehe ich einen Gedanken an die Ursache verschwenden kann, packen mich zwei Schraubstockhände. Vor Angst bleibt mir der Schrei im Halse stecken. Ehe ich den leisesten Piepser von mir geben kann, habe ich schon einen Knebel im Mund und Arme und Beine sind gebunden. Der Knebel ist so riesig, dass die Mundwinkel reißen. Widerlich süßlicher Geschmack von Blut macht mir den Ernst der Lage klar. Mit einem Ruck lande ich hart auf der knochigen Schulter eines Mannes. Einige Rippen knacken, alle tun mir weh. Dann geht es auf einer Leiter abwärts. Es fällt kein Wort. Dennoch orientiere ich mich ausschließlich an Geräuschen. Die Halunken, zwei sind es bestimmt, haben meine Augen mit Klebeband außer Gefecht gesetzt. Wenn ich nicht irre, lande ich im Kofferraum eines Autos. Dem Klang des Motors nach zu urteilen ein leistungsstarker 3er BMW Kombi. Der oder die Entführer scheinen es eilig zu haben. Auf gerader Strecke tritt der Fahrer mächtig aufs Gas. Trotz rasender Geschwindigkeit scheint die Zeit stillzustehen. Ich sortiere meine Gedanken. In all den Jahren extensiven Reisens ist mir derart Schlimmes noch nie passiert.

Die Schnüre um Beine und Hände schneiden ins Fleisch und verursachen schmerzhaften Blutstau. Mit der körperlichen Misshandlung einher geht Psychoterror. Aus den Boxen quäkt ohn Unterlass Andrea Berg. Unmittelbare Gefahr für mein Leben scheint jedoch nicht zu bestehen. Umbringen hätte man mich auch im Hotel können. Kidnapping schließe ich ebenfalls aus. Bei mir ist nichts zu holen. Aber was will man dann von mir? Ich bin mir keiner Schuld bewusst. – Nach einer kleinen Ewigkeit hält das Fahrzeug. „Herrgottsackerament no amoal. Woa is d wampete Wastl?", fragt ein Bass. „Sakra", antwortet eine Reibeisenstimme.

„Koane Noam."

Wir müssen uns im Wald befinden. Baumwipfel rauschen, Holz knarrt. Eine Tür wird aufgeschlossen. Metall quietscht. Ich lande wie ein Paket auf einem kantigen Stuhl. Mein Oberkörper wird mit einem Kälberstrick an der Lehne fixiert. Dann reißt mir ein Grobian den Knebel aus dem Mund. Ich muss husten und spucke Blut. Mit einem Ruck fetzt eine nach Metzgerei riechende Hand das Klebeband von meinen Augen. Eine Viecherei sondergleichen. Die brutale Enthaarung schmerzt mich an den Rand einer Ohnmacht. Im Raum ist es pechschwarz. Jetzt unterscheide ich drei verschiedene Atemzüge. Ich befinde mich also in der Gewalt von drei Bayern. Mir ist unheimlich zumute. Trotz des Martyriums nehme ich meinen ganzen Mut zusammen. „Wos fallts denn eahna ei!", brülle ich aus Leibeskräften. Keine Antwort, nur Tuscheln. Darauf versuche ich es hochdeutsch: „Was wirft man mir vor? Weswegen das unwürdige Theater? Ich will nach Hause".

„Sei staad, Haderlump, miserablinger! Zwecks Verunglimpfung oans nationaln Kulturguts bist do eini. Und mia loasn di net aus bevor …"

„Und wos hoaßt jetzt dös gnaua?" In meiner Aufregung verfalle ich wieder in die Sprache der Halunken.

„Sauba, sag i, sauba. A Schneid hot dös Bürschl", meint einer.

„Derblecken wui uns d Spitzbua", ein anderer.

Lautstark meldet sich die Reibeisenstimme zu Wort: „Ausgredt is. Flenna huift aa nix mehra. Pack mas. Augn zua, Mai auf."

Das Herz rutscht mir in die Hose. Welches Schicksal ist mir zugedacht? Eine starke Taschenlampe flammt auf. Ihr grellweißer Lichtkegel tastet sich wie ein Totenfinger durch die Finsternis. Auf einem gedeckten Tisch ruht er aus. Meine Sinne flattern wie aufgescheuchte Hühner. Mindestens zwanzig Weißwürste dampfen in einer Schüssel. Als wäre der Anblick nicht schon Strafe genug, sehe ich weitere Ungeheuerlichkeiten: süßen Senf, staubtrockene Brezeln und saures Hefeweizen. Auweh, da steht das ganze *Glump* auf derbem Leinen versammelt.

Ich zerre und rucke an den Fesseln. Hoffnungslos. Diabolisch wie der Leibhaftige in persona schauen meine Peiniger Mia, Wastl und Hansi spinngiftig auf mich herab. Kein Zweifel, sie sind es.

„Alles füa di, Bazi", höhnt die Weißwurstmafia aus finsterer Ecke.

Das Maß des Ertragbaren ist voll. Meine Kräfte schwinden. „Jessas na", winsele ich um Gnade. „Lasst mi aus. I bitt eich schö." Vergeblich.

„Iss", donnert der abgedrehte Hansi.

„Kau", krächzt die gallige Mia.

„Schluck", röhrt der feiste Wastl.

Ich winde mich wie ein Wurm. Ein letztes Aufbäumen. Die *Spezl* rammen mir einen hölzernen Kochlöffel zwischen die fest zusammengepressten Zähne. Just in dem Augenblick, als ich am ersten *Mordstrumm* zu ersticken drohe, geht die Nachttischlampe an. Ich wache auf. Schweißgebadet. Die Pumpe stottert.

„Was ist mit dir, Liebling? Soll ich einen Arzt rufen?"

Völlig benommen schaue ich mich um. Ich liege unversehrt in meinem Hotelbett. – „Schlaf weiter, Schatz. Ich habe nur schlecht geträumt. Mir liegt die Schweinshaxe schwer im Magen. Hätte ich doch bloß auf Mia gehört und Weißwurst gegessen. – Na ja, vielleicht ein andermal."

Als der Morgen heraufdämmert, wanke ich unter die Dusche und spüle mit eiskaltem Wasser die Reste der Horrornacht in den Abfluss.

Götterspeise

„Wenn du wegen des Olymps nach Hellas willst, Alter, kannst du dir die Reise sparen. Der Berg der Götter ist bereits besetzt. – Durch mich. Oder kennst du dich etwa in der griechischen Mythologie nicht aus?"

„Doch, schon. Zumindest ein wenig."

„Fein. Dann ist dir das Verhältnis von Hera und Zeus bestens bekannt."

„Beim Jupiter, ja."

Demonstrativ belegen wir bei *Zackzack* im *Athen* einen Sprachkurs für Anfänger. *Ja sou* für alle Fälle und *Kaliméra* als Morgen- und Tagesgruß flutschen. Schließlich dinieren wir mindestens einmal pro Woche im Etablissement unseres Lieblingsgriechen in Sielow. Um *Gyros* und *Tsatsiki* zu bestellen, reicht ein Wort: *pináo*. Damit löst man hektische Betriebsamkeit in der Küche aus. Will man Koch und Ober loben, genügt ein knappes *poli oréo*. Sehr gut. Ich merke, Sie können folgen. *Kalispéra* für den netten Abend merke ich mir über den Fußballer Charistéas. *Kalinichta* für den Nachtgruß werde ich selten brauchen, denn ich gehe spätestens um zweiundzwanzig Uhr zu Bett. Danke sagen ist für einen ausgesucht höflichen Menschen wie mich Ehrensache: *efcharistó, efcharistó, efcharistó*. Nach der dritten Wiederholung sitzt die Vokabel. Jawohl sagen habe ich bei meiner schönen Helena gelernt. Ja heißt auf Griechisch sympathisch *ne*. An *óchi* für nein, *antio* für auf Wiedersehen und *metaliko nero* für Mineralwasser arbeite ich noch. Über *úso* muss man kein Wort verlieren. Der läuft auch ohne *ja mas*. Prost!

Ansonsten liebe ich es nicht sonderlich, mich lange auf einen Urlaub vorzubereiten. Ich sehe lieber durch meine eigene Apollo-Brille auf Land und Leute. Was interessiert mich, was fremde Psyche schön findet, wenn es mich hässlich deucht. Mit anderen Worten: Meine eigenen Vorurteile sind mir die liebsten.

Der Respekt vor dem Postkutschenzeitalter veranlasst uns wieder einmal zu einer kombinierten Bus- und Schiffsreise. Wer nie die Erschwernisse einer solchen Tour durchgestanden hat, weiß die Strapazen kaum zu würdigen, die unsere Vorfahren vor Jahrhunderten bei Ortswechseln in Kauf nahmen. Sich ins Flugzeug setzen und Tausende Kilometer in wenigen Stunden abschrubben, entbehrt zudem jeder Romantik. Worüber sollte ich bei Zeitrafferreisen schreiben?

Unsere Flucht in die Sonne beginnt in einer Kühlzelle. Kalter Wind, Regengüsse und betongraue Wolken begleiten uns von Cottbus bis zur Adria. Schneematsch und Graupelschauer verlangsamen unsere Fahrt durch das Erzgebirge. Im Trentino stehen wir unterkühlt stundenlang im Stau. Muße auch in Peschiera im Süden des Gardasees, Ort unserer Zwischenübernachtung. Die Hoffnung auf Verlängerung des Sommers entschwindet mit dem Tageslicht. Die Bungalows sind eisbeinfrisch. Das Fußball-WM-Endspiel der U 20 zwischen Ghana und Brasilien, übertragen aus dem heißen Kairo, taut uns etwas auf.

Körperlich angematscht fahren wir auf der *Strada del Sol* nach Ancona. Die Außentemperatur steigt auf sieben Grad über Null! Nein, ich bin kein Gegner der Klimaerwärmung. Um der Tristesse die Krone aufzusetzen, beginnt es Spaghettifäden zu regnen. Bologna verbirgt sich hinter einem feuchten Vorhang. Dafür hören wir von drei trockenen Spitznamen der Stadt. Wegen der vielen Universitäten, Hochschulen und Studenten nennt man sie *La Dotta*, die Gebildete. Soziales Engagement trug ihr die Bezeichnung *La Rossa,* die Rote, ein. Die Fleischer unter den Bewunderern nennen Bologna *La Grassa*, die Fette. Hier wird die beliebte Kochwurst mit den schmierigen Grieben, die Mortadella, hergestellt.

Während meine Frau Kreuzworträtsel löst, züchte ich depressive Stimmung. Über pieseldicke Regentropfen, die an mein Fenster klopfen. Eine echt öde Beschäftigung. Anfänglich rutschen die Rotznasen auf unberechenbaren Bahnen zäh in Rinnsale zusammen. Vereinigt laufen sie schnell und schneller der Fensterkante entgegen, die als Sprungschanze dient. Kaum auf der Fahrbahn gelandet, werden die glitzernden Wasserdiamanten gnadenlos von Autoreifen überrollt. Patsch. Futsch.

Durch den Regenschleier an aschfahlem Himmel schimmert die milchigblaue Adria. Inzwischen zeigt das Thermometer plus zehn Grad an. Wer auf der Sonnenstraße in Italien einfällt, erwartet Lieblichkeit, Wärme, südliches Flair. Geboten aber werden profane Industriebauten und triste Gewerbeparks sowie jede Menge Einkaufszentren auf der grünen Wiese. Verbergen sich die Reiseprospektschönheiten hinter den Höhenzügen des Appenin?

Der Stadtrand von Ancona kommt in Sicht. Den schier endlosen Strand der Hafenstadt säumen unzählige leere Wohnschachteln, die erst im nächsten Sommer wieder mit Touristen gefüllt werden.

Die Superfastfähre ist auch im Herbst gut ausgelastet. Hestia, meine göttliche Hausfrau, richtet sogleich die Kabine wohnlich her. Eine günstige Gelegenheit, das Schiff zu erkunden. Menschen, Decks und Gänge. Labyrinthisch. Ich verirre mich in einen flimmernden und flackernden Spielsalon. Mindestens zwanzig einarmige Banditen erwarten zweiarmige Hasardeure. Nach zwanzig Uhr wird abgedunkelt. Spelunkenlicht schafft Unheimlichkeit. Die ersten zwielichtigen Gestalten tauchen auf. Die Moral des kleinen Spießers rebelliert. Glücksspiele können süchtig machen. – Und kriminell?! Die Konsequenz: Der Kleinbürger ist unangenehm berührt, geht aber nicht. Aus der entlegensten Ecke des verrufenen Raumes frönt er seiner Lieblingsbeschäftigung: Leute gucken.

Fünf Spieler stechen mir ins Auge. Am auffälligsten benimmt sich *Kongo-Müller*, ein Großkotz. Er ist bekleidet mit Tarnhose, Tarnkappe und olivgrüner Knitterweste. Die Militaryhose hängt ihm in den Kniekehlen. Bart und Finger sind vom Rauchen nikotingelb gefärbt. Unstete Augen, brutaler Mund und knollige Nase komplettieren das Signalement. Sein Anblick lässt mich gruseln. Geschätzt kommt der Kerl mit der knarrenden Stimme auf knapp fünfzig Jahre. Die neuen Adidasturnschuhe wollen nicht so recht zum schlampigen Gesamteindruck passen. Kongo-Müller ist mit Fünfzig-Euroscheinen aufmunitioniert wie die Europäische Zentralbank mit griechischen Staatsanleihen. Je größer der Verlust, desto ungehemmter die alle Vernunft wegspülende Spielsucht. Mit weltmännischer Pose betätigt der Söldner die Knöpfe. Sein entrückter Blick ist starr auf den quietschbunten Bildschirm gerichtet. Die lautlose Beschwörung der infantilen Figuren und Symbole misslingt. Die See bleibt ruhig, die verbale Gangart wird rauer. Mit saftigen Flüchen und obszönen Gesten traktiert Kongo-Müller die Automaten. In einer Stunde haut er einen halben Riesen auf den Kopf. Lässig, als handele es sich um wertloses Papier, schiebt er Zehn- und Zwanzig-Euroscheine in die Automatenschlitze, die gierig zuschnappen, als fürchten sie, der Mensch könne sich doch noch eines Besseren besinnen. Trotz des ganzen Tamtams verbucht der großspurige Zocker nur zwei magere Gewinne. – Am nachhaltigsten dauern mich Kongo-Müllers Frau und Kinder. Wie groß wird die Enttäuschung sein, wenn der im Ausland arbeitende Vater ohne Geld nach Hause kommt. Ich höre seine scheinheiligen Ausflüchte, die er erfinden wird. Vielleicht schimpft er auch nur über die beschissene Welt, die ihn so schnöde im Stich lässt. Oder täusche ich mich und das verzockte Geld ist leicht verdient? Verschwand in den Automatenschlünden schmutziger Mammon? Meine sensationslüsterne Fantasie geht mit mir durch.

Zum Kreis meiner Favoriten gehört der *Sizilianer*, kalt wie Hundeschnauze. Kein Gesichtsmuskel verrät die Anspannung des Spielers. Das schmächtige Bürschchen ist höchstens einsfünfundsechzig groß. Es trägt zu Bluejeans ebenfalls Turnschuhe. Eine etwas zu groß geratene schwarze Kapuzenjacke kaschiert die schmalen Schultern. Über tiefliegenden dunklen Augen und gebräunter Stirn erhebt sich eine gegelte schwarze Bürstenfrisur. Ein Zwillingsbruder von Francesco Copado? Ehe selbiger in Aktion tritt, sondiert er in Gangstermanier das Umfeld. Er wittert keine Gefahr. Das Spiel beginnt. Äußerlich gelangweilt und leidenschaftslos setzt *Copado* die eingewechselten Jetons ein. Mit seinen stechenden Augen scheint er den Maschinen seinen Willen aufzwingen zu können. Nicht lange und es rappelt im Karton. Seelenruhig begibt sich mein kleiner Italiener zur Kassiererin und lässt sich einen großen Plastebehälter aushändigen. Da hinein schüttet er die Wertmarken. Mindestens dreimal überlistet der gewiefte Zocker die Automaten bei sparsamstem Geldeinsatz. Nach meinem Dafürhalten macht er Gewinn. Woran ich das erkannt haben will? Am süßsauren Gesicht der Kassiererin. Das zarte Persönchen steht hinter einem verglasten Tresen und tauscht große Scheine in mundgerechtes Automatenfutter. Ihre Kollegin Emely, körperlich monströs, führt die Aufsicht. Der *Berg* schäkert, sorgt dudellustig für gute Laune. Spieler und Aufpasser scheinen auf vertrautem Fuß zu stehen.

Während Kongo-Müller einen zerknitterten *Lappen* nach dem

anderen aus der Brusttasche seiner Weste zieht, fingert Francesco seine Einsätze aus den ausgebeulten Taschen der Kapuzenjacke.
– Plötzlich fühle ich mich von zwei bohrenden Augenpaaren abgetastet. Mir wird mulmig. Hält man mich für einen verdeckten Ermittler? Bin ich in Gefahr? Aus Krimis weiß man, wozu Spielteufel fähig sind! Betont lässig mustere ich erst meine Schuhspitzen, dann die Armbanduhr, gerade so, als wolle ich unter keinen Umständen eine Verabredung versäumen. Die Taktik geht auf. Der griechische Legionär und der Sizilianer verlieren das Interesse an mir.

Der dritte Spieler ist *Alexis Sorbas*, die große Gestalt der Weltliteratur. So jedenfalls stelle ich mir den vitalen Titelhelden des gleichnamigen Romans von Nikos Kazantzakis vor. Sein Habitus nimmt mich gefangen. Die graue Strickjacke über grauem Hemd harmoniert hervorragend mit dem hager männlichen Gesicht, umrahmt von graumeliertem Haar. Der archaisch Wirkende verliert, ohne den Verlust auch nur mit einem Wort zu beklagen. Mein Entschluss steht fest: „Lass uns alles tun, mein Herz, damit dieser herrliche Spieler, Esser, Trinker, Arbeiter, Frauenjäger und Landstreicher weiterlebe…" Mein Gehirn arbeitet präzise. Ich speichere jede Geste.

Der *Koloss von Rhodos*, die Nummer vier, ist fettig. Mit gespreizten Beinen brezelt der Schwabbel auf einem Barhocker, der unter der Last ächzt. Der unförmige Bauch, spärlich von einem dunkelweißen T-Shirt, Größe ME (Mittlerer Elefant) getarnt, hängt über den Hosenbund von Blümchenshorts. An den nackten Füßen baumeln Badelatschen. Entweder schwitzt der Dicke übermäßig, oder er hat sich nach dem Duschen vergessen abzutrocknen. Auf der riesigen Glatze perlen dicke Tropfen. Der Kugelkopf sitzt auf speckigem Hals, der von mehrlagiger Nackenwulst verdeckt wird. Die Gefühle des Koloss' sind leicht zu erraten. Sie pendeln zwischen zwei Extremen: Sahne und Scheiße. Bild für Bild auf der Mattscheibe wird grimassierend und gestikulierend kommentiert.

Das Pferd, meine Nummer fünf, ist ein Streitross mit Stiernacken. Jede Faser seines Körpers ist Muskel. Die graue Mähne, von einem geflochtenen grünen Band fixiert, ähnelt einem buschigen Pferdeschwanz. Unpassend zum langen, kantigen Gesicht der schwarz-rot-grau gesprenkelte strupplige Oberlippenbart. Er würde einen Kater besser zieren. Die wasserblauen Fischaugen des Kerls huschen unstet zwischen den Automaten, Emely und seinem Begleiter, einem Jockeytyp mit Goldrandbrille, hin und her. Bevor das Pferd auch nur einen Knopf drückt, tänzelt es wie ein Zirkusgaul in der Manege, bläht die Nüstern und schnauft Frage um Frage an seinen Kumpel, der das Hirn des Duos zu sein scheint.

Alle beobachteten Subjekte beweisen Steherqualitäten. Ab und zu verschwindet einer meiner *Schurken* für die Dauer einer Rauchpause. Alexis Sorbas nimmt sich zusätzlich eine Auszeit für einen kleinen Imbiss. Nicht jeder Spieler scheint die Weihen höherer Bildung genossen zu haben. Trotzdem beherrschen alle Akteure die Maschinen aus dem Effeff. Für mich bleiben Meermaid, King of Games, Cleopatra, Money Storm, Pharao's Fortune und Deep Pocket ein Buch mit sieben Siegeln. Beschämend, aber selbst nach Stunden habe ich die Spielsysteme, nach denen man sein Geld verliert, nicht durchschaut. Zu meiner Ehrenrettung muss ich allerdings anführen, dass ich mich voll auf die Psychogramme der Zocker konzentriert habe.

Hundemüde, aber unversehrt, verlasse ich meinen Beobachtungsposten. Sind die Männer gar nicht so kriminell wie von meinem Hirn vorgegaukelt? Handelt es sich bloß um harmlose Truckerfahrer, die etwas Abwechslung suchen? Der Gedanke hat etwas für sich. – Als wir im Morgengrauen den Hafen von Igoumenitsa, einen riesigen Warenumschlagplatz, anlaufen, verschwinden vier Spieler im Fahrzeugdeck.

Anstatt sich in Morpheus' Armen zu wiegen, lauscht meine Aufgeschäumte, sie hat mehrere Cappuccino intus, auf jedes Geräusch. Befindet sich das Schiff bereits unter Wasser oder ist es bloß Regen, der ans Bullauge klatscht? Als ich in die schummrige Kabine schleiche, springt mein Angsthäschen aus dem Bett. „Neptun?"

„Ruhig mein Schatz, ich bin's, dein Zeus." Der echte Göttervater zürnt. Wegen meiner Amtsanmaßung? Er schleudert Blitz und Donner auf die Erde. Aus dem wetterleuchtenden Horizont schälen sich die zackigen Konturen der zum Greifen nahen Insel Korfu und der albanischen Küste.

Zum Frühstück begegnet uns Kongo-Müller mit kleinem Handgepäck. Trotz seiner Verluste ist er nicht halb so mürrisch wie wir. Gutgelaunt leistet er sich Kaffee und Gebäck. Im Duty free ertappe ich ihn beim Kauf eines grellbunten Kopftuchs. Wird er seine Frau darin einwickeln können?

In Patras, dem drittgrößten Hafen Griechenlands, verliere ich den Schlawiner aus den Augen. Bergmassiv und viermastige Bogenbrücke, erbaut für die Olympischen Spiele 2004, faszinieren mehr. Schwankend gehen wir von Bord. Der letzte Schluck *Mavrodaphne* war eindeutig ein Schluck zu viel. Süßer, schwerer Wein macht tüdelig. Oder verwirrt die griechische Mythologie die Sinne. Christa, die in Deutschland geborene griechische Reiseleiterin, kennt sich bestens in ihr aus. Unsere anfänglichen Defizite erschrecken sie. „Sie sind nicht ausschließlich zur Erholung hier, sondern um sich zu bilden. Am letzten Tag gibt es eine Prüfung. Wer nicht aufpasst, muss zur Strafe in Griechenland bleiben." Schlagartig verdoppelt sich unsere Aufmerksamkeit.

Die griechische Mythologie ist gar nicht so mystisch wie angenommen. Ganz im Gegenteil. Die Geschichten könnten aus heutigen Nachrichtensendungen entlehnt worden sein: Liebe und Hass, Mord und Totschlag, Raub und Erpressung, Vergewaltigung und Untreue, Lug und Trug. Das ganze Spektrum menschlicher Eigenschaften wird durch die griechischen Götter abgedeckt. Eine reine Männerdomäne war der Olymp glücklicherweise nie. Man hatte schließlich auch allerhand fiese Verhaltensweisen an die Frau zu bringen. Zwietracht und Tratschsucht zum Beispiel.

Der österreichische Besprecher der von Christa eingelegten CD mildert mit Wieaner Schmäh und Charme die perfidesten Entgleisungen auf dem Olymp. Köstlich, wie er den schrecklichen Höllenfürsten Hades zu einem lustigen Deifi schönredet. Um mit Kaiser Franz Joseph zu sprechen: Es war sehr schön, es hat die Piefkes sehr gefreut.

Bei Prometheus, der dem Hephaistos das Feuer stahl, um die Erdenbürger damit zu erleuchten, lichten sich die geistigen Nebel in meinem Kopf. Johann Wolfgang von Goethe schuf dem Menschenfreund, den Zeus zur Strafe an den Kaukasus schmiedete und dem ein Adler täglich die nachwachsende Leber wegfraß, mit einer

Ballade ein unvergängliches Denkmal. Sagte ich unvergänglich? Wenn die Menschen sich und die Welt weiter so misshandeln, werden sie den Göttern wohl bald ins Grab folgen.

Derweil die Mythologie zwölf antike Grundgötter bemühen muss, kommen wir mit drei guten Geistern aus: Christa, Wisgart und Hans. Ihnen verdanken wir einen beinahe göttlichen Urlaub auf der Insel der Seligen.

Obgleich mit modernem Reisebus unterwegs, wird unser Griechenlandaufenthalt eine ständige Gratwanderung zwischen Antike und Moderne. Die auffälligste Veränderung zwischen Gegenwart und Vergangenheit registriere ich beim weiblichen Schönheitsideal. Für die griechischen *Göttinnen* des 21. Jahrhunderts würden die Bildhauer auf jeden Fall mehr Marmor benötigen. Kein Gedanke mehr an Aphrodite. Naschlust oder osmanisches Erbe? In fast vierhundert Jahren Türkenjoch waren Hellas' Töchter den Eroberern schließlich oft unterlegen.

Die deutsche Frau muss einen derart idealen Maßstab nicht fürchten. Sie ließ sich typmäßig nie einengen. Weder von Peter Paul Rubens noch von Willi Sitte. Von mir ganz zu schweigen.

Bei einem allzu üppigen Abendmahl beende ich meine kalorienreduzierte Sprachlosigkeit. „Liebling, willst du etwa auch auseinanderfließen wie Honig?" Zugegeben, die Verführungen sind groß. Griechischer Kuchen, tägliche Vor- und Nachspeise, besteht aus einhundert Prozent Zucker. Der Rest sind süße Zutaten. Über schmalem Teigboden, er schwimmt in Zuckerwasser, schichtet sich Griespudding und Sahne. Den Abschluss bildet wahlweise eine Festplatte aus kandierten Mandeln, Honig, Schokolade und Puderzucker. Eine ernsthafte Herausforderung für jedes Leckermaul. Ich kapituliere regelmäßig nach dem fünften Stück.

Meine üppige Zuckerpuppe reagiert gereizt. „Soll ich mir jede Gaumenfreude verkneifen, nur weil mein Mann wie ein Spartaner isst? – Und noch eins: Ich esse nicht viel, ich koste nur regelmäßig. Diesen feinen Unterschied wirst du Ignorant nie begreifen."

Die Feststellung ist korrekt. Nicht, dass ich im Ausland darauf bestehe, deutsch-griechische Hausmannskost vorgesetzt zu bekommen, aber manche original griechische Speise sieht derart abenteuerlich aus, dass sich bereits bei ihrem Anblick mein Mund automatisch schließt. Mir sind Zutaten im Urzustand lieber als versteckt, zerstampft, verrührt und eingewickelt.

Ganz anders bei der Weinherstellung. Hier wird erst gepampert und dann für klare Verhältnisse gesorgt. Zu verdanken haben wir den Rebensaft übrigens dem Halbgott Bacchus, auch Dionysos genannt. Selbiger war der Sohn der Semele, Tochter des thebanischen Königs Kadmos, und des Zeus. Bei seiner Geburt müssen alle Beteiligten sternhagelvoll gewesen sein. Nüchtern wäre sicher niemand darauf gekommen, ihn Schenkelgenährter, Feuer- oder Zweimalgeborener zu nennen. Der Sage nach zeugte Zeus viele Kinder, nicht ausnahmslos mit Göttinnen, freilich immer mit göttlichen Weibern. Seine Gemahlin Hera soll darüber mächtig erbost gewesen sein. Sie hasste Bastarde und verfolgte sie gnadenlos. Einer der untergeschobenen Fremdlinge war Dionysos. Um den Knaben vor Heras Rache zu schützen, verwandelte ihn Zeus in einen Widder. Die betrogene Ehefrau durchschaute das durchsichtige Manöver und schlug das *Kuckucksei* mit Wahnsinn. Rastlos wanderte der Irre durch die Welt, bis er endlich einen Dummen fand, der ihn erlöste. Dionysos lehrte den Bauern Ikarios Wein anzubauen. Anstatt den Heurigen in praxi zu verkosten, führte Ikarios zwei Fremde in Versuchung. Noch dämlicher geht nicht. Oder doch? Darüber stritten die beiden Vorkoster. Völlig benebelt erschlugen sie Ikarios, ihren edlen Spender. Seither ist Wein ambivalent. Er bringt Genuss und Gewalt in die Welt.

Stimmt. Auch mich bringt griechischer Wein so richtig in Fahrt. Am liebsten würde ich dem durchgeknallten Oberkellner vom Hotel *Pappas* in Loutraki ans Schienbein treten.

Bereits nach der ersten Flasche halbtrockenen Weißweins, davon schaffe ich spielend fünf – im Jahr, werde ich rapplig. Mag der Kerl Touristen generell nicht oder beschränkt sich seine Zumutung nur auf Deutsche? Nach der zweiten Pulle habe ich Gewissheit. Was sich der Flegel den Hotelgästen gegenüber erdreistet, ist national unabhängig. Aufreizend sein schläfriger Gang, mit dem er die Tische umkreist und die Urlauber nicht zur Kenntnis nimmt. Gallig sein Gesicht, liederlich sein Hemd. Die oberen zwei Knöpfe sind geöffnet, struppiges Brusthaar lugt hervor. Die Ärmel sind loddrig aufgekrempelt. Lässt sich eine Bestellung nicht vermeiden, stemmt er die Hände in die Hüften. Bitte und Danke sind für ihn Fremdworte. Wechselgeld, das er aus der verbeulten Hosentasche zieht, fliegt verächtlich auf den Tisch. Der Mensch ist eine Schande für jedwede Gastronomie. Darf sich ein Angestellter so benehmen, oder ist er gar der Chef?

Zum Glück sind nicht alle freundlichen Griechen im Ausland. Der Kapitän, der uns durch den Kanal von Korinth schippert, weiß, wie man Touristen zum Wiederkommen animiert. Er unterhält uns köstlich. Zum Beispiel mit den Ausmaßen der künstlichen Wasserstraße. Exakt vermessen ist sie sechskommadrei Kilometer lang, vierundzwanzig Meter breit und achtzig Meter hoch. Für den Kapitän sind die Zahlen kein Dogma. Über Gebühr beeindruckte oder enttäuschte Gäste dürfen sie gern nach oben oder unten korrigieren. Mich fasziniert das menschliche Genie derart, dass ich fassungslos staune. Höchstleistungen am laufenden Band: zwei versenkbare Straßenbrücken und das zentimetergenaue Navigieren eines Riesenpotts durch die Landenge. Der Durchbruch durch den Isthmus, das flache Landstück verbindet den Peloponnes mit dem Festland, verkürzt den Weg zwischen Korinthischem und Saronischem Golf um 185 Seemeilen. Der Kanal ist ein europäisches Gemeinschaftswerk. Was die alten Griechen planten und die Römer unter Kaiser Nero begannen, vollendeten Franzosen und junge Griechen zwischen 1882 und 1893. In der Antike verlud man die Schiffe auf Wagen und zog sie über *Diolkos* genannte Straßen mit Spurrinnen.

Der Durchstich hat die ursprüngliche Halbinsel Peloponnes zur Insel werden lassen. Sie erhielt ihren Namen nach Pelops, dem Sohn des sagenhaften Königs Tantalos. Unser Urlaubsort hat sogar göttliche Namensgeber. Loutraki bedeutete Kleine Quelle. Hier erholten sich Zeus und Co., wenn sie, vom Regieren geschafft, vom Olymp stiegen. Mit der Strandpromenade und der Einkaufsmeile der 1928 durch ein Erdbeben völlig zerstörten Zehntausendeinwohnerstadt wären die Götter vermutlich heute noch zufrieden. Alles andere wirkt nachlässig, unfertig, provisorisch. Bei der Betrachtung des griechischen Wohnungsbaus drängt sich mir ein weiterer gravierender Unterschied zwischen Antike und Gegenwart auf. Früher errichtete man sehenswerte Paläste, die inzwischen zu ansehenswerten Ruinen verfallen sind. Gegenwärtig errichtet man unansehnliche Ruinen und hofft, dass sie sich eines fernen Tages in vorzeigbare Paläste verwandeln mögen.

Da lob ich mir die aus Konglomeratstein erbaute Felsenburg auf der Akropolis von Mykene. Wir betreten die Überreste der 3500 Jahre alten steinernen Zeugen durch das legendäre Löwentor mit typischem Entlastungsdreieck. Mykene, erstmals in Homers Epos Ilias erwähnt, ist eng mit dem bedeutendsten Sagenkreis der hellenistischen Antike verwoben. Dem Mythos nach wurde die Stadt auf einem Hügel in der argotischen Ebene von Perseus, Sohn des Zeus und der Danae, gegründet. Der Dynastie der Persiden folgten die Atriden, deren Stammvater Atreus war. Dessen Sohn Agamemnon wurde der berühmteste Heerführer der Griechen im Trojanischen Krieg. Als Agamemnon siegreich heimkehrte, wurde er von seiner Gattin Klytaimnestra und ihrem Liebhaber Aigisthos ermordet. Seine Totenmaske befindet sich im Nationalmuseum von Athen. Die Kinder des Opfers, Orestes und Elektra, nahmen grausame Rache. Sie töteten ihre Mutter. Um alle Schandtaten, die sich innerhalb der Zyklopenmauern zugetragen hatten, aus dem Bewusstsein der Menschheit zu löschen, zerstörte Orestes' Sohn Tigamenos die Festung.

Als Archäologen Mykene aus der Welt der Legende in die Realität buddelten, entbrannte ein fieberhafter Kampf um den Nachlass der sagenhaften Könige. Die Briten weigern sich vehement, die ergaunerten Kunstschätze zurückzugeben. Und auch der deutsche Kaufmann Heinrich Schliemann sahnte kräftig ab. Bei seinen unsachgemäßen Grabungen erbeutete er 1876 sage und schreibe vierzehn Kilogramm kunstvoll verziertes Gold. Ich hingegen zerschlug im griechischen Nationalheiligtum jede Menge wertvolles Porzellan.

Vor den Trümmern von Mykene lässt sich eine Frau aus unserer Reisegruppe von ihrem Mann ablichten. Sie ähnelt einem verwitterten Faltengebirge, posiert aber wie ein Model von Dior. Die Szene provoziert mich zu einer höflichen Floskel: „Und unter dem Foto steht dann: Die Ruine von Mykene, ausgegraben von Heinrich Schliemann".

Die *Ruine* mustert mich mit den Augen der Schneekönigin.

Gefrostete Blitze durchbohren mich. Der Fotograf weiß nicht, ob er lachen darf oder weinen muss. Meine antike Kostbarkeit schüttelt missbilligend den Kopf. Für den Rest unseres Aufenthalts in Mykene verkrieche ich mich ins finstere Kuppelgrab der einstigen Herrscher. Bis zum Ende des Urlaubs wächst kein Gras über mein Kompliment. Schade. Denn, wie gesagt: Griechische Ruinen sind durchaus ansehenswert!

Viele der sagenumwobenen Gestalten des griechischen Altertums geistern bis in die Gegenwart auf den Theaterbühnen in aller Welt herum. Eine ausgewiesen schöne steht in Epidaurus. Ein Zwischenstopp in Nauplia, erste Hauptstadt Griechenlands nach der Befreiung vom Jahrhunderte währenden Türkenjoch, erfreut namentlich den Historiker. Zwei Bergfestungen und eine venezianische Wasserburg wollen erobert sein. 1833 entstand in Nauplia die schlichte Residenz des unglücklichen Otto I. aus dem Hause Wittelsbach. Der Bayer war auf den Thron gekommen, nachdem man den ersten griechischen Gouverneur ermordet hatte. Übers Jahr zog es den König nach Athen, Nauplia verkam zu einem Provinznest. Uns gefällt es dennoch. Die malerischen Gassen sind von mehrfarbigen Blumenbögen aus Bougainvilien und Geranien überspannt. Romantische Straßencafés laden zum Verweilen. Uns fehlt die Zeit für Müßiggang und fette Torte.

Epidaurus ist mir in dreifacher Hinsicht im Gedächtnis geblieben. Als religiöse Kultstätte, als erstes medizinisches Therapiezentrum der antiken Welt und als Musentempel der schönen Künste. Genau dort wurde dem Apollobastard und Arzt Asklepios (Äskulap) gehuldigt. Er gilt als Urvater der *Halbgötter in Weiß*. Nach dem Vollzug kultischer Riten und des obligatorischen Opfers legte man die Patienten in eine Schlafhalle *Abaton*. Man nimmt an, dass der Heilschlummer durch Drogen erzeugt wurde. Mündlich überlieferte Halluzinationen deuten darauf hin. Eine weitere Heilmethode soll die Schocktherapie gewesen sein. Meine Frau hat dafür nur ein Wort übrig: grausam! Die Kranken bekamen morgens nichts zu essen. Mit großer Wahrscheinlichkeit hat das griechische Frühstück darin seinen Ursprung.

Auf den Schreck müssen wir uns setzen. Zwei marmorierte Ehrenplätze im Theater aus dem 3. Jahrhundert vor Christus sind frei.

Der kolossale Rundbau im Heiligtum des Asklepios galt bereits in der Antike weltweit als schönste und harmonischste Spielstätte. Ihr Erbauer war der berühmte Polykleitos aus Argos. Hier wurden Tragödien des Aischylos und seines Schülers Sophokles aufgeführt. Darunter so bedeutsame Stücke wie Antigone, König Ödipus und Elektra. In den 1950er Jahren restauriert, fasst die Arena heute vierzehntausend Zuschauer. Die Aufführung antiker Stücke gilt gemeinhin als Höhepunkt der griechischen Sommerfestspiele. Völlig ohne Rauschmittel träume ich mich in das Jahr 1960, als an dieser Stelle die hochgeschätzte Maria Kallas in der Rolle der *Norma* aus der gleichnamigen Oper von Vincenzo Bellini auftrat und Begeisterungsstürme auslöste.

Nicht minder begeistert sind wir vom Delphispektakel. In einer Schlucht des Parnassios Gebirges, am Fuße zweier gigantischer Felsen, der Phädriaden, wurde im Altertum das Orakel von Delphi gegründet. Hier verehrte man in erster Linie Apollo, den Gott des rechten Maßes und der Musik. Apollo galt gleichzeitig als Herr der Schönheit, des Lichts und als Hüter der heiligen Gesetze des Zeus. Auf Geheiß des Allgewaltigen stiegen zwei Adler vom Rande der Erde (Scheibe) auf. Über Delphi trafen sie aufeinander. Fortan galt der Ort als heilig und als Mittelpunkt der Welt. Ein konischer Stein symbolisiert bis auf den Tag die zentrale Position. Er ist vom vielen Angrabschen rund und blank gescheuert.

Das antike Delphi verdankte Macht und Reichtum der Gerissenheit und Unwissenheit von Menschen zugleich. Die einen boten den Glauben als Ware an, die anderen bezahlten dafür in barer Münze. Die Gewieften waren Priester. Sie ließen *Apollo* durch den Mund einer Pythia, einer in Trance versetzten älteren Frau, sprechen. Oft waren deren Orakelsprüche geheimnisvoll und zweideutig, damit man ihre Urheber nicht festnageln konnte. Nach dem gleichen Prinzip sind die Horoskope aufgebaut. Überliefert ist ein Orakelspruch an den sagenhaft reichen lydischen König Krösus. Er hatte hören wollen, ob er einen Krieg gegen die Perser gewinnen könne. Orakelt wurde: „Wenn du den Grenzfluss Halys überschreitest, wirst du ein großes Reich zerstören." Krösus wagte den Krieg und – verlor. Die Weissagung war eingetreten, *sein* Riesenreich zerstört.

Auf Orakelsprüche hoffen durften grundsätzlich nur äußerst begüterte Persönlichkeiten. Denn um die Götter gnädig zu stimmen, musste der Auserwählte tief in die Tasche greifen. Reiche Griechen gab es viele. Die Nachfrage überstieg bald das Angebot. Anfänglich arbeitete das Orakel nur einmal pro Jahr, dann einmal im Monat, einmal in der Woche, mehrmals am Tag. Um allzu lange Wartezeiten abzukürzen, kamen Bestechungen in Mode. Die Priester wurden reich und reicher. Zuletzt beschäftigten sie im Schichtbetrieb drei Frauen als Medium. Um den Gewinn vor Neid zu schützen, errichtete man mehrfach gesicherte Schatzhäuser. Der *Tresor* von Athen ist erhalten und restauriert. Was gäben die aktuellen Gläubiger Griechenlands darum, ihn gefüllt zu sehen.

Wie der griechische Staat, stehen auch wir mit dem Rücken zur Wand. Sie gehört zur Vorhalle des Apollontempels. Sieben Weisheiten sind in die Mauern gemeißelt. Bei ihrer Beachtung hätten die Wartenden glatt auf die Orakelsprüche verzichten können: „Erkenne dich selbst, da alles fließt. Nutze die Zeit, um alles, was eitel ist, mit Eile und Weile, aber nicht im Übermaß zu meistern, denn niemand kann dem Schicksal entfliehen."

Mit dem Siegeszug des Christentums im Jahr 381 verstummte das Orakel von Delphi. Es hatte über 1700 Jahre lang die Geschicke der antiken Welt maßgeblich beeinflusst. Die Christen erfanden neue Popanze um die Einfältigen zu schröpfen.

Kurz bevor die Sonne im Zenit steht, orakelt mein Medium: „Wenn ich nicht gleich etwas zwischen die Kiemen bekomme, bricht ein Vulkan aus."

Die bedrohlich klingende Vorhersage im Ohr, starre ich gebannt auf die senkrechten Felswände hinter uns. Sie flößen mir unendlichen Respekt ein. Schon die kleinste Erschütterung würde sie zum Einsturz bringen. Mich schaudert. Die Knie werden weich wie Wachs in der Sonne. Die verwitterten Gesteinsmassen sind porös, von Spalten und Rissen durchfurcht. Apollontempel, Theater und Stadion sind wegen akuter Steinschlaggefahr gesperrt. Der Boden ist mit Abbruchstücken und geheiligten Trümmern übersät. Ängstliche Blicke hier und da. Wird das verderbenbringende Felsmassiv bis zu unserer Abreise stabil bleiben? Delphi ist durchaus eine Reise wert, begraben aber möchte ich hier nicht sein.

Die Ebene von Amfissa bringt mich auf einen absurden Gedanken. Der Landstrich unterhalb von Delphi mit dem Atheneheiligtum ist wunderschön, sieht jedoch irgendwie verstaubt aus. Schuld daran sind die silbrig-stumpfen Blätter der unzähligen Olivenbäume, die wie Wollpuschel auf einem Teppich liegen. Ganz Griechenland scheint sich damit zu schmücken. Mich überkommt das Verlangen, jedes einzelne Blatt mit einem Staubtuch zu putzen.

Im Parnass dominieren sattgrüne Pinien. Zahlreiche Stämme weisen Spuren des Harzens auf. Der Saft wird zur Herstellung von Medikamenten und Wein benötigt. Harzwein ist vor allem bei Ehemännern sehr beliebt. Als Geschenk für ihre Frauen. Just nach dem ersten Schluck soll die Zunge am Gaumen kleben und den Mund fest verschließen. Wenigstens für Augenblicke. Weitsichtig, wie ich durch *Apollo* bin, habe ich gleich drei Flaschen gekauft. Mehr passten leider nicht ins Handgepäck.

Männliche Touristen ruhig zu stellen ist deutlich schwieriger. Um mich herum herrscht diesbezüglich nur helle Aufregung. Das Bier in Griechenland schmeckt nämlich nicht nur wie ein Mythos, es heißt auch so. Mich quält der Mythoskomplex nicht sonderlich. Ich trinke rote Fassbrause. Hellas' starkes Geschlecht hat auch kein Problem mit der Lorke. Es schwört auf Komboloi – ein Männerspielzeug. Das in allen Lebenslagen befummelte Perlenkettchen ist ein Rosenkranz ohne religiöse Funktion. Entspannung, Zeitvertreib, Statussymbol, alles in einer Hand.

Bevor wir in Theben etwas zu essen bekommen, füttert uns Christa mit allerlei Informationen. Zuerst wollen wir die positiven Nachrichten hören: Die Griechen sind das älteste Kulturvolk Europas; ihre Dichter und Philosophen haben die Grundlagen für ein europäisches Denken geschaffen; achtundsiebzig Prozent des Landes sind bergig; damit rangiert Hellas hinter Norwegen und Albanien auf dem dritten Platz; in der Zahl der Engpässe stünde Griechenland sogar an der Spitze, historisch betrachtet weit vor der untergegangenen DDR.

Die Liste der negativen Beispiele ist bedeutend länger: In Theben erschlug Ödipus seinen Vater und heiratete seine Mutter; auf Akrokorinth gibt es keine Edelhuren mehr; auf dem Peloponnes wüten Waldbrände; die Rente mit fünfzig kann man getrost in die Diogenestonne klopfen; schwere Regenwolken ziehen über den Golf; Griechenland wird untergehen, aber erst wenn der letzte Sirtaki verklungen und der letzte Tropfen Ouzo getrunken ist. Bis dahin verbliebe ausreichend Zeit, zumindest noch Sparta, Mystras, Nemea, Korinth und Athen zu besuchen.

Wir sind beruhigt. Auf dem Weg nach Mystras, die malerische Ruinenstadt überwältigt uns, durchqueren wir Arkadien. Wir bewundern Zypressen, Ginster, Lorbeer, Platanen, Oleander sowie kleinwüchsige Oliven-, Zitronen-, Apfelsinen- und Aprikosenbäume. Agaven, Feigenkakteen und Eukalyptus haben eine deutlich jüngere Vergangenheit. An dieser Stelle sei ein kleines botanisches Rätsel erlaubt. Es gibt zwei Arten von Zypressen. Eine zeichnet sich durch schlanken, aufrechten, hohen Wuchs aus. Sie erzeugt einen erhabenen, majestätischen Eindruck. Die niedere Sorte ist gedrungen und üppig ausladend. Sie wirkt ein wenig plump und pummelig. Welchem Geschlecht beide zuzuordnen sind, sollen Sie erraten. Nur so zum Spaß!

In der traumhaften Idylle Arkadiens herrschte einst Pan, der Gott der Hirten. Des eintönigen Schafgeblöks überdrüssig, erfand er ein Instrument, womit zwischenzeitlich Südamerikaner in großstädtischen Einkaufspassagen die deutsche Spendenbereitschaft testen. Die Panflöte. In Arkadien erklingen ihre wehmütigen Töne schon lange nicht mehr. Hier verwüsten Baumaschinen ratternd und kreischend die blühende Landschaft. Sie blutet aus vielen offenen Steinbruchwunden. Der Techniklärm übertönt sogar das über den Buslautsprecher dudelnde Schlagerchen des schwergewichtigen Demis Roussos: „Schönes Mädchen aus Arkadia".

Die kommerzielle Zersiedelung der Landschaft mitten durch Naturreservate, Obst- und Weinbaugebiete, nach dem unseligen Vorbild von ganz Tirol, ist beängstigend. Die Oktanzahl von Wein und Obst soll inzwischen der von Super Plus Benzin ziemlich nahe kommen.

Den Grundstein für Mystras legten fränkische Ritter, die 1249 im Taigéttos Gebirge auf steilem Fels eine Burg zu errichten begannen. Von Byzantinern 1262 erobert und durch Kirchen und Klöster erweitert, wuchs allmählich die bedeutendste mittelalterliche Stadt des Peloponnes heran. Die Türken fügten Moscheen, Bäder, Harem und Basar hinzu. Alle steinernen Zeitzeugen zusammen dienen heute als epochales Freilichtmuseum.

Christa warnt uns vor den unbefestigten *Schrottwegen* an abschüssigen Hängen. „Kein Beinbruch", sage ich. „Auch in Deutschland gibt es genügend Schotterpisten."

Unsere gute Fee reagiert panisch. Jeden wackligen Schritt begleitet sie mit spitzem Aufschrei. Dann zeigt sie mit zitternder Hand auf eine besonders unwegsame Stelle. „Hier habe ich mir vor Jahresfrist den Fuß gebrochen. – Vorsicht!"

Trotz aller Mahnungen geraten wir in Mystras aus dem Tritt. Inmitten der Trümmerlandschaft begegnet uns unerwartet Leben. Es häkelt mit gichtigen Fingern unter tiefschwarzer Tracht in einem weitgehend farbenfreudig restaurierten Kloster. Aus verhutzelten Gesichtern blicken freundliche Augen. Die Nonnen scheinen die fränkischen Ritter noch persönlich gekannt zu haben.

Deutlich neuzeitorientierter geht es in Nemea zu. In der sorgfältig wiederhergestellten antiken Siedlung fanden immer ein Jahr vor der offiziellen Olympiade panhellenische Wettkämpfe statt. Stadion, Gästeunterkünfte, Badehaus, Zeustempel und das Gymnasium (Trainingsstätte) sind deutlich zu unterscheiden. Alle Sportler agierten nackt. Verheirateten Frauen war es bei Todesstrafe verboten, die athletischen Körper in Ekstase zu bewundern. Fürchteten die Ehemänner den unmittelbaren Vergleich? Ich möchte unseren durch Björn Otto und Robert Harting verwöhnten Damen ebenfalls keine nackichte Haut zeigen. Ich flitze in voller Montur.

Dass ich als emeritierter Halbmarathonläufer vor diesem fast olympischen Hintergrund ins Schwitzen geraten könnte, ist sicher nachvollziehbar. Der Grund eher weniger. Mich bringen die heiligen *Kühe* Griechenlands auf Trab. Eine ganze Hecke Straßenköter. Auf einem Parkplatz.

In Griechenland sind herrenlose Hunde und Katzen heilig; für mich eher eine nationale Schande. Die bedauernswerten Geschöpfe fristen ein kümmerliches Dasein, ernähren sich von Speiseresten. Deren Verpackungen verwertet der Wind. Große Teile des Territoriums gleichen einer ungepflegten Mülldeponie. Über die Sommermonate lindern mitleidige Touristen das schwere Los der ungeliebten Vierbeiner. Wie kommen sie über den Winter? Einheimisches Futter kennen die von allen guten Geistern verlassenen Wesen nicht.

Ach, hätte ich doch nicht in die Augen von *Herkules* gesehen. Alle schmerzlichen Emotionen, zu der Hundeseelen fähig sind, vereinen sich darin. Sie schauen derart traurig, dass sie einen Gletscher zum Schmelzen bringen würden. Herkules ist gertenschlank, sein rehbraunes Fell an Ohren, Schnauze und Rist schwärzlich abgesetzt. Ich tippe auf Schäferhund-Labrador-Mischung. Wenn ich auch das Leben der griechischen *Dokös* nicht dauerhaft erleichtern kann, Herkules will ich wenigstens einen schönen Tag bescheren. Mein Mitleid ist größer als die Vernunft. Ich reiche ihm mein Mittagsmahl: eine Bockwurst. Trotz des Hungers nähert sich Herkules sehr vorsichtig. Seine Bewegungen sind voller Grazie. Bevor mein kleiner Freund zubeißen kann, schnappt ihm ein anderer Rüde den Happen weg. Verflixt, der besser im Futter stehende Beutejäger fällt mir erst jetzt auf. Ihn taufe ich auf den Namen *Ares*. Er trägt als einziger Hund ein Halsband. Ein wohlsituierter Ausreißer zwischen den Streunern? Herkules gibt den Leckerbissen kampflos auf, zieht den Schwanz ein und trollt sich unterwürfig. Und nun geschieht, was ich nie für möglich gehalten hätte. Trotz des Erfolges fletscht Ares die Zähne und kommt knurrend auf mich zu. Ihm war die Portion sicher zu klein. Mir gerinnt das Blut in den Adern. Ich sehe mich schon am Boden liegen, zerfleischt, aus vielen Wunden blutend. Der Fluchtreflex funktioniert. Ausdauer und Schnelligkeit aber haben im Laufe der Jahre mächtig gelitten. Wann wird das Scheusal zubeißen? Keuchend bleibe ich stehen, egal was passiert. Ruckartig drehe ich mich um und traue meinen Augen nicht. Mein eben noch hasenfüßiger Herkules schwingt sich zum Löwenbändiger auf. Furchtlos stürzt er sich auf den überlegenen Gegner und drängt ihn von mir ab. Eine letzte Attacke und Ares ist geschlagen. Der klemmt die Rute zwischen die Beine und trollt sich. Alle Vorsicht außer Acht lassend, kraule ich Herkules dankbar das struppige Fell. Diesmal bestätigt sich die allgemeine Erfahrung. Kein Almosenhund wird jemals einen Wohltäter angreifen. Am liebsten würde ich das unglaubliche Kerlchen als blinden Passagier in die Heimat schmuggeln. Wisgart und Hans scheinen meine Gedanken zu erraten und beugen vor: „Keine Chance". Zum Trost überreichen sie mir eine Portion artgerechten Trockenfutters, von dem sie allzeit einen großen Sack bei sich führen. Herkules genießt Nahrung und Zuneigung. Der Busfahrer hupt. Abschied. Wir fahren weiter. Ich schäme mich der Träne nicht. Was ist aus dir geworden, du göttliche Kreatur?

Hunde und Katzen sind auch das Lieblingsthema von Helga und Rudi, unseren bekannten Mitessern. Gemeinsam bevölkern wir einen Tisch im Hotelrestaurant. „Im Gegensatz zu Hunden sind Katzen nicht so mein Ding", heize ich nach dem Herkules-Abenteuer die allabendliche Diskussion an. Anstatt mir beizupflichten, kreischt Helga auf. Ein Kater streicht ihr um die Beine. Huch, wie unangenehm. Ganz im Gegensatz zu Helga lässt Katzenliebhaber Rudi die Miezen tanzen. Wussten Sie, dass der Sirtaki gar kein uralter Volkstanz ist? Er wurde Anthony Quinn als Alexis Sorbas auf den Leib gefilmt. Uns spielt Hermes, Zeussohn, Götterbote und Erfinder der Kitara (Gitarre), in einer Taverne an der Strandpromenade von Loutraki zum Tanz auf. In Verbindung mit Ouzo ist der Sirtaki beinahe überirdisch.

Um göttlich zu werden, bade ich wiederholt im Golf von Korinth. Vom Strand aus schauen wir direkt auf die mittelalterliche Bergfestung Akrokorinth, die größte und älteste Burg des Peloponnes. Von ihren Mauern bietet sich ein atemberaubender Blick auf den Golf, die Stadt Korinth und unendlich erscheinende Gebirgsketten. Hinter dem Hotel ragen Felsen des Geraniagebirges bis neunhundert Meter auf. Wir sind Bestandteil einer fantastischen Kulisse.

Höhepunkt unseres Gastspiels soll erst die Fahrt nach Athen werden. Meine Schönwetterprognose bestätigt sich glänzend. Die Sonne geht strahlend hell auf. „Lass dich davon nicht blenden, mein Lieber", dämpft meine Frau. „Es naht ein Tiefdruckgebiet. Ich spüre es in der kleinen Zehe."

Als Wetterfrosch ist meine Regentrude unschlagbar. Kaum erreichen wir den Stadtrand von Athen, trübt sich der Himmel ein. Gela frohlockt. „Na, wer hatte wieder mal recht?"

„Pallas Athene, die Göttin der Weisheit."

„Die Antwort ist falsch."

„Stimmt aber mit der Mythologie überein."

„Musst du immer das letzte Wort haben?"

„Ja! – Pallas Athene, ihrem Vater Zeus aus gespaltenem Kopf entsprungen, und ihr Widersacher Poseidon stritten zweifellos um viel wichtigere Dinge. Sie lagen sich wegen der Vorherrschaft über die griechische Metropole in den Haaren. Mythologisch wurde die Rangelei über Geschenke entschieden. Sieger sollte derjenige sein, dessen Gabe den größten Nutzen versprach. Der Meeresgott stieß seinen Dreizack in den Fels der Akropolis und sofort sprudelte Wasser aus dem Boden. Salziges."

„Typisch Mann."

„Unterbrich mich nicht, sonst komme ich aus dem Konzept. Wo war ich gleich stehengeblieben? Ach ja. Also, seine Gegnerin triumphierte und stampfte nach Frauenart mit dem Fuß auf. Just an dieser Stelle wuchs ein Ölbaum, der erste auf dem blauen Planeten. Er wurde heiliggesprochen. Inzwischen gibt es in Griechenland einhundertsechzig Millionen ..."

„Hör auf", redet meine Gattin erneut dazwischen. „Die Details sollen die Banken regeln. Eine Frau hat gewonnen, basta!"

Der Besuch der Akropolis ist Kult, die Visite von Athen ein Gnadenakt. Wir schlängeln uns durch ein Gewirr hässlich-schmutziger Fassaden und Häuserschluchten hinauf zum Heiligtum der Menschheit schlechthin. Das erhoffte Gefühl von Erhabenheit und Ergriffenheit stellt sich leider nicht ein. Wir schwimmen auf einer unendlichen Welle vielfarbiger Touristen an den Sehenswürdigkeiten vorbei. Der größte und glanzvollste Bau auf der Akropolis ist der Parthenon, der Tempel der Athene. Beeindruckend auch die sechs Mädchenstatuen (Koren), die das Dach des Poseidontempels stützen. Die Originale haben die Engländer einst dem türkischen Pascha abgegaunert. Der Blick auf die Stadt ist verwirrend. Allmählich gewinnt das Bild Konturen. Wir identifizieren das Odeon des Herodes Attikus, das römische Amphitheater am Südhang der Akropolis, den alten Markt- und Versammlungsplatz mit dem Hephaistostempel und die gepriesene Altstadt von Athen, die Pláka. Gut zu erkennen auch der Syntagmaplatz, der Zeustempel und das Olympiastadion von 1896. Für relativ gute Sicht sorgt das pausenlose Blitzlichtgewitter der digitalen Technik. Dennoch wird uns allmählich schwarz vor Augen.

Mittenhinein in unser Betrachten und Staunen fallen die ersten Regentropfen. Wie aus dem Nichts tauchen Myriaden von Schirmverkäufern mit asiatischem Migrationshintergrund auf. Sie müssen seit Tagen auf der Lauer gelegen haben. Der Regen wird heftiger. Kein Rettungsschirm der Welt bietet mehr wirksamen Schutz. In den überfüllten Toiletten, andere Unterstellmöglichkeiten gibt es nicht, ist es stickig. Wir sind frustriert und laufen bergab. Tropfnass huschen wir in einen Andenkenladen für gehobene Volkskunst und noch höhere Preise. Rettung naht. Pitschpatsch und wir sind im trockenen Bus. Dafür fällt der geplante Stadtbummel buchstäblich ins Wasser. Die Reiseleitung trifft eine kluge Entscheidung. Zurück nach Loutraki, sofort. Unsere Heimfahrt wird zur Flucht. Wir brechen keine Sekunde zu früh auf. Denn nach uns kommt tatsächlich die Sintflut. In wenigen Minuten schwimmt ganz Athen. Sturzbäche schießen durch die vielfach kanalisationslosen Straßen. Unmengen von Unrat müllen Hütten und Paläste zu. Abgestellte Fahrzeuge dienen als Wellenbrecher. Gischt spritzt, Autos verwandeln sich in steuerlose Motorjachten. Das finstere Inferno wird begleitet von grellen Blitzen und ohrenbetäubenden Donnerschlägen. Bewundernswert, wie Hans den Weg durch das Chaos findet. Auf der Autobahn besteht Aquaplaninggefahr. Eine etwas tiefergelegene Straße bricht wie ein Staudamm. Schlammmassen stürzen eine Böschung hinab. Uns beutelt pures Entsetzen. Im Bus ist es mucksmäuschenstill. „Wer ist verantwortlich für das Sauwetter?", flüstert meine kreidebleiche Ikone. „Sicher wieder ein Mann."

Meine Vermutung tendiert in die gleiche Richtung. Konkret habe ich Zeus im Verdacht. Petrus ist im Reich olympischer Götter nicht zuständig. „Schaut euch doch mal an", flüstere ich zurück. „Kein Weib unter sechzig. Da muss ein Kavalier von seinem Format ja durchdrehen."

Die abendlichen Schadensmeldungen in Rundfunk und Fernsehen erschüttern uns aufs Neue. Es soll sogar Todesopfer gegeben haben. Die eigene Anschauung aber stellt alle medialen Hiobsbotschaften weit in den Schatten. Ein einziges Unwetter, zugegeben das schwerste, das ich je erlebt habe, reicht aus, um eine riesige Fläche des Golfes von Korinth zur Müllhalde verkommen zu lassen. Der Strand von Loutraki ist eine einzige stinkende Kloake.

Das von der Natur oder den Göttern begnadete Griechenland ist drauf und dran, sich zuzumüllen. Kein Abhang, kein Tal, keine Schlucht, kein Straßenrand, kein Badestrand, die nicht vor Schmutz und Zivilisationsabfällen starren. Peinliche Sauberkeit herrscht nur in den Hotelkomplexen. Ersetzen in Hellas Wetterkapriolen die städtische Müllentsorgung?

Günstiger Wind treibt den Unrat ins offene Meer. Vierundzwanzig Stunden später sind Strand und Wasser wieder urlaubsfein. Meine Freude am Baden im Meer ist extrem getrübt. Ab sofort stelle ich die täglichen rituellen Waschungen im Golf von Korinth ein und poole nur noch.

Gern würden wir unseren Dank für die wundersame Errettung an höchster Stelle anbringen. „Alles Roscher", sagen Wisgart und Hans wie aus einem Mund. „Wer möchte, kann uns zum Kloster Ósios Patapios und nach Heraion begleiten."

Das Angebot klingt verlockend, wir nehmen an. An der seltsamen Formulierung nimmt niemand Anstoß. Ob Roger, Rodscher oder Roscher ist doch völlig egal. Hauptsache Entspannung und Seelenfrieden.

Das erst 1952 erbaute Kloster befindet sich in luftiger Höhe direkt über uns im Geraniagebirge. Der Aufstieg wird zum Pfad der Erkenntnis. Klostergründungen sind in Griechenland kein Privileg der Vergangenheit. Fast täglich entstehen neue. Der Reichtum der orthodoxen Kirche ist unermesslich. Schuld daran sollen vordergründig die Türken sein. Sie nahmen den Gläubigen alles, der Kirche nichts. Deshalb schenkten viele Griechen ihr gesamtes Hab und Gut den Priestern. Es sollte den Eroberern nicht in die Hände fallen.

Achtundneunzig Prozent aller Griechen sind orthodox, etwa gleichviel sind von ihren Gottesmännern nicht begeistert. Diese gelten als faul und raffgierig. Wie bei einer Autoreparatur lassen sie sich jede ihrer Dienstleistungen bar bezahlen. Karitative Angebote sind weitgehend unbekannt. Lukrative Geschäfte mit dem Glauben nicht. Je nach Geldbeutel kann sich jeder Grieche eine Kapelle mit oder ohne Kreuzkuppelgewölbe in den Garten stellen. Angefangen bei den Maßen einer Telefonzelle bis zur prunkvoll vergoldeten Basilika in blauweißer Betonoptik oder Marmor. Auf dem Weg nach oben begegnen uns viele Maultiere, vollbeladen mit Gemüsekörben. Arbeitende Nonnen oder Mönche sind uns nie begegnet. Nirgendwo. In Griechenland gäbe es viele Arbeitslose aber wenig arbeitende Hände. Deshalb müssen Afrikaner, Albaner, Rumänen und Polen aushelfen, speziell zur Erntezeit. Auf den Anblick menschenunwürdiger Slums, in den überwiegend Roma und Albaner dauerhaft hausen, hätten wir gern verzichtet.

Was für Odysseus Ithaka war, bleibt für mich auch nach dieser Reise meine geliebte und geschundene Niederlausitz. Denn außer in der Mythologie haben wir Göttlichkeit im Sinne von Vollkommenheit in Griechenland nicht erlebt. Märchenhaft war der Urlaub allemal. Spätestens an dieser Stelle müsste ich Hellas in den schillerndsten Farben als Reiseland malen. Aber, das hieße Euro nach Athen tragen.

Schreckschüsse

Meine unübertreffliche Kritikerin ist der geborene Konjunktiv. Die pessimistischste Variante, wenn Sie wissen, was ich meine. Mein gütiger Gott, was könnte beim Reisen nicht alles schiefgehen. Bevor ich meinen Liebling für ein Unternehmen gewinnen kann, ziehen unendlich viele Gefahren an ihrem geistigen Auge vorüber. Flugzeugabstürze, Buschbrände, Vulkanausbrüche, Schiffshavarien, Busunglücke, Aufstehen vor neun Uhr und Erdbeben sind noch die geringsten Malheure, die sie in furchtbar grauen Tönen an triste Betonwände malt. Ich dagegen, so ihr vernichtendes Urteil, wäre die personifizierte Brechstange. Augen zu und durch. „Du hast einfach kein Gespür für Gefahren, Missgeschicke und Katastrophen. Zum Beispiel frühmorgens aufstehen, bevor man aus freiem Willen wach wird, und Halbpension auf Rudelreisen. Welch eine Zumutung. Und wer muss deinen Leichtsinn und deine Ignoranz dann immer ausbaden?" – Die Antwort steht bis heute aus.

Diesmal kriecht Sorge auch in meinen Koffer. Die Unruhe hat mehrere Väter. Am ärgsten zu schaffen machen uns die Wetterkapriolen. Extremer Feuchtigkeit im Frühjahr ist schweißtreibende Julihitze gefolgt. Anhaltende Niederschläge im August. Ende September blockieren die Himmelsschleusen gänzlich. Petrus bekommt sie nicht mehr zu. Rundfunk und Fernsehen warnen zu jeder Nachrichtensendung vor Hochwasser. Unser Zuhause droht von der Spree überspült zu werden. – Die Verkehrsmeldungen von den deutschen Autobahnen klingen gleichfalls besorgniserregend. Von Aquaplaning ist die Rede und von vielen Unfallopfern. Den größten Reibach macht der Tod am Schönefelder Kreuz. Unvernunft, Unvermögen, Leichtsinn oder kriminelle Rücksichtslosigkeit treiben ihm täglich neue Opfer zu. Eine unachtsame deutsche Autofahrerin bringt einen polnischen Touristenbus in letale Bedrängnis. Auf Besserung der Täter ist nicht zu hoffen. Wo treibt sich St. Christophorus, der Schutzheilige der Reisenden, herum? Macht er Urlaub in der Karibik? Jeder Verkehrsrowdy scheint mehr Einfluss auf Leben und Tod zu besitzen als alle Heiligen dieser Welt zusammen. – Ein weiteres faules Ei legt uns die Bundesregierung ins Nest. Es strahlt und strahlt – in den Atommülllagern Asse und Gorleben. Unsere Vorfreude auf Korsika und Sardinien ist nachhaltig getrübt. Aber wir haben bezahlt und Gründe für eine gebührenfreie Absage sehen anders aus. Und ich will unbedingt nach Korsika. Zu Napoleon.

Nach zehnstündiger Autobahnfahrt erreichen wir am Abend einen Ort, der mich vermuten lässt, dass der Fahrer sich verfranzt hat. Zunächst begegnet uns ein schlafender Landstreicher auf einer Parkbank, dann sehen wir einen abgerissenen Penner in einem Müllcontainer nach Essbarem suchen. Wenig später krakeelt ein Betrunkener durch die Straßen, in denen man bevorzugt slawische Sprachen hört. An Einkaufsständen packen Vietnamesen, Pakistani und Inder ihren Krimskrams ein. Wir befinden uns im österreichischen Feldkirch.

Unsere erste Sorge gilt dem Wasserstand der Spree. Die Leitung des *Central Hotel Löwen* scheint Zwischenübernachter für potenzielle Telefongebührenpreller zu halten. Anrufen ist nur von öffentlichen Apparaten möglich oder per Handy. Vom Zimmer aus nicht. Verliert die Bodenhaftung, wer nach vier Sternen greift? Wir finden auf die Schnelle keinen Münzer und das Handy findet im Tal kein Netz. Wir gehen in die Höhe. Zur Schattenburg, einst Sitz der Grafen von Montfort. Hier empfangen wir eine tröstliche Nachricht. Unsere Heimat ist noch nicht in den Fluten versunken.

Jedem Aufstieg folgt ein Abstieg – in die Via Mala. Der *böse Weg* hat seine Schrecken längst verloren und ist ein beliebter Rastplatz für Touristen geworden. Die Schlucht ist mehrere Millionen Fünfjahrpläne alt und hat viele Eroberer kommen und gehen sehen. 1788 beehrte Johann W. von Goethe die Via Mala mit seiner Anwesenheit. Im Jahr 1800 zogen fünfzehntausend französische Soldaten unter General Alexandre Macdonald, Herzog von Tarent, durch den Schweizer Engpass und wurden von einem verheerenden Unwetter überrascht. Bei eisiger Kälte, Hagelsturm, Steinschlag und Hochwasser kamen Mensch und Tier zu Schaden. Napoleon soll eigens über den Verlust der Kriegskasse geklagt haben. Sie wurde nie gefunden. Dafür entdeckten zwei Alpinisten in einer Felsspalte jüngst eine Kiste mit wertvollem Kristall. Es handelte sich um Kriegsbeute aus Klöstern.

Auf den bösen Weg folgt der *böse Stein*. Gemeint ist die Festung Priamar in Savona. Von ihren meterdicken Mauern bietet sich ein beeindruckender Rundblick über die Profanbauten des Hafens und den maroden Charme der Stadt. Direkt uns vis-à-vis stehen ein Uhrturm und zwei historisch wertvolle Geschlechtertürme. In ihnen suchten wohlhabende Familien Schutz, wenn Ungemach drohte.

Uns bedrohen fiese Abgaswolken sowie Blitz und Donner aus heiterem Himmel. Zurück zum Hafen. Schnell aufs Schiff in Sicherheit. Nicht möglich. Die Einstiegsluke klemmt. – Damit musste man rechnen, denn bekanntlich sind aller bösen Dinge drei. Die Fährüberfahrt nach Korsika steht unter keinem guten Stern. Sie erfolgt unter italienischer Flagge. Nach dem Klemmer wollen Einstiegsluke und Gangway einfach nicht zueinander passen. Zu dem hyperaktiven Matrosen, der das Malheur entdeckt hat, gesellt sich ein wild zappelnder Supervisor. Nach minutenlangem Palaver greift Letzterer zum Sprechfunkgerät und informiert die Kommandobrücke. Ein Offizier beugt sich über die Reling und besieht sich kopfschüttelnd die technische Panne. Inzwischen haben sich fünf uniformierte Besatzungsmitglieder an der Einstiegsluke eingefunden und schauen sprach- und ratlos in die Tiefe. Der Spaß eines Leichtmatrosen, er deutet einen Sprung an, weckt die Lebensgeister der Nothelfer. Jeder redet mit jedem und alle durcheinander. Die lebhafte Diskussion lockt zwei Stewardessen an. Darauf eskaliert die Schwadronade. Die Gangway hat sich auch nach zwanzig Minuten um keinen Deut dem Ziel genähert. Ein minutenlanger Befehl über Sprechfunk beruhigt die Gemüter. Der Supervisor salutiert, dann wendet er sich an die Einsatzkräfte. Zäh wie Sirup wird der Befehl in seine Bestandteile zerlegt. Inzwischen ist die Zahl der amüsiert über die Reling schauenden Offiziere auf drei gestiegen. Nach dem Erscheinen des Kapitäns ertönt Motorengeräusch. Das Schiff bewegt sich zentimeterweise rückwärts. Plötzlich geht ein mächtiger Ruck durch den Stahlkoloss. Ein Tau bremst seine Fahrt. Gangway und Einstiegsturm gehen weiter getrennte Wege.

Da der Strick am Poller verknotet ist, muss er gelockert werden. Das geht nicht, ohne sich vorher ausgiebig zu besprechen. Jeder mit jedem, alle mit allen. Wieder dröhnt der Diesel. Unter Zuhilfenahme einer langen Hakenstange wird der Steg in die richtige Position gezogen. Juche, Campanile und Schiff sind verbunden. Zu lose. Der Steg ist nicht verankert und rutscht knallend an die Bordwand. Kein Angehöriger des Personals traut sich hinüber. Die Kollegen beschämend ermannt sich eine der Stewardessen. Mit einer dünnen Paketschnur verbandelt sie Gangway und Schiff. Dem Supervisor scheinen Arbeitsschutzbedenken zu kommen. Erneute Beratung. Jeder mit jedem, alle mit einer. Der Steg wird nicht freigegeben, ein mutiges Versuchskaninchen gesucht. Wieder ist es eine Dame, die sich traut. Das resolute Uniformkostüm übernimmt Verantwortung, nicht aber ohne vom Supervisor über Sprechfunk umfassend instruiert zu werden. Eine kleine Ewigkeit vergeht. Danach gibt die Entreedame ihr Wissen brühwarm an einen zur Besatzung gehörenden Personenschützer weiter, der ihr fortan nicht mehr von der Seite weicht. Um sich keiner unnötigen Gefahr in unserer lauthals murrenden Gruppe auszusetzen, beordert das nunmehr wichtige Persönchen Reiseleiter Gerald zu sich. In sicherer Entfernung überschüttet es ihn mit einem Redeschwall. Nach weiteren fünfzehn Minuten sind alle Formalitäten unter Dach und Fach. Erleichtert wanken wir an Bord und – stehen vor verschlossenen Kabinen. Zwei schmuck bedresste Boys huschen die Gänge entlang. Wer ihnen zufällig im Weg steht, bekommt Einlass. Die anderen warten. Bevor sie aufschließen, unterhalten sich die dienstbaren Geister fröhlich mit den Neuankömmlingen, jeweils in Landessprache. Versteht der Gast die Begrüßungsformel, brechen sie in helle Freude aus. Deutsch können beide nicht. Also unterweisen wir sie auf die Schnelle. Das Fluchen der Wartenden verkürzt die Übung auf schlappe zehn Minuten. Da kann man einem Ausländer natürlich die deutschen Grundwerte und Tugenden nur sehr unzureichend einbläuen.

Entkräftet, übermüdet und wütend falle ich auf die Pritsche, um im selben Moment wieder hochzuschrecken. Unter unserer Kabine macht sich der Diesel zu schaffen. Haben Sie schon einmal versucht, über einem Schiffsantrieb zu schlafen?

Wir gehen an Deck und genießen die Ausfahrt. Erst fantastisches Lichtermeer, dann gar nichts mehr. Nur unheimliche Dunkelheit. Ein Blick nach oben muntert auf. Lampionfest am Himmel. Die meisten Sterne hält es nicht auf Position. Sie kreuzen am Himmelszelt blinkend und farbenfroh leuchtend hin und her. Das Wasser rauscht, der Wind frischt unangenehm kühl auf. Es beginnt zu regnen. Regen? Die Alarmglocken schrillen. In Erwartung schlechter Nachricht, ruft mein Liebling zu Hause an. Nach Auskunft unserer dortigen Hilfstruppen hat das Hochwasser den Süden von Branitz erreicht. Wo wohnen wir? Im Süden! Erste Keller sind vollgelaufen. „Umkehren, sofort umkehren", jammert meine bekümmerte Frau.

„Quatsch, wir haben doch gar keinen Keller." Bloß gut. Der Kelch geht glatt an uns vorüber. Dafür geht über Branitz die Sonne auf. Aus östlicher Richtung steht einem unbeschwerten Urlaub nichts mehr im Wege.

Um meine mit Restsorgen vollgestopfte Begleiterin endgültig ruhigzustellen, unterhalte ich sie mit der aufregenden korsischen Geschichte. Ich lese aus dem Roman „Die Familie Bonaparte" von Cornelia Wusowski. Alles dreht sich um Unterdrückung durch Genuesen und Franzosen, um Kaiser Napoleon, um die blutige Vendettaheilige Colomba, der Prosper Mérimée eine Novelle widmete, und um den Nationalhelden Pascal Paoli. Detailliert gehe ich auf den Unabhängigkeitskrieg im 18. Jahrhundert ein. Er erregte Aufsehen in ganz Europa. Friedrich der Große schickte dem „General der Nation" einen Ehrensäbel mit der Inschrift *Patria – Libertas*. Auch Joseph II. von Habsburg und Katharina die Große von Russland brachten ihre Bewunderung zum Ausdruck. Und selbst der Papst drohte in diesem Fall einmal nicht mit Fegefeuer und ewiger Verdammnis. Zum krönenden Abschluss zitiere ich aus Jean-Jacques Rousseaus Gesellschaftsvertrag: „In Europa gibt es noch ein der Gesetzgebung fähiges Land, nämlich die Insel Korsika. Der Mut und die Beharrlichkeit, mit der dieses tapfere Volk seine Freiheit wiederzuerlangen und zu verteidigen wußte, verdienen wohl, daß ein weiser Mann es lehre, sie zu bewahren."

Meine Frau wirkt nach der Unterweisung etwas abgespannt und schläfrig. Mich hingegen hat der Text aufgewühlt. Wartet in Korsika eine royale Perspektive auf mich? Suchen die Korsen noch immer einen Helden? Der Inselthron wäre eine angemessene Herausforderung, denn meine Zukunft in Deutschland liegt bereits hinter mir. Besser in Korsika als in der Versenkung verschwinden. Und außerdem wäre es nicht das erste Mal, dass ein Deutscher den Korsen aus der Bredouille hilft.

1736 proklamierten die Führer der korsischen Unabhängigkeitsbewegung den westfälischen Baron Theodor von Neuhoff im Kloster Alesani in der Castagniccia zum erblichen König von Korsika. Der Thron war seine Bedingung für Geld und Waffen gegen Genua. Fatalerweise besaß der windige Baron weder das eine noch das andere und so musste er nach drei Jahren seinen schmählichen Abschied nehmen. Der Hochstapler ging nach England ins Exil, wo er völlig verarmt verstorben sein soll. Da ich auch nur fünfzig Euro Taschengeld und ein Schweizer Victorinoxmesser zu bieten habe, verwerfe ich den Gedanken an eine k & k (königlich-korsische) Karriere im Stadium seiner Entstehung. Lieber deutscher Rentner als gestürzter korsischer Monarch. Was könnte ich gegen die bis an die Zähne bewaffnete Fremdenlegion der Grande Nation ausrichten?! Sie sichert mit eiserner Faust die *Liebe* der Korsen zum Mutterland Frankreich. Von Vaterland spricht kein Einheimischer.

Zwischenzeitlich hat sich unbemerkt viel literarisches Volk um uns versammelt. Wir sind von fremden Menschen umzingelt. Wie mir einige Zuhörer unumwunden gestehen, glaubten sie, ich sei von der Reederei zu ihrer Unterhaltung engagiert. „Weil du dich immer so in Rage redest", schilt meine Frau. Ihr ist der ganze Auflauf sichtlich peinlich.

Alsbald ist mein Publikum in eine lebhafte Diskussion verstrickt. Niemand bemerkt unseren Rückzug. Wohin? In die Kabine. Der Menschenlärm ist verklungen, der Maschinenkrach läuft zu Hochform auf. Der Kopf dröhnt, der Körper vibriert im Gleichklang mit der Technik. Man fühlt sich wie auf einem Schüttelrost, der Kartoffeln sortiert. Ich pendle zwischen Wachsein und Schlaf. Abwechselnd geraten Hand oder Bein in die Schiffsschraube. Vorsichtshalber rolle ich mich unter der Decke zusammen wie ein Igel, sorgsam darauf bedacht, dass ja kein Teil darunter hervorsteht.

Als Abgase in das enge Kabuff wabern, springe ich kerzengerade aus der Koje und stürze zum Fenster. Pech gehabt, das Bullauge ist fest verrammelt.

„Na, gut geschlafen?", will Gerald am anderen Morgen wissen.

„Schon mal was von Kielholen gehört? Noch so eine dumme Bemerkung und jemand fliegt über Bord", niese ich den Reiseleiter griesgrämig an. Hastiges Frühstück, wir wollen die Einfahrt in Bastia nicht versäumen.

Die gerade erwachende Inselhauptstadt empfängt uns mit Lichterketten. Die Silhouette der Stadt dominieren die Zitadelle und die Kirche St. Jean Baptiste. Über den Häusern türmt sich ein Sahnewölkchen. Für Ende Oktober empfinden wir die zwanzig Grad über Null im Morgengrauen als äußerst angenehm. „Was würden wir jetzt bloß bei Regen machen?"

„Es regnet nicht?"

„Man wird sich doch mal vorstellen dürfen, wie furchtbar es wäre, wenn es in Strömen gösse!"

„Tut es aber nicht."

„Ein heißer Tag ist keinen Deut angenehmer."

Obzwar bekennende Massentouristen, haben wir doch nichts gegen gelegentliche Vereinsamung. Konkret heißt das: individuelles Erkunden der nördlichen Landzunge von Korsika, die wie ein abgespreizter Daumen in das Ligurische und Tyrrhenische Meer ragt. Auf zum Cap Corse. Mit einem Mietauto. „Hoffentlich bekommen wir keine Schrottkiste", orakelt mein flottes Baujahr. Es kommt deutlich schlimmer. Der Verleiher führt ausschließlich Opel Corsa. Nicht ganz abwegig auf Korsika.

Bevor wir starten, möchte ich mich belohnen. Denn bis wir in Sardinien sind, will ich nicht auf mein geliebtes *Gelato* verzichten. Meine Frau hat dann auch gleich zugestimmt.

Der Italiener ist am zeitigen Vormittag noch wenig frequentiert. Ein einzelner Herr, Typ Südländer, sitzt einige Tische von uns entfernt und liest Zeitung. Liest er wirklich? Wir fühlen uns beobachtet. Ein böser Verdacht steigt in meiner Frau auf. „Unter den Zuhörern deiner Geschichtsstunde an Bord der Fähre befand sich ein Spion. Und nun fällt uns deine ewige Politisiererei auf die

Füße. Freiheit – Gleichheit – Brüderlichkeit, wenn ich das schon höre. Phrasen, nichts als Worthülsen."

Ganz gegen meine Gewohnheit schlinge ich das formidable Eis hinunter und dränge meine Frau ebenfalls zur Eile.

Hinter der Stadtgrenze nehme ich den Fuß vom Gas. Trotz gedrosselter Geschwindigkeit fällt es meinem Navigator nicht leicht, sich an den Straßenschildern zu orientieren. Sie sind entweder mit Pech beschmiert oder zerschossen, durchsiebt wie ein Schweizer Käse. Kein französisches Wort ist lesbar. Zugegeben, wir sind schockiert und irritiert. Furchtsam halte ich Ausschau nach den Heckenschützen. Unser Auto trägt schließlich ein französisches Kennzeichen.

Nichts zu sehen. Bis auf einen Opel Corsa – im Rückspiegel. Verfolgt er uns? Ohne zu blinken, biege ich in Erbalunga auf einen Feldweg ein. Der fremde Corsa bleibt uns auf den Fersen. Beschleunige ich, gibt auch der Verfolger Gummi. Auf gerader Strecke zwischen Sisco und Pietra Corbara kommt das unheimliche Auto näher. Meter um Meter. Unsere Karosse klappert, der Motor dröhnt, der Drehzahlmesser zittert seit Minuten im roten Bereich. Mein Puls steigt. Es gibt kein Entrinnen. Eben erkenne ich die Konturen des Fahrers. Es ist der Kerl aus dem Eiscafé. Sein Gesicht ist zur Faust geballt, die sehnigen Hände krampfen sich um den Lenker. Sie strapazieren abwechselnd Lichthupe und Signalhorn. Typische Merkmale eines Auftragskillers. Die böse Ahnung hat meine Frau nicht getrogen. Panische Angst kriecht mir in den Nacken.

Zwischen Marine de Mena und Bogliano passiert es. Ein deutscher Reisebus und ein korsischer Pkw kollidieren in einer Haarnadelkurve. Der Verkehr kommt zum Erliegen. Der auf uns angesetzte französische Legionär springt aus seinem Wagen und läuft direkt auf uns zu. Wild gestikulierend und keuchend stürmt er bergan. „Lass uns Abschied nehmen, mein Schatz. Warst mir immer ein treuer Kamerad", flüstere ich mit gebrochener Stimme.

Abrupt wird die Fahrertür aufgerissen. Der Schurke greift in die Hosentasche. Jeden Moment muss der Schuss fallen. Mutmaßlich Schalldämpfer, argwöhne ich. Schützend lege ich meine Hände um den Kopf. Ich kann kein Blut sehen. Vor allem mein eigenes nicht.

Mein mutiges Frauchen tritt die Flucht nach vorn an. Sie entwaffnet den Gangster – mit weiblichem Charme. „Bon jour, monsieur! Parlez vous française?"

„No!"

„Do you speak english?"

„No!"

„Parla Italiano?"

Wiederholtes Kopfschütteln. Dann platzt die Bombe. „Mit mir musch Schwäbisch schwätze, gude Frau."

„Dees glaub i jetz net." Die Verblüffung meiner sprachkundigen Gattin ist echt. „Oi deutscher Landsmoo."

In mir jubiliert es. Hurra, gerettet. Freudentränen hier, Standpauke da: „Warum bleibsch net stehe, Krautseckl? Hasch mei Zeichen et gsehe? Lang wär i eich nemma gfolgt." Nach einer kurzen Atempause fährt der Schwabe fort: „Vermisch nix? I han äbbes gfunde. Dei Geldtäschle. In der Konditorei in Baschtia. – Gell, jetza bisch wach."

Keines klaren Gedanken fähig, greife ich mir reflexartig ans Gesäß. Heiligs Blechle, die Brieftasche ist weg.

Mein pessimistischer Konjunktiv ist fassungslos. „Du bisch wohl net ganz gnuschber, Mann. Wäge deiner Schusselei hätte wir die Reise abbreche müsse. Ohne Papiere und Geld. Im Ausland. Net zum fasse!"

Bevor ich aus dem Polster hochkomme und Finderlohn ausreichen kann, dreht der nette Baden-Württemberger ab und läuft zu seinem Auto. Der Stau hat sich aufgelöst, der Verkehr rollt wieder.

„Dangschee", schreie ich dem Enteilenden nach.

Ohne sich umzudrehen, winkt selbiger ab. „Koi Ursach, kommt gut hoim.".

Weit aus dem Fenster gelehnt, sehe ich, wie unser Gönner wendet und in Richtung Bastia zurückbraust. „Ab sofort wird Schwäbisch mein Lieblingsdialekt", sage ich erleichtert, „weit vor Sächsisch."

In der Brieftasche fehlt nichts. Von seelischer Zentnerlast befreit, genießen wir die gefälligen Buchten, die reizvollen Strände und die malerischen Hafendörfer. Die Sicht ist ausgezeichnet. Gut zu erkennen die Eilande Gorgona, Capraia, Elba, Pianosa und Monte Christo in weiter Ferne. Übermütig wie zwei Vorschulkinder laufen wir von Barcaggio zum Cap, dem nördlichsten Punkt Korsikas. Auf dem Foto vor der weißgetünchten Windmühle strahle ich wie ein Honigkuchenpferd.

Vor Centuri Port, einem architektonischen Juwel, liegt ein Traumschiff im türkisfarbenen Meer vor Anker. Britische Touristen schlagen hohe Wellen. Ruhiges Wasser bietet Nonza. Es ist unheimlich still und schmeckt fad. Bei jedem Schluck bleibt mir Mark Twain im Halse stecken: „Wasser in geringen Mengen genossen, ist der Gesundheit nicht abträglich". Meine Retterin hat sich ein *Pietra* verdient. Dominique und Amarell Sialelli haben das korsische *Bier* erfunden. Aus Hopfen und Maronenmehl. Ein weiterer Maronenprofiteur ist das freilaufende korsische Hausschwein diverser Couleur. Der aus ihnen herausgeräucherte Prizzutu schmeckt exzellent.

Nicht ganz so köstlich mundet die korsische Magermilch. Sie wird von klapperdürren Kühen, jede Rippe piekt ihnen durchs Fell, gezapft. Die einseitig auf verdorrtes, staubbedecktes Unkraut der dickichtartigen Maccia angewiesenen bedauernswerten Geschöpfe sind so ätherisch, dass man sie zum Röntgen nur in die Sonne zu stellen bräuchte.

Das Bergdorf gleicht einer filmreifen Kulisse. Die festungsartigen Fassaden der vielen unbewohnten Häuser schmälern den überwältigenden Eindruck kaum. Vom Genueserturm aus kann man sogar hinter einige Kulissen schauen. Allein die meisten Fenster sind verriegelt und verrammelt. Der Sonne wegen, heißt es. Ein warmer Hauch Glück weht mir von der Küste entgegen. Was mir widerfährt, empfinden nicht alle Bewohner der Insel. Bis auf den Tag wandern viele Korsen aus. Zum Sterben allerdings kehren alle auf das *Gebirge im Meer* zurück.

Wir kehren ebenfalls zurück, über Patrimonio und Barbaggio nach Bastia in unser Hotel *La Laguna* auf der Cala Bianca. Ab sofort entfernen wir uns nicht mehr von der Truppe. Fest eingebunden in die Gemeinschaft, genießen wir erholsame Tage in traumhafter Landschaft. Geteilte Freude ist doppelte Freude. Bleibende Eindrücke hinterlassen die Ile Rousse, Calvi (angeblicher Geburtsort von Christoph Kolumbus), Sant' Antonio, Porto, Cargese, Ajaccio (in der Via Malerba steht Napoleon Bonapartes Geburtshaus) und

Sartène. In der korsischsten Stadt aller korsischen Städte feiert man am Karfreitag die gespenstische Prozession des Catennacciu. Meine Frau bedauert die Kreuzträger nicht. Mich durchs Leben zu schleppen, sei für sie Kreuz genug!

Bei der Fahrt durch die grandiose Scala di Santa Regina stockt einem der Atem. Beim Anblick der bizarren Felsformationen *Fafoni* verflüssigen sich vor Ehrfurcht die Gefühle. Krampfhaft suche ich nach Worten, die furiose Klamm annähernd real zu beschreiben. Dieses gigantische Naturmuseum aus Wind, Wasser und Stein ist begrifflich nicht zu fassen. Das gängige Vokabular schweigt. Das wilde Wasser des Golo rauscht, spitze rote Felsnadeln durchstechen die hitzeflimmernde Luft, pittoreske Skulpturen gaukeln Fabelwesen vor, scharfe Kanten schneiden Steingesichter, in zerklüfteten Schluchten klemmt menschliches Staunen. Der Wind hat mit unnachahmlicher Inspiration Gebilde von unvergleichlicher Eleganz und Vielfalt geschaffen. Die schaurig schöne Gruselei zwischen Himmel und Hölle nimmt kein Ende.

Den Vogel aber schießt der Col de Vergio ab. Obgleich der Pass in den Calanche de Piana nur 1464 m hoch liegt, bin ich linguistisch absolut am Ende. Elefantastisch, bärenstark oder affengeil verwerfe ich als kümmerliche Stümpereien. In meiner Hilflosigkeit verfalle ich auf die Komparation. Richtig, ich muss den Superlativ von fantastisch finden. Wie wär es mit: korsisch – korsiastisch – korsibombastisch? Das könnte gehen.

„Mach's nicht so kompliziert", bremst meine zur Sachlichkeit neigende Germanistin. Sag doch einfach die ungeschminkte Wahrheit. „Es war wunder-, wunder-, wunderschön."

In Bonifacio, dem extraordinären Schwalbennest auf weißem Felsen, erweisen wir dem schwarzen Korsaren mit dem weißen Stirnband, Sinnbild der unbändigen Freiheitsliebe und der ungebrochenen Sehnsucht nach Unabhängigkeit, die letzte Ehre. Wir besteigen die Fähre und schwimmen Sardinien entgegen.

Begeisterungsstürme, wie sie der Engländer Bothwell mit seinem Korsikabuch erzeugte, wird meine Erzählung nicht auslösen. Ehrlich, das grämt mich nicht, denn Korsika ist ein Gedicht. Ein verdammt poetisches. Nicht von ungefähr nannten bereits die alten Griechen die Insel Kalliste, *die Schöne*.

Wenig ritterlich

Wir haben uns für eine Woche in Jagsthausen auf der Götzenburg einquartiert. Dort wohnt ein Herzog mit seiner Freifrau. Roman Herzog, Altbundespräsident, mit der Witwe des Götz von Berlichingen. Des wievielten ist mir entfallen und auch nicht sonderlich interessant. Viel wichtiger ist meine Freundschaft mit Siegbert von Bamberg. Ich mag den Stadtführer. Er ist ein sehr belesener, toleranter und friedfertiger Mensch. Nie im Leben haben wir uns je gestritten. Bis, ja bis wir uns auf ein Glas Rauchbier im *Schlenkerla*, der berühmtesten Bamberger Stampe, trafen. Weil Bier die Schmiere der flüssigen Rede ist, tranken wir nach dem ersten ein zweites und ein drittes Glas. Danach habe ich aufgehört zu zählen.

Nach dem „Lange nicht gesehen und doch wiedererkannt", führten wir urplötzlich den Ritter Götz von Berlichingen verbal im Schilde. „Berühmt geworden ist der Ritter wegen seiner eisernen Faust, die Prof. Sauerbruch zu Studienzwecken für Handprothesen nutzte", hatte uns ein unterbeschäftigter Museumsangestellter kürzlich erzählt. Mein gekupfertes Wissen, das ich stolz verkündete, fiel auf renitenten Boden. Alldieweil Siegbert nur sanftmütig den Kopf schüttelte, widersprach ein Gast vom Nachbartisch energisch.

„Tschuldigung", stammelte Hans-Heinrich, „wenn ich mich einmische, aber unser Götz ist bis heute in aller Munde wegen seines ritterlichen Benehmens, das er gegen die schlechten Landsknechtmanieren in deutschen Gauen zu bewahren suchte. Er wehrte sich dagegen mit den Worten: ‚Bis hierher und nicht weiter!' Trotz der aufgezeigten Toleranzgrenze scheiterte er letztlich am Verfall der Sitten. Dafür aber kann man ihn kaum verantwortlich machen."

„Dass ich nicht lache", konterte Isabelle, seine Begleiterin und strich sich energisch eine Strähne aus der Stirn. Sie war dem schüchternen Siegbert um Haaresbreite zuvorgekommen. „Götz war ein alter Haudegen, der fluchte wie ein Kümmeltürke. Noch nie seinen deftigen Spruch ‚Leck mich am …' gehört?"

„Was heißt gehört", mischte sich nun die dralle Kellnerin ein und ihr Kichern klang, als würden Dutzende leerer Gläser aneinanderstoßen.

Wie der Oberlehrertyp hieß, der weiteres Öl ins Feuer goss, ist mir entfallen. Seine blaugrauen Augen hinter kreisrunder Nickelbrille verrieten jedenfalls kühle Überlegenheit. Mit dozierender Stimme erklärte er. „Der nämliche Ausspruch stammt nie und nimmer von Berlichingen. Den Ritter berühmt geschrieben hat erst Johann Wolfgang von Goethe. Der Weimaraner Poet legte in der Urfassung seines Dramas ‚Götz von Berlichingen mit der eisernen Hand' dem Helden folgende Worte in den Mund: ‚Sag Deinem Hauptmann: Vor Ihro Kaiserlichen Majestät hab ich, wie immer, schuldigen Respekt. Er aber, sag's ihm, er kann mich im Arsche lecken'. So und nicht anders war's."

„Einspruch Euer Ehren. Der Satz geht so: ‚Leck mich *am* …!', bellte Hans-Heinrich. Siegbert verlor allmählich die Beherrschung. Er ballte die Faust, hob jedoch nur den Zeigefinger. Trotz seiner vorschriftsmäßigen Wortmeldung kam er nicht zum Zuge.

An seiner Stelle insistierte der verkrachte Professor: „Mäßigung, mein Herr, ich darf doch bitten. Der hochverehrte Geheimrat Goethe schrieb *im*, nicht *am*! Das ist doch offenkundig. Das *Am* galt vorzeiten als vulgär! Und weil es bis auf den Tag kulturvolle Menschen gibt, die das obszöne Zitat niemals in den Mund nehmen würden, ersetzten sie es schließlich ganz durch den Namen Götz von Berlichingen. Obwohl der Arsch aus dem Spiel ist, weiß jeder Bescheid. Prost!"

„Hallo …", hub Siegbert schüchtern, doch sichtlich genervt an. Weiter kam er nicht, denn Hans-Heinrich riss die Initiative erneut an sich. „Alles Legende, weder der Ritter noch Goethe sind für die Popularität der sprichwörtlichen Rede verantwortlich. Der berühmte Satz stammt von einer Bamberger Obsthändlerin. Eines Tages kreuzte der arrogante Fürstbischof an ihrem Stand auf und mäkelte an der Frische ihrer Ware herum. Das empörte Weib nahm kein Blatt vor den Mund und fuhr ihm in die Parade: ‚LMA!'"

Die Verwirrung wuchs. Alle sprachen durcheinander. Jeder glaubte im Recht zu sein. Ich hielt mich bei dem Streit um des Kaisers Bart vornehm zurück. Denn solange das Schlenkerla Bier schmeckte und der Bamberger zahlte, war mir alles scheißegal. Kurz bevor ich unter den Tisch kippte, drang Siegberts Stimme aus weiter Ferne an mein Ohr: „Was hast du auf den Käse zu erwidern, mein Freund?"

Um ihm zu beweisen, dass ich trotz einiger Prozente aufmerksam zugehört hatte, lallte ich mehr, als ich sprach: „Götz von Berlichingen!"

Als sich am nächsten Tag der Nebel in meinem Kopf zu lichten begann, erhielt sein erbostes „Danke, du mich auch" einen Sinn. Der derbe Abschiedsgruß kam mich übrigens teuer zu stehen. Siegberts Zeche ging auf meine Kosten. Seither haben wir uns nicht mehr gesehen.

Es ist nicht alles Schein was trügt

Dem geheimen Geheimrat J.W.G. gebührt die Krone, Sizilien durch seine „Italienische Reise" ins touristische Weltbewusstsein geschrieben zu haben. Der Dichterfürst aus Weimar schwärmte 1787: „Italien ohne Sizilien macht gar kein Bild in der Seele; hier ist der Schlüssel zu allem."

Mit Hingabe bejubelte Goethe das Palermo vorgelagerte Bergmassiv *Monte Pellegrini*. Was die moderne Reisebranche geflissentlich verschweigt, ist der Zustand, in dem sich Johann Wolfgang befand, als er das eher unscheinbare Vorgebirge über Gebühr lobpreiste. Der herbeigeflehte feste Boden unter den Füßen färbte dem seekrankgrünen Poeten die Worte rosarot. In jenem Augenblick, als sich seine viertägige Irrfahrt mit dem Segelschiff auf stürmischer See dem Ende neigte, hätte der Genius vermutlich auch die Lausitzer Bergbaufolgelandschaft zum Garten Eden erklärt. Egal. Die Aussagen sind touristisch gesehen Gold wert und machen, was gute Werbung bezweckt: neugierig! Was lag da näher, als Goethes Schlüsselerlebnis dem eigenen Erfahrungsschatz hinzuzufügen. Und so rückte Sizilien eines grusligen Novembertages an die oberste Stelle meiner Reisewunschliste. Den letzten Anstoß gaben Bekannte aus Drääsdn, die ihrn Urloob in Bombay und Ballamoo, für den des Sächsischen Unkundigen Pompeji und Palermo, in höchsten Tönen empfahlen. Wie erwartet, protestierte meine leidenschaftliche Krimischmökerin vehement.

„Anstatt Goethes Sirenengesang zu erliegen, hättest du lieber Johann Gottfried Seume lesen sollen. Der große Wanderer und Reiseschilderer aus Grimma suchte auf seinem ‚Spaziergang nach Syrakus im Jahre 1802' das vielbesungene Humanitätsideal der alten Griechen, fand stattdessen aber nur bitterste Armut, korrupte Beamte, skrupellose Adlige und entartete Kleriker. In einem wenig schmeichelhaften Resümee wünschte er sich, diesen ‚Abschaum der Menschheit, ohne Barmherzigkeit vor die Kartätsche stellen zu können'. Heute wie damals bist du auf Sizilien deines Lebens nicht sicher. Zweifelst du noch, dann hörc Seumes Klage: ‚Ich ging den

Morgen aus; ein Kerl schoß blutig an mir vorbei und ein anderer mit dem Dolche hinter ihm her. Es sammelte sich Volk, und in einigen Minuten war einer erstochen und der Mörder verwundet entlaufen. – Sie haben einen erschlagen klingt in Sizilien und Unteritalien nicht härter als bei uns, wenn man sagt, es ist einer berauscht in den Graben gefallen'. – Sag, willst du wirklich, dass wir so enden?"

„Komisch, dass man auf Sizilien bezogen eher Soziales als Ideales sieht. Warum verfährst auch du nach dem diskriminierenden Schema, meine Liebe. Ich zitiere weiter: ‚Sie erstechen sich untereinander bei der geringsten Veranlassung, aber ein Fremder ist heilig' – Ist dir dieses nicht unwesentliche Detail entgangen?"

„Auf meine Heiligkeit möchte ich lieber nicht vertrauen. Ferner haben sich die Zustände in Sizilien nach Goethe und Seume erheblich dramatisiert. Oder kennst du die sensationellen Enthüllungen von Mario Puzo, Roberto Saviano und Petra Reski etwa nicht?"

„Einzeltäter gibt es überall. Ein organisiertes Verbrechen in Süditalien und speziell in Sizilien ist nichts weiter als ein Hirngespinst von Verleumdern und Angsthasen. Giulio Andreotti und Silvio Berlusconi, zwei äußerst verdienstvolle und ehrenwerte italienische Ministerpräsidenten, halten unisono nichts von solchen Gruselgeschichten. Ich sehe absolut keinen Grund, diesen seriösen Politikern zu misstrauen. Wurden die beiden für ihre Taten je zur Verantwortung gezogen? Nein! Für mich ein glasklarer Beweis ihrer Unschuld."

„Du heilige Einfalt. Bist du so dämlich, oder tust du nur so?"

„Weder noch. Ich werde dir beweisen, wie unsinnig das ganze Gefasel von *mafia*, *vendetta* und *omertà* ist. Lass uns nur erst auf *Zitschilia* sein!"

Nach zäher Belagerung schieße ich meine weibliche Festung sturmreif. Bei der Aussicht auf mediterrane Speisen erlischt der letzte Funke kümmerlichen Widerstandes gegen Trinacria, wie der Einheimische Sizilien zu nennen pflegt. Kein Wunder bei solchem Wohlklang: *Ministrone alla genovese, Prosciutto con rucola, Pomodori alla siciliana, Tagliatelle alla bolognese, Fussilli alla boscaiola, Insalata di peperoni arrostiti, Calamari all'Amalfitana und Risotto alla milanese.*

Indes, der Reiz meiner glühenden Agitation und Propaganda hat sich schnell verflüchtigt. Unsere Sizilienreise erweist sich von Anfang an als Tanz auf dem Vulkan, als aufregendes *avventura*. Während uns der *Monte vesuvio* unterkühlt und stürmisch empfängt, brodelt der *Mongibello* hitzig unter unseren Füßen. Knapp sechs Tage nach unserer Abreise bricht der *Etna* aus. Uns droht er nur mit einer stinkenden Rauchfahne. Aber die ist bei Italienern absolut nicht ungewöhnlich. Sie qualmen alle.

Der dritte Vulkan heißt *Loredana*. Kennen Sie nicht? Sollten Sie, unbedingt! Unsere neapolitanische Pompejiaufklärerin explodiert beim bildungsfernen, kulturlosen, dennoch erstaunlich sendungsbewussten Verhalten amerikanischer Touristen. Von sprichwörtlicher *patientia* oder normalem cholerischen Temperament kann keine Rede sein. Ihr entweicht ein Gefühlstsunami. Die Schockwelle, sie löst beim gesitteten Volk Beifallsstürme aus, klingt mir wie Mozarts Zauberflöte in den Ohren. Ihre Schlussfolgerung: „Auf Dauer wird Pompeji nur zu erhalten sein, wenn man es wieder zuschüttet", stimmt mich hingegen melancholisch.

Eine weitere Irritation gibt es beim Wunsch nach einer *Sizilianischen Vesper* auf der Fähre nach Messina. Ungeachtet dessen, dass seit dem Frühstück mit *Gnocchetti alla Funghini* Stunden vergangen sind, lehnt unser *cicerone Geraldo* eine solche kategorisch ab. Aus Angst? Diesmal werde sogar ich ungehalten, denn mein Appetit auf Kaffee und Kuchen macht selbst vor der Mafia nicht halt. Ich leide an einer Kuchenallergie. Auf jede Gebäckflaute reagiere ich allergisch! Wenn ich Volkes Zorn auf mich ziehen wolle und auf eine fluchtartige Abreise scharf sei, dann wäre eine Sizilianische Vesper genau das richtige, belehrt mich der historisch versierte Gerald. Da wir von der legendären Insel noch gar nichts gesehen haben, machen wir keinen Aufstand.

Deutlich stärker angeheizt wird der Mafia-Wahn meiner kriminell unbefleckten Gattin durch unseren *autista Luigi*. Der Premium-Buslenker verkehrt, wenn auch weitgehend schuldlos, meist im Untergrund. Ehrlich, Sizilien ist beinahe vollständig untertunnelt. In Cefalù gerät der Lichtscheue allerdings schonungslos in den Fokus öffentlichen Interesses. Er fällt der *Polizia municipale* in die offenen Arme. Der Menschenauflauf ist enorm. Luigis Komplizin Rita hat zu lange über den ästhetischen Wert von sizilianischen Verkehrsschildern und Ampeln philosophiert. Sie stehen grundsätzlich auf grün: Kirschgrün, Zitronengrün und Waldmeister. Ganz Cefalù reagiert verstopft, aber gelassen. Nicht so meine Gattin. Hinter jeder Agave, hinter jedem Olivenbaum wittert sie organisierte Gefahr und in jedem Betonpfeiler eine zementierte Leiche. Übrigens: Die Zahl der Betonpfeiler in Sizilien wird nur übertroffen von Euros unter dem berüchtigten Rettungsschirm.

Um meiner Schwarzseherin ein für alle Mal die lächerliche Furcht vor der Mafia auszutreiben, entschließe ich mich zu einer Konfrontationstherapie. Für einen emeritierten Psychologen ein Kinderspiel. So beiläufig wie möglich kleide ich meine todsichere Idee in einen durch Goethe inspirierten Reim: „Reisen wird erst durch Rasten schön. – Komm, lass uns in ein *ristorante* gehn."

„Bist du von allen guten Geistern verlassen? Palermo ist nicht nur die Hauptstadt Siziliens, sondern auch die Hochburg des Verbrechens! – Hättest du den Kavalier nicht in Syrakus, Giardini Naxos, Castelbuono oder Taormina spielen können?"

„Die Höhle des Löwen überzeugt am ehesten."

Weil ich es richtig krachen lassen will, suche ich ein *Adiopizzo* Restaurant. Ein schwieriges Unterfangen, denn die Tschüss Schutzgeldaktion erfordert viel Mut und Gottvertrauen. Mit beidem sind wir nicht allzu üppig gesegnet.

Alsdann laufen wir eine geschlagene Stunde ziellos durch ein schier unentwirrbares Chaos von Straßen, Gassen und Plätzen. Palermo ist eine Missgeburt zwischen orientalischem Basar und abgründigem Moloch. Redet künftig jemand über Albträume und darin kommen Neapel, Catania oder Palermo nicht vor, dann ist es nicht so schlimm, dann übertreibt der Träumer maßlos. Überall die gleiche kränkelnde Schönheit, überall Berge von Müll und Hundescheiße auf den Bürgersteigen. *Apes* und *Vespas* knattern und verpesten pausenlos die Luft. Ungelogen, in Palermo riechen die Bilder, selbst die ansehnlichen.

„Woher kommt die Unreinlichkeit eurer Stadt?", wollte bereits der geheime Johann Wolfgang G. wissen. Die ihm zuteil gewordene

Antwort hat sich bis in die Gegenwart konserviert: „Es ist bei uns nun einmal, wie es ist." Basta!

Nach intensiver Konsultation des Stadtplans finden wir, was ich verzweifelt suche. Der genaue Standort und der Name des Nobelschuppens in unmittelbarer Nähe der Via trabia fallen allerdings unter das Gesetz des Schweigens. Man kann nie wissen!

Wie von mir vorhergesehen, ist in der Restauration von Halsabschneidern, Dieben und Halunken weit und breit nichts zu sehen. Die vielen Bettler in den Straßen stören mein Weltbild vom reichen Abendland zwar, sehen aber keineswegs bedrohlich aus.

„Bist du dir wirklich sicher, einen Banditen zweifelsfrei von einem braven Bürger differenzieren zu können?"

„Zugegeben, auf den ersten Blick unterscheiden sich Ganoven nicht von netten Menschen. Schaut man genauer hin, wozu zweifellos ein geübtes Auge gehört, entdeckt man eindeutige Erkennungsmerkmale: pechschwarze, oft glänzende Haare, schokoladiger Teint, Machogehabe, schwarzbraune Augen, modisch große Sonnenbrille und italienische Sprache. Das Signalement ist unfehlbar. – Sieh dir mal die klassische *Sizilianische Familie* dort am Nachbartisch an, eine wahrhaft ehrenwerte Gesellschaft. Gute Manieren und edle Charaktere. Auf meine Menschenkenntnis kannst du dich verlassen."

Wie ich den respektvollen Anreden entnehme, sind *Senatore Capelli*, *Padre Peperoni Santa Croce*, gesegnet sei sein Name, *Mamma Leone, Vito Genovese* und *Salvatore Giuliano*, genannt *Turi*, anwesend. Das kleine Mädchen wird *Maria piccerella* gerufen. Die Namen sind allerdings mit Vorsicht zu genießen, denn schon Momente später zerfallen sie oft in Schall und Rauch. Nur beim *Padrino Don Corleone* bin ich mir ziemlich sicher. Es muss sich um einen feinnervigen Musiker handeln, denn nicht einmal beim Essen legt er seinen Geigenkasten aus der Hand, was ich ehrlich gesagt, sehr unschicklich finde. Hat der Künstler ebenfalls Angst vor Verbrechern? Hier, im Herzen von Sizilien? Lächerlich!

„Glaubst du wirklich, dass es sich um eine ehrenwerte Gesellschaft handelt?", flüstert meine *signora*. „Die Herrschaften gleichen deiner negativen Beschreibung doch wie eine abgesägte Flinte der anderen?"

Um die ewige Verdächtigung, alle Sizilianer seien Mafiosi, endgültig als Witz zu entlarven, hole ich zum großen Rundumschlag aus. Ich winke dem erstbesten *cameriere*. Ein Irrtum, wie ich sogleich merke. Es handelt sich um den Oberkellner Alfredo.
„Möchten die Herrschaften speisen?" Ich nicke.
„Haben die Herrschaften gewählt?"
„Und ob!" Dienstbeflissen und freundlich notiert Alfredo meine Bestellung: *Spaghetti Camorra, Farfalloni Carabinieri, Canneloni Lupara* mit untergebutterten Zündhütchen, dazu feurig-trockener *Cosa Nostra*, Jahrgang 1958, und zum Dessert *Infamità* Creme und Blutorangen. Alles doppelt. Um der Unverschämtheit die Krone aufzusetzen, verlange ich ungebührlich laut auch noch *pizzo*. „Aber *fortissimo*, wenn ich bitten darf!"

Wie erhofft, nehmen die Sizilianer keinerlei Notiz von uns. Mamma Leone schwadroniert munter weiter und Don Peperoni, ein ganz scharfer Jesuit, schlägt unbeeindruckt und wild gestikulierend ein Kreuz nach dem anderen. Beider Verhalten animiert mich zu neuem Spott: „Heirate eine Italienerin und du kommst nie mehr zu Wort" und „Binde einem Italiener die Hände und er kann nicht mehr reden".

Meine Pessimistin ist nicht zum Scherzen aufgelegt. Sie färbt sich kreidebleich und stammelt pausenlos Entschuldigungen: „*Prego, Signore*, mein Mann hat vergammeltes Schutzgeld mit frischen Teigwaren verwechselt. Er ist nicht sehr sprachbegabt."

Alfredo reagiert auf meinen vermeintlichen Fauxpas keineswegs verschnupft. Anstelle eines wortreichen sizilianischen Lamentos vergewissert er sich nur: „*Quanto?*"

Der Kerl scheint zum Zahlen bereit. Trotz Adiopizzo! Darauf bin ich nicht vorbereitet. Über die Höhe meiner Forderung habe ich mir überhaupt keine Gedanken gemacht. Blitzschnell hole ich das Versäumnis nach. Soll ich zehn oder zwanzig Euro fordern? Ich entscheide mich für den großen Schein.

Ohne sichtbare Gefühlsregung gibt Alfredo Bestellung und Forderung an einen untergebenen Angestellten weiter, der, ohne auf den Zettel zu schauen, schnurstracks zur Küche läuft. Mein enttäuschtes Weib kanzelt mich gnadenlos ab. „Das ist dilettantisch. Typisch. Du musst mindestens fünfhundert Euro verlangen, sonst nimmt dich im Weltreich der Nudel doch keiner ernst."

Wegen meines unmöglichen Benehmens beschließt meine *patrona*, nicht an meiner Seite auf das Essen zu warten. „Deine unprofessionelle Krimikomödie geht mir gegen den Strich", mault sie. „Ich bin dann mal weg."

Meine Ungnädige läuft gewohnheitsmäßig in Richtung Winston Churchill Befreiungshalle, international auf WC reduziert. Trotz zunehmender Entfernung und dezentem Funzellicht macht sie noch immer eine *bella figura*. Während ich vergeblich auf ihre Rückkehr und das Essen warte, löst sich die ehrenwerte Gesellschaft peu à peu auf. Als der *piccolo* endlich serviert, sitzen mir nur noch Vito und Salvatore gegenüber, die Hände in den Jackentaschen vergraben. Mir wird mulmig. Unauffällig greife ich zum *cellulare* und wähle die Nummer meiner verschollenen Gattin. Nichts. Das Handy bleibt stumm. Ein mittleres *fiasco*. Erstmals zweifle ich an Berlusconis Worten. Er möge mir verzeihen. Ist sie doch der Mafia in die ruchlosen Hände gefallen? Aber weshalb soll man mir ohne Gegenleistung einen Gefallen tun? Völlig untypisch für Ehrenmänner.

Ähnlich der Stillen Post muss meine Bestellung von Mann zu Mann verstümmelt worden sein, denn alles, was letztlich auf den Tisch kommt, ist *pasta*, rote Nudeln. *Aldente*. Bissfest wie Naturkautschuk. Schon nach den ersten Gabelumdrehungen hätte ich mein Hemd wechseln müssen. Mir vergeht der Appetit. Unlustig stippere ich weiter in dem Hanf herum. Wie hatte Johann Gottfried Seume einst so sinnreich formuliert? Ich wollte mir „mit den ewigen Makkaronen den Magen nicht ganz verkleistern!"

Empört über meine Mäkelei und die Schande, die langen Nudeln mit dem Messer schneiden zu wollen, hebt Alfredo ein halbvolles Glas und donnert: „*Alla salute!*" Ohne Zweifel das verabredete Zeichen für die Killer.

Die Zeit der Abrechnung ist gekommen, denke ich und rase, ohne *ciao* zu sagen, im Zickzack zur Tür. Fast hätte ich Vito und Salvatore umgerannt. Was als Salutschießen beginnt, hat oft blutig geendet. Historische Beispiele gibt es genug.

Kopflos erreiche ich die Straße und tauche in der Menge unter. Wann wird der finale Schuss fallen und mich aufs harte Pflaster strecken? Bloß nicht umsehen. Fieberhaft inspiziere ich jede Fassade. Auf die Schnelle kann ich kein *rifugio*, keine sichere Zuflucht entdecken.

Nach einer kleinen Ewigkeit bleibe ich schnaufend auf der *Piazza San Oliva* stehen. Komme, was wolle. Ich kann einfach nicht mehr. Meine Beine zittern, mein Herz rast. In mein Schicksal ergeben, starre ich eher zufällig in das Schaufenster eines *Negazio di Scarpe,* um durch resignierte Selbstbespiegelung von mir Abschied zu nehmen. Kaum zu glauben, aber statt meines erschöpften und deprimierten Konterfeis entdecke ich das Abbild meiner Frau. Sie sitzt mit rosigem Gesicht inmitten eines Berges von Schuhen und plaudert verzückt mit dem Ladenschwengel: schwarzes glänzendes Haar, große moderne Sonnenbrille, schokoladiger Teint, Machogehabe. Ich bin stinksauer und stürze in das Geschäft.

Zur Rede gestellt, antwortet meine Schuhfetischistin mit Archimedes: „Störe meine Kreise nicht! – Für deinen völlig deplatzierten Mafia-Aufriss im Ristorante habe ich mich echt geschämt. Und bis das Essen auf dem Tisch dampfen würde, blieb genügend Zeit zu einem kleinen Bummel. Ich habe meine Entscheidung nicht bereut. Denn in meinem ganzen Leben empfing ich von keinem anderen Mann derart hinreißende Komplimente."

Während die Signora spricht, blickt der sizilianische Verführer verächtlich auf mich herab.

Der Hammer aber kommt erst noch: An mich gewandt gurrt *Dschéla*: „Schatz, kannst du bitte mal die drei Paar Schuhe bezahlen? Nur fünfhundert Euro, ein wahrer Schnäppchenpreis. Da konnte ich einfach nicht widerstehen. – Du hast doch das Pizzo bekommen, nicht wahr?!"

P.S.: Obgleich gut zu Fuß, fielen wir auf Sizilien dem organisierten Verbrechen letztlich doch noch in die schmutzigen Hände. Es geschah am helllichten Tag in Catania. Die heiße Spur führte über die Karpaten nach Rumänien. Das aber ist schon wieder eine ganz andere Geschichte.

Reisetheater – Theaterreise

Tragikomödie in zwei Akten:	Das zweischneidige Schwert oder Ganz hohe Schauspielkunst
Darsteller:	Person Eins (gesprächig, gepflegte Erscheinung, feminine Ausstrahlung) Person Zwei (stumm, gramgebeugt, schlicht gekleidet) zwei Gäste (erwartungsvoll, begeisterungsfähig)
Kulisse:	Fachwerkstädtchen im Nordost-Harz (Bild 1) und Niederlausitzer Kleingartenidylle (Bild 2)
Requisiten:	Theaterdonner, Miniklappräder, Rucksack, Hut und Wanderstock

Handlung 1. Akt:

Der Vorhang hebt sich. Person Eins und Zwei steigen in einen japanischen Kleinwagen. Die stumme Person startet den Motor und schaltet das Radio an. Die gepflegte Erscheinung ist nicht begeistert und beginnt einen Monolog: „Das Musikprogramm von *Radio Sachsen* ist genauso abgedroschen wie das von *Antenne Brandenburg*. Brummis sind Dreckschleudern und Raser sind Idioten. Beider Abgase kosten mich mindestens ein Jahr meines Lebens. Schnell die Lüftung zu. – Hilfe, ich ersticke. – Wer ist bloß auf die Schnapsidee gekommen, sich an einem Montag auf die Piste zu begeben? – Ich war es jedenfalls nicht. – Den Dom von Halberstadt und das Schloss Spiegelsberge hätten wir uns schenken können. Am

Wochenanfang sind Gaststätten und Museen weltweit geschlossen. Das weiß doch jedes Kind. Nur du nicht!" – Pause. Fortsetzung folgt im Harz: „Nein, ist Ilsenburg ein ödes Nest. Keine einzige Geschäftsstraße. Hier sind anscheinend nur die Borkenkäfer munter. Die dürfen sich ungescholten durchfressen und ich armes Menschenkind muss hungern. Auf Hefekuchen hätte ich Appetit gehabt, nicht auf Rührteig. – Das Hotel *Zur Erholung* ungeeignet. Die Dielen knarren, im Zimmer riecht es muffig. Der Lüfter im Bad bläst anstatt abzusaugen. Die Betten stehen separat und der Fernseher ist zu klein. – Ich habe nichts Passendes anzuziehen. Wer rechnet denn Anfang September mit Sonnenschein? Was soll man bloß noch alles mitschleppen. – Es ist die Höhe, dass Ilsenburg ausgerechnet im Tal liegt. – Warum ist das Fachwerk von Osterwieck überwiegend marode und die Stapelburg eine Ruine? – Müssen wir ausgerechnet bei Regen nach Bad Harzburg fahren und wieso ist die romanische Kaiserpfalz von Goslar kein Barockschloss? Weshalb parkst du nie im Stadtzentrum? – Die Plessenburg ist Etikettenschwindel und warum leert niemand die Abfallbehälter? Trägt Hundekot auf den Gehwegen wirklich zur Erhöhung der Bodenfruchtbarkeit bei? – Warum riechen alle Seniorenwanderer nach *Uralt Lavendel* und verpesten mit dem Gestank die sauerstoffreiche Waldluft? Wieso wachsen nur Schimmelpilze und keine Maronen auf dem feuchten Boden? – Muss eine Klosterführung unbedingt zwei Stunden dauern und das Armesünderglöckchen alle fünfzehn Minuten an die Endlichkeit des Lebens gemahnen? – Wie kann Heinrich Heine nur so schamlos übertreiben: ‚Da ist sie nun, die liebliche süße Ilse. Sie zieht sich durch das gesegnete Ilsetal, an dessen beiden Seiten sich die Berge allmählich höher erheben. Wie blinkt im Sonnenschein ihr weißes Schaumgewand! Wie funkeln und blitzen ihre Diamanten!'"

Im Laufe der Grundsatzrede schrumpft Person Zwei auf Backpflaumengröße. Person Eins übersieht den Eintrocknungsvorgang und unterhält sich weiter: „In Drübeck lasse ich mich nicht abspeisen. Mir wird ganz dummlich vor Hunger. Die Knie schlottern, die Finger zittern, die Ohren sausen, der Hals brennt. Er fühlt sich an wie frisch geschlachtet. Rot und roh. – Die schlimmsten Urlaubstage meines Lebens. Nie wieder Harz. Du schindest mich. Ich schwitze mir die Brüse. Ich kriege Haarausfall. Der ganze Körper brodelt. Ich kann nicht mehr. Ich will nicht mehr. Alle Knochen tun mir weh. Ich gehe vor die Hunde. Fahr mich nach Hause. Sofort!" – Große Pause.

Handlung 2. Akt:
Zurück in Branitz. Die Urlauber empfangen Gäste. Mit Annelies und Dieter haben sich zwei ausgewiesene Harzgeister angesagt. Die Sonne scheint, man sitzt im Garten. „Und, wie war's? Erzählt!"
Person Zwei ist am Grill gebunden und verfolgt die Unterhaltung distanziert. So hört sie nur bruchstückhaft, was Person Eins zu berichten hat: „Idealer Zeitpunkt – Herbst vergoldete eben die Natur – einmalig schönes Spätsommerwetter, herb würzig frische Luft, kein Lausitzer Mief – quellklares Wasser der Ilse – wunderschöne Wanderwege – körperlich topfit – zauberhafte Fachwerkhäuser – jede Menge Sehenswürdigkeiten – imposantes Schloss und Kloster Ilsenburg – fantastische Führungen in Museen – Hotel große Klasse, preisgünstig, ausnehmend gute Küche, nette Wirtsleute. Schon Heinrich Heine schwärmte 1824 in seiner ‚Harzreise' von der Gegend. Hört euch nur mal die Poesie in seinen Worten an: ‚Da ist sie nun, die liebliche süße Ilse. Sie zieht sich durch das gesegnete Ilsetal, an dessen beiden Seiten sich die Berge allmählich höher erheben. Wie blinkt im Sonnenschein ihr weißes Schaumgewand! Wie funkeln und blitzen ihre Diamanten!' Schöner kann auch ich es nicht formulieren."
„Und, gab es denn gar nichts zu bemängeln?"
„Doch, selbstverständlich. Der Urlaub dauerte nur sieben Tage!"

Maskulines Reisefazit

Mein Notizbüchlein ist wieder prall gefüllt. Dennoch lässt sich das Fazit unserer Wörthersee-Reise in zwei Sätzen ziehen: Das Knie von Annemarie ist rostfrei geblieben, Heidis Wade hat sich nicht verkrampft, Gelas Nase ist problemlos gelaufen und ich war wieder mit ganzem Herzen dabei. Vor allem in Krumpendorf, Velden, Maria Wörth und Klagenfurt waren alle Klagen furt.

Jetzt stehen die Koffer verloren im Korridor. Sie verleiten zum Philosophieren. Wer hat sie in den Flur gestellt? Wer wird sie auspacken und wegräumen? Während ich um vernünftige Lösungen ringe, sind Koffer und Schmutzwäsche urplötzlich verschwunden. Wie ist so etwas möglich? Ich weiß es nicht!

Der Aussage, dass Reisen prinzipiell eine außergewöhnliche Belastungssituation darstellt, kann man auf keinen Fall unwidersprochen zustimmen. Es gibt nicht von der Hand zu weisende geschlechtsspezifische Unterschiede. Auch Frauen könnten einen Urlaub durchaus unbeschwert genießen, wenn sie sich nicht penetrant um alles kümmern würden: Geld tauschen, Koffer packen, Versicherungen abschließen, digitale Kommunikationssysteme bedienen, Rechnungen bezahlen, Schlüssel verwalten, Rucksack tragen. Andererseits schreckt mich die Vorstellung, was wäre, wenn Frauen dies alles nicht können würden.

Zum Glück versteht es mein Lichtblick meisterlich, mir meine diesbezüglichen Ängste zu nehmen. Vernachlässigt sie mich doch einmal, stelle ich mich einfach dumm: „Nix verstehen. Madamm wird klären!" Dann lehne ich mich entspannt zurück und denke: Geschieht ihr ganz recht, warum lässt sie mich hilflos allein.

Unverständlicherweise scheint meine private Reiseleiterin mit diesem für mein Verständnis fairen Arrangement nicht gänzlich einverstanden zu sein, denn seit Jahren immer die gleiche Leier: „Du hältst dich aus allem raus. Ich habe es satt, ständig die Dumme zu sein. Urlaub ist für mich keine Erholung."

Sie glauben gar nicht, wie ich solche theatralischen Auftritte hasse. Einfach lästig, das Gejammer. Als würde *Mann* sich keine Gedanken machen. Unter quälendem Leidensdruck habe ich mich inzwischen aber damit arrangiert. Trotzdem frage ich mich manchmal, warum Frauen so schrecklich wehleidig sind und derart übertreiben müssen.

Um meine Aufmüpfige bei der Stange zu halten, gelobte ich vor Jahr und Tag Besserung: „Wenn ich einmal viel Zeit habe", versprach ich in einer schwachen, erotisch aufgeheizten Stunde leichtfertig, „werde ich dich bedauern." Dieses Entgegenkommen fiel mir verdammt schwer. Wesentlich einfacher gelang es, ihre Hoffnung zu nähren, dass dies nach meinem Ausscheiden aus dem aktiven Arbeitsleben sein würde.

Zwischenzeitlich hat mein Liebling ihren verhängnisvollen Irrtum eingesehen, denn als Ruheständler bin ich noch häufiger schreibend „Auf der Achse" als früher. Manchmal werde ich den Verdacht nicht los, dass meine Gattin über den ihrer Meinung nach unhaltbaren Zustand gar nicht so unglücklich ist, erfährt sie doch auf diese Weise aus meinen Geschichten, bei wohligem Kerzenschein und einem Gläschen trockenen Blanchet, wie es ihr in unserem Urlaub gefallen hat.

Sollte sich am Status quo nichts ändern, darf sie weiterhin mit mir auf Reisen gehen. Andernfalls müsste ich mich nach einer – neuen Frau umsehen!

Eigentlich sollten es Erholungsreisen und entspannte Familienausflüge werden, aber der engagierte Historiker und Heimatforscher weiß immer das Angenehme mit dem Nützlichen zu verbinden. Herausgekommen ist ein bunter, facettenreicher Geschichtenreigen für alle LeserInnen, die spannende und abwechslungsreiche Unterhaltung lieben.

„zuckersüß und gallebitter" – Brandenburgische Geschichte und Gegenwart, 2007, 296 Seiten, Paperback, Westkreuz-Verlag (ISBN978-3-939721-02-4)

In wissenswerter, sympathischer und humorvoller Art bejaht und widerlegt der Autor die These, dass das Reisen lediglich die Fortsetzung des Lebens unter erschwerten Bedingungen ist. Kreuz und quer tourt er mit seiner unübertrefflichen Kritikerin durch Europa, von Andorra bis Irland, von Bulgarien bis Thüringen, von Portugal bis Schottland. Geistreicher Lesegenuss und amüsante Unterhaltung.

„Auf der Achse" – Angenehme Reise-Geschichten", 2008, 240 Seiten, Paperback, Westkreuz-Verlag (ISBN 978-3-939721-05-5)

Märchenhaft, wie das des tapferen Schneiderleins, verlief das Leben des Romanhelden nicht. Dennoch ist seine Persönlichkeit außergewöhnlich zu nennen, wenngleich nicht er, sondern man ihm mehr als sieben Streiche spielte.
Trotz dramatischer Zeitumstände bewahrte sich der Schneidermeister Rudolf Feldberger, auf dessen authentischem Lebenslauf die Romanhandlung beruht, stets einen optimistischen und heiteren Blick auf die Welt.

„**Gestorbenes Land**" – Ostpreußenroman, 2009, 316 Seiten, Paperback, Westkreuz-Verlag (ISBN 978-3-939721-09-3)

Ein wahres Lesevergnügen für Jung und Alt. Mit viel Fantasie, Spannung und Humor werden die Abenteuer der Ritter Kuno von Liebenstein und Busso von Schreckenstein erzählt. Letztlich siegt das Gute über das Böse. So soll es sein – für alle Ewigkeit.

„**Kuno von Liebenstein**" –
Rittergeschichten,
2010, 120 Seiten, Paperback,
Westkreuz-Verlag
(ISBN 978-3-939721-19-2)

Nahen Reisezielen traut das Fernweh häufig keinen hohen Erlebniswert zu. Der Autor beweist mit seinen humorvollen und wissenswerten Reisebeschreibungen diesseits und jenseits der Oder-Neiße-Grenze das ganze Gegenteil. In angenehmer Begleitung „erobert" er die Niederlausitz, Mecklenburg, Rügen, Usedom, Pommern, Schlesien, Krakau, Posen, Warschau, den Harz, die Sächsische und die Märkische Schweiz, das Muldetal sowie das Zittauer Gebirge, um nur einige attraktive Stationen zu nennen. Besonders reizvoll die „Begegnung" mit Fürst Hermann von Pückler im polnischen Städtchen Sagan.

„Naherholung" –
Deutsch-polnische Reise-Geschichten, 2011, 312 Seiten, Paperback, Westkreuz-Verlag (ISBN 978-3-939721-27-7)

Hartmut Schattes vollständiges Werksverzeichnis unter:
www. regia-verlag.de (Menü: Autoren)